乡村振兴战略下的『三农化一农』

许皞　张瑞强　等著

中国农业大学出版社
China Agricultural University Press
·北京·

内容简介

本书在梳理分析我国“三农”问题、乡村发展现状及未来趋势的基础上，对如何实施乡村振兴战略进行深入探索，提出“三农化一农”实践对策体系，阐述乡村振兴战略的实施路径与策略。“三农化一农”将“三农”问题列为乡村振兴第一靶标，以农民作为乡村振兴的逻辑起点，通过调整土地关系和做强乡村产业加速农民转型分化，首先推进农民职业化进程，实现农民由身份向职业的质的转变，化解农民问题；其次通过村庄整理整治升级推进农村城镇化，实现村庄向现代社区转化，化解农村问题；最后实现“三农化一农”（“一农”即农业现代化）与城乡共融，以期为解决“三农”问题、实现乡村振兴提供对策参考。

图书在版编目(CIP)数据

乡村振兴战略下的“三农化一农”/许皞等著.--北京:中国农业大学出版社,2021.12

ISBN 978-7-5655-2681-7

Ⅰ.①乡… Ⅱ.①许… Ⅲ.①农业现代化-研究-中国 Ⅳ.①F320.1

中国版本图书馆CIP数据核字(2021)第262097号

书　　名　乡村振兴战略下的“三农化一农”
XIANGCUN ZHENXING ZHANLUE XIA DE “SANNONG HUA YINONG”
作　　者　许　皞　张瑞强　等著

策划编辑　康昊婷　　　**责任编辑**　陈颖颖
封面设计　郑　川
出版发行　中国农业大学出版社
社　　址　北京市海淀区圆明园西路2号　　　**邮政编码**　100193
电　　话　发行部010-62818525,8625　　　读者服务部010-62732336
编辑部010-62732617,2618　　　出　版　部010-62733440
网　　址　http://www.caupress.cn　　　**E-mail**　cbsszs@cau.edu.cn
经　　销　新华书店
印　　刷　涿州市星河印刷有限公司
版　　次　2021年12月第1版　2021年12月第1次印刷
规　　格　170 mm×240 mm　16开本　18印张　225千字
定　　价　98.00元

前　言

习近平总书记在中国共产党十九大报告中提出实施乡村振兴战略，并指出：农业农村农民问题是关系国计民生的根本性问题，必须始终把解决好“三农”问题作为全党工作重中之重。要坚持农业农村优先发展，按照产业兴旺、生态宜居、乡风文明、治理有效、生活富裕的总要求，建立健全城乡融合发展体制机制和政策体系，加快推进农业农村现代化。

中共中央提出实施乡村振兴战略，为耕耘在高等农业教育与农业科研领域的科技工作者提供了更广阔施展才华的舞台，他们备受振奋和鼓舞。2019 年年初，河北农业大学许皞教授基于对高等农业教育和服务“三农”的长期实践与思考，组织本书的作者们开始撰写这本书，以期为中国解决“三农”问题、实现乡村振兴提供对策参考。作者边思考，边实践，边研讨，边撰写，边修订，历时两年完成。本书汇集了作者对解决“三农”问题的长期探索与研究成果，渗透着作者对“三农”的深厚情感。

全书基于对中国“三农”问题的历史、现实与未来发展趋势的分析，参考各家的研究成果，为乡村振兴战略的实施构建了“三农化一农”实践对策体系。其中很多观点具有创新性，比如农民是乡村振兴的逻辑起点，县是乡村振兴战略的最佳实施单元，引入国土空间资源连续体概念，等等。更难能可贵的是，书中提出的很多实践对策具有很强的可操作性与应用价值，比如经营权流转机制的优化与地资券构建、乡村主导产业筛选、土地多功能调查评价、土地多功能利用与国土空间资源连续体开发，等等。

全书贯穿了习近平总书记以人民为中心的发展思想与“两山”理论。内容丰富翔实，思想性、知识性、学术性与实践性兼顾，读后很受启发，是“三农”工作与乡村振兴研究领域的一本好书，颇值一读。

葛会波

2021年5月20日

目　录

第一章　乡村振兴与“三农化一农”

第一节　乡村振兴战略的意义和目标

一、乡村振兴战略的背景和意义

实施乡村振兴战略是以习近平同志为核心的党中央从党和国家事业全局出发，着眼于解决新时代社会主要矛盾、实现“两个一百年”奋斗目标，深刻把握现代化建设规律、城乡关系变化特征、“三农”发展趋势，顺应亿万农民对美好生活的向往，做出的重大决策部署，是全局性、长远性、前瞻性的国家总布局，是决胜全面建设社会主义现代化国家的重大历史任务，是提高党的执政能力和国家治理水平的重大举措，是新时代“三农”工作的总抓手，在我国推进“三农”工作进程中具有划时代的伟大意义。

（一）乡村振兴战略的背景

1. 城乡发展不平衡与“三农”问题是制约我国发展的最大短板

新中国成立以来，在中国共产党坚强领导下，全国各族人民团结一心，迎难而上，开拓进取，奋力前行，从封闭落后迈向开放进步，从温饱不足迈向全面小康，从积贫积弱迈向繁荣富强，创造了一个又一个人类发展史上的伟大奇迹，中华民族迎来了从站起来、富起来到强起来的伟大飞跃①。以2017年党的十九大为标志，我国进入中国特色社会主义新时代，迈入中华民族伟大复兴的新征程。

习近平总书记在党的十九大报告中指出，我国社会主要矛盾已经转化为人民日益增长的美好生活需要和不平衡不充分的发展之间的矛盾②。这个重大判断和政治论断反映了我国社会发展的客观实际，不仅是我国新时代发展的历史方位的基本依据，还揭示了制约我国发展的症结所在。我国社会主要矛盾的主要方面是不平衡不充分的发展，在主要方面中最大的问题是城乡发展不平衡、农村（乡村）发展不充分③。解决好发展不平衡不充分问题，重点难点在“三农”。2020年习近平总书记强调：全党务必充分认识新发展阶段做好“三农”工作的重要性和紧迫性，坚持把解决好“三农”问题作为全党工作重中之重，举全党全社会之力推动乡村振兴④。

我国当代“三农”问题是从农耕文明社会向工业文明社会快速迈进与演变过程中，由于经济社会的发展变化与结构性调整及相应的制度安排而产生，随着工业化城市化进程、城乡二元经济体制的形成而加重，在20世纪90年代凸现，延续至今。在工业化城市化进程中，城乡二元经济体制及其导致的城乡分割、城乡差别等产生的负面影响

① 国家统计局综合司.沧桑巨变七十载　民族复兴铸辉煌：新中国成立70周年经济社会发展成就系列报告之一[EB/OL].(2019-07-01)[2021-12-14]. http://www.xinhuanet.com/finance/2019-07/01/c_1210174445.htm.

② 习近平.决胜全面建成小康社会　夺取新时代中国特色社会主义伟大胜利：在中国共产党第十九次全国代表大会上的报告[EB/OL].(2017-10-27)[2021-08-04]. http://www.xinhuanet.com/2017-10/27/c_1121867529.htm.

③ 本书所说“乡村”与“农村”在国土空间上为同一概念，一般语境下“乡村”即指“农村”，“农村”即指“乡村”；“村庄”指乡村居民聚居生活的承载地和场域，也称为农村居民点或居住点。

④ 新华社.习近平出席中央农村工作会议并发表重要讲话[EB/OL].(2020-12-29)[2021-12-14]. http://www.gov.cn/xinwen/2020-12/29/content_5574955.htm.

越来越大；进入 21 世纪后，工业和农业、城市和乡村的不平衡发展带来的社会问题也越来越多，“三农”问题与此互相交织在一起，对整体国民经济发展的制约作用加大。

新中国成立以来，一方面城市和工业高速发展，获得质的飞跃；另一方面农业农村农民虽然也取得很大进步，但是相较于城市与工业发展严重滞后。时至今日，城乡发展不平衡、农村发展不充分问题在边解决、边积攒中已经成为制约我国经济社会进一步发展的瓶颈，“三农”问题已经成为全面实现现代化的最大短板。乡村振兴战略紧扣社会矛盾的主要方面中的最大问题——城乡发展不平衡、农村发展不充分，就是要从根本上解决“三农”问题，从而满足广大农民对美好生活的期望。

当代“三农”问题产生的主要根源不在“三农”本身，发展至今形成的现实情况又错综复杂，农民问题、农村问题、农业问题相互交织、难解难分，因此解决“三农”问题涉及经济社会的方方面面，必须从国家发展全局的高度来系统解决。

2. 进入新时代我国已经具备了彻底解决“三农”问题的条件

习近平同志指出：当前，我国经济实力和综合国力显著增强，具备了支撑城乡发展一体化物质技术条件，到了工业反哺农业、城市支持农村的发展阶段①。

——改革开放以来，我国经济建设取得辉煌成就（参见表 1-1-1），为乡村振兴战略的实施提供了较为雄厚的物质条件。

① 习近平．健全城乡发展一体化体制机制　让广大农民共享改革发展成果[EB/OL]．(2015-05-01)[2021-08-04]. http://www.xinhuanet.com/politics/2015-05/01/c_1115153876.htm.

表 1-1-1　我国国民经济 1978 年、2017 年主要指标①

指　标	单位	1978 年绝对量	2017 年绝对量	2017 年比上年增长/%	2013—2017 年平均增速/%	1979—2017 年平均增速/%
国内生产总值	亿元	3 679	827 122	6.9	7.1	9.5
第一产业	亿元	1 019	65 468	3.9	3.8	4.4
第二产业	亿元	1 755	334 623	6.1	6.8	10.7
第三产业	亿元	905	427 032	8.0	8.0	10.5
人均国内生产总值	元	385	59 660	6.3	6.5	8.5
全社会固定资产投资	亿元	—	641 238	7.0	11.7	—
社会消费品零售总额	亿元	1 559	366 262	10.2	11.3	15.0
货物进出口总额	亿元	355	278 101	14.3	2.6	18.6
货物出口额	亿元	168	153 311	10.8	3.5	19.1
货物进口额	亿元	187	124 790	18.9	1.7	18.1
实际使用外商直接投资	亿美元	—	1 310	4.0	3.2	—
非金融类对外直接投资	亿美元	—	1 395	-23.0	12.4	—
就业人员	万人	40 152	77 640	0.05	0.2	1.7
城镇就业人员	万人	9 514	42 462	2.5	2.7	3.9
全国居民人均可支配收入	元	171	25 974	7.3	7.4	8.5
城镇居民人均可支配收入	元	343	36 396	6.5	6.5	7.3

① 国家统计局. 经济社会发展统计:改革开放 40 年辉煌成就(经济篇)[EB/OL]. (2019-01-01)[2021-08-04]. http://www.qstheory.cn/dukan/qs/2019-01/01/c_1123924169.htm.

续表 1-1-1

指　标	单位	1978 年绝对量	2017 年		2013—2017 年平均增速/%	1979—2017 年平均增速/%
			绝对量	比上年增长/%		
农村居民人均可支配收入	元	134	13 432	7.3	7.9	7.7
全国居民人均消费支出	元	151	18 322	5.4	6.7	7.8
城镇居民人均消费支出	元	311	24 445	4.1	5.3	6.4
农村居民人均消费支出	元	116	10 955	6.8	8.5	7.3
一般公共预算收入	亿元	1132	172 593	7.4	7.3	13.7
一般公共预算支出	亿元	1122	203 085	7.6	9.3	14.2

注：国内生产总值增速按可比价计算，2017 年国内生产总值总量不等于各产业之和，是由于数值修约误差所致，未做机械调整。固定资产投资、消费品零售总额、一般公共预算收入和支出平均增速按各年增速计算。外商直接投资和对外直接投资、进出口平均增速按现价计算。人均可支配收入、人均消费支出 2017 年数据来源于全国住户收支与生活状况调查，1978 年数据是根据历史数据按照新口径推算获得，绝对量均按当年价格计算，增速按可比价计算。

根据 2018 年年末中国大陆人口数 139 538 万人计算，人均 GDP 接近 1 万美元①。现在我国是世界第二大经济体、制造业第一大国、货物贸易第一大国、商品消费第二大国、外资流入第二大国，外汇储备连续多年位居世界第一。在“三农”领域，无论是农业生产、农村居民收入，还是乡村基础设施以及公共服务等各个方面都业绩斐然：2018 年粮食产量 6 579 亿公斤，比 1949 年增长 4.8 倍，年均增长 2.6%；人

① 国家统计局.2018 年国民经济和社会发展统计公报[EB/OL].(2019-02-28)[2021-08-04]. http://www.gov.cn/shuju/2019-02/28/content_5369270.htm.

均粮食产量 472 公斤，比 1949 年增长 1.3 倍；农林牧渔业总产值 113 580亿元，按可比价格计算，比 1952 年增长 17.2 倍，年均增长 4.5%；农村居民人均消费支出 12 124 元，扣除物价因素，比 1949 年实际增长 32.7 倍，年均实际增长 5.2%；农村低保年平均标准增加到 4 833 元/人，比 2007 年增长 4.8 倍，年均增长 17.2%，农村低保对象 1 903 万户、3 520 万人；47.7%的农户饮用经过净化处理的自来水；99.6%的乡镇、99.5%的建制村通了硬化路，99.1%的乡镇、96.5%的建制村通了客车，61.9%的村内主要道路有路灯；99.5%的村通电话；82.8%的村安装了有线电视；89.9%的村通宽带互联网①。此外，2018 年年末全国农村贫困人口从 2012 年的 9 899 万人减少至 1 660 万人。

2019 年年底开始，新冠肺炎疫情②冲击全球，时至 2021 年年初本书成稿之日，疫情还在世界范围内蔓延，对世界经济发展造成很大损害。与国外形成鲜明对比的是，我国在党中央的坚强领导下，在全国人民的共同努力下，很快就控制住了疫情。值得中国人尤为骄傲的是：党和政府统筹疫情防控与经济社会发展两个大局，在做好疫情防控的前提下，国民经济保持了增长，成为疫情期间全球唯一实现经济正增长的主要经济体。2020 年全年国内生产总值 1 015 986 亿元，比上年增长 2.3%。其中，第一产业增加值为 77 754 亿元，增长 3.0%；第二产业增加值为 384 255 亿元，增长 2.6%；第三产业增加值为 553 977亿元，增长 2.1%；城镇新增就业 1 186 万人，比上年少增 166 万人；居民消费价格比上年上涨 2.5%。令国人更为振奋的是：2020 年按照每人每年生活水平 2 300 元（2010 年不变价）的现行农村贫困

① 国家统计局农村司．农村经济持续发展　乡村振兴迈出大步：新中国成立 70 周年经济社会发展成就系列报告之十三［EB/OL］.（2019-08-07）［2021-08-04］. http://www.gov.cn/shuju/2019-08/07/content_5419492.htm.

② 新冠肺炎疫情是指 2019 年年底暴发、在世界范围内扩散的、由新型冠状病毒感染导致的传染性流行病。

标准计算，551 万农村贫困人口全部实现脱贫①；11 月国务院扶贫办确定的全国 832 个贫困县已全部脱贫摘帽②，标志着困扰中国几千年的绝对贫困终结，成为人类发展史上的伟大奇迹。

——新中国成立以来，农业现代化和新农村建设取得的成功经验为实施乡村振兴战略奠定了工作基础，在中国特色社会主义制度下，政府能够集中力量办大事，为乡村振兴提供了强有力的制度保障。尤其是十八大以来，以习近平同志为核心的党中央针对“三农”问题提出了一系列新思想、新观点、新论断，2017 年中央农村工作会议③提出了“八个坚持”，为新时代“三农”工作、实施乡村振兴战略指明了方向：一是坚持加强和改善党对农村工作的领导，为“三农”发展提供坚强政治保障；二是坚持重中之重战略地位，切实把农业农村优先发展落到实处；三是坚持把推进农业供给侧结构性改革作为主线，加快推进农业农村现代化。四是坚持立足国内保障自给的方针，牢牢把握国家粮食安全主动权；五是坚持不断深化农村改革，激发农村发展新活力；六是坚持绿色生态导向，推动农业农村可持续发展；七是坚持保障和改善民生，让广大农民有更多的获得感；八是坚持遵循乡村发展规律，扎实推进美丽宜居乡村建设。

长期以来，党中央对“三农”问题的认识是极其清楚的，也是高度重视的，为实施乡村振兴战略积累了丰富的实践经验，提出实施乡村振兴战略是一个不断积累的过程。1982—1986 年连续 5 年的中央一

---

① 国家统计局．中华人民共和国2020年国民经济和社会发展统计公报[EB/OL].(2021-02-28)[2021-08-04]. http://www.stats.gov.cn/tjsj/zxfb/202102/t20210227_1814154.html.

② 央视网．全国832个国家级贫困县全部脱贫摘帽[EB/OL].(2020-11-23)[2021-08-04]. http://www.xinhuanet.com/politics/2020-11/23/c_1126776790.htm.

③ 董峻，王文彬．中央农村工作会议在北京举行　习近平作重要讲话[EB/OL].(2017-12-30)[2021-08-04]. http://www.moa.gov.cn/ztzl/ncgzhy2017/zxdt/201801/t20180103_6133744.htm.

号文件都以“三农”为主题，2004—2019 年连续 16 年的中央一号文件都聚焦“三农”，例如 2005 年提出建设社会主义新农村，2007 年提出统筹城乡发展，2012 年提出新农村建设和扶贫开发，2016 年提出特色小镇建设，2017 年提出田园综合体建设。2017 年 11 月习近平总书记提出乡村振兴战略，2018 年 1 月《中共中央　国务院关于实施乡村振兴战略的意见》发布，2018 年 9 月印发《乡村振兴战略规划(2018—2022 年)》。自中央发布乡村振兴战略意见后，2019—2021 年的中央一号文件都是围绕“三农”工作与乡村振兴：2019 年 1 月印发的中央一号文件是《中共中央　国务院关于坚持农业农村优先发展做好“三农”工作的若干意见》，2020 年 1 月印发的中央一号文件是《中共中央　国务院关于抓好“三农”领域重点工作　确保如期实现全面小康的意见》，2021 年 1 月印发的中央一号文件是《中共中央　国务院关于全面推进乡村振兴加快农业农村现代化的意见》。这些都充分强调了“三农”工作在国家建设中“重中之重”的地位，充分显示了中央彻底解决“三农”问题的不懈探索、努力和坚定决心。

3. 实现全体人民共同富裕的最大弱项与重点是农村与农民

习近平总书记指出：共同富裕是社会主义的本质要求，是中国式现代化的重要特征。同时他强调：促进共同富裕，最艰巨最繁重的任务仍然在农村。① 2021 年我国脱贫攻坚战取得全面胜利，实现了全面建成小康社会的目标，标志着我们党团结领导全国人民实现共同富裕取得阶段性重大进展。但是，我国城乡之间贫富差距还在扩大，农村内部贫富差距扩大的趋势更加明显。就全国而言，基尼系数从改革开放之初的 0.31 上升到近几年的 0.47 左右，农村内部从 0.25 上升到 0.36；2020 年我国城乡人均收入比为 2.56∶1，农村居民收入水平仍

① 习近平．扎实推动共同富裕[J]．农村工作通讯，2021(20)：4-6.

然落后城镇10年左右①。不平衡不充分发展问题，在乡村最为突出；城乡差距、收入差距等现象，在农民身上最为凸显②。我国农村幅员辽阔，农业人口多，农民历来都是重要的社会阶层，而我国低收入群体的主体是农民，显然促进共同富裕的最大弱项是农村，重点是农民。

实现全体人民共同富裕不仅是经济问题，而且是关系党的执政基础的重大政治问题，在实现共同富裕的进程中广大农村和农民绝不能掉队。习近平同志强调：任何时候都不能忽视农业、不能忘记农民、不能淡漠农村。“三个不能”立足于我国基本国情，是贯彻党的根本宗旨、巩固党的执政基础的科学论断。我国的基本国情决定了“三农”问题是贯穿我国现代化建设进程始终的根本问题，而“三农”问题的核心是农民问题。中国共产党成立以来，正是由于在革命、建设和改革各个时期都正确处理了农民问题，使广大农民拥护党、跟党走，才从一个胜利走向又一个胜利。③ 无论是过去、现在还是未来，巩固党的执政基础，都要把农民紧密团结在党的周围。

在中国几千年的农耕社会里，农民始终是人口的绝对主体，广大农民是中华灿烂文明的主要创造者。当今，中国农民用世界上7%的耕地养活着世界上22%的人口，为全国人民生活整体达到小康水平提供基础保障，厥功至伟。回顾近代以来的历史，在中华民族反剥削反压迫、争取民族独立、建立新中国、建设社会主义的征程中，农民始终是主力军，作为国民主体的农民为中国革命和建设事业做出了巨大贡献，甚至可以说是付出了很大牺牲。

---

① 辛贤．实现共同富裕最大的难点在农村　根本出路在发挥农村集体所有制优势[J]．农村工作通讯,2021(18):24-26.

② 白锋哲．共同富裕路上,三农绝不能掉队[N]．农民日报,2021-09-01.

③ 韩长赋．任何时候都不能忽视农业忘记农民淡漠农村[EB/OL]．(2015-08-13)[2021-11-23]．http://www.xinhuanet.com//politics/2015-08/13/c_128125203.htm.

——中国农民和农村是中国革命取得胜利的决定性力量和基础。毛泽东同志指出：中国共产党的武装斗争，就是在无产阶级领导之下的农民战争①。无论在土地革命战争中，还是在抗日战争、解放战争中，人民军队主要是由穿着军装的农民组成，广大农村是根据地和大后方。广大农民群众拥军支前，在共产党领导下赶走了侵略者，打败了国民党反动派，建立了新中国。

——在新中国成立初期，农业和农民滋养和保障了工业化起步与发展。新中国伊始，国家面对的是国民党统治时期留下的千疮百孔的烂摊子，工业化几乎没有任何基础可言。新中国成立以来工业化发展经历了基本完成工业化原始资本积累阶段、引领工业对外开放发展阶段、乡镇企业暴发式发展阶段和制造业快速壮大发展四个阶段，取得了令世界瞩目的成就。而新中国的社会主义性质决定了工业化的原始资本积累不能走对外掠夺的道路，那就只能通过农业向工业输血，走“以农支工”“以农补工”的道路。在新中国成立 60 年之际，我国步入由“以农补工”到“以工补农”转变的历史阶段②。

——在改革开放进程中，中国农民是最前沿的开创者、最先行的闯路人。我国的改革开放发轫于农村，安徽省凤阳县小岗村率先实行“分田到户，自负盈亏”的家庭联产承包责任制，揭开了我国农村改革的序幕，也是我国全面改革开放的发端。邓小平同志在 1984 年指出：这几年进行的农村改革是一种带有革命意义的改革③。改革开放初期的农村改革为我国全面进行改革开放做出了极其宝贵的前期实践探索，中国农民为之做出了重大贡献。

---

① 毛泽东．毛泽东选集(第二卷)[M]．北京:人民出版社,1991:609.

② 辛逸,高洁．从“以农补工”到“以工补农”:新中国城乡二元体制述论[J]．新华文摘,2010(1):63-68.

③ 邓小平．邓小平文选(第三卷)[M]．北京:人民出版社,2001:3.

——在工业化城市化进程中，中国农民是坚实的支撑者和重要的建设者。进入21世纪以来，农民又继续以土地出让金的形式，向城市输出财富。有人统计，在过去的十几年里，土地出让金总额累计近20万亿元，而这些巨量资金，大多用于支撑城市化、工业化建设。然而，中国农民的重大贡献还不完全在于物质财富，还在于他们是世界少有的最优质和最廉价的劳动力。正是这些劳动力支撑了中国制造、中国奇迹和中国崛起。而当他们把最年富力强的时光贡献给城市的同时，他们的老人孩子，他们的生老病死，都无可奈何地留在了农村。①

中央历来十分重视“三农”工作，采取了一系列政策措施，农村改革和农民发展卓有成效，但是直到现在，农民生活条件依然相对较差，农民生活水平依然相对较低。要建设社会主义现代化强国，必须尽快补齐农业现代化这块短板，下大力气加强推进农业农村现代化，让广大农民分享现代化成果。中国是农业大国，中国的问题主要是农民问题，只有加紧解决农民问题，才能体现我们党不忘初心的使命担当，只有很好地解决了农民问题，党的执政基础才会更加稳固，中国特色社会主义事业才能更好地发展。

4. 经济建设与社会发展面临更加复杂的国际关系与外部环境

当前我国正处于由大而强的关键性时期，虽然国际环境相对和平稳定，经济全球化和新科技革命浪潮也为我们提供了较好的发展条件与难得的机遇，但是作为新兴大国，必然与守成国家发生国家利益的激烈碰撞，遭受打压是绕不开的“坎”②，面对着前所未有的外部挑

① 农民日报编辑部．四十年后再出发：致敬中国农民和农村改革[N]．农民日报，2017-12-07.

② 孙劲松，刘悦斌，王兆勤，等．风物长宜放眼量：从强国兴衰规律看我国面临的外部挑战[N]．人民日报，2018-09-11(02).

战与日趋激烈的国际竞争。作为共产党领导的社会主义国家，我们还时刻面对着资本主义对我和平演变的危险。在国际言论上，西方国家散布“中国威胁论”“中国崩溃论”，诸如此类的意识形态渗透的危害不容小觑，一旦被广泛接受，将产生不容忽视的负面影响①。

从容参与国际竞争依靠的是以经济和科技实力为基础的综合国力，自如应对外部挑战依靠的也是自身综合实力。邓小平同志强调：发展才是硬道理②。习近平总书记指出：我们要清醒认识国际国内各种不利因素的长期性、复杂性，妥善做好应对各种困难局面的准备。最重要的还是做好我们自己的事情……③做好自己的事情就是发展好自己、增强综合实力，综合实力中的硬实力是经济，发展好自己的基础是搞好经济建设；经济发展与社会发展相辅相成，没有经济发展就谈不上社会发展。

我国经济在改革开放后持续高速发展，积蓄了很强的经济实力，但是尚处于将强未强阶段。40 多年的经济高速发展主要靠投资、出口、消费“三驾马车”拉动，其中的投资和出口作用更为突出，相对而言消费的拉动作用较弱。2001 年我国加入 WTO 后，经济继续保持高速增长，但是外向型经济结构更加明显，受到全球经济体系的制约。2012 年左右，“三驾马车”中的投资、出口开始出现了疲软的现象，消费本来就一直相对不足，那么在国际经济环境发生巨大变化，尤其是出口受到严重干扰时，促进经济发展面对的最严峻考验是：如何实现新旧动能转换、如何从外向型经济结构向内向型经济结构转变。对此，有的学者提出了拉动经济的“新三驾马车”的观点：新型

① 刘珍．论“中国梦”的嬗变、挑战及对策[J]．黑龙江省社会主义学院学报，2016(3)：52-55.

② 邓小平．邓小平文选(第三卷)[M]．北京：人民出版社，2001：312.

③ 人民日报评论员．最重要的是做好自己的事情[N]．人民日报，2019-05-25(01).

投资、新型消费和“一带一路”①，引起广泛关注。

事实上，中央在国家发展的战略层面早已经开始解决经济新旧动能转换、结构转变问题。面对新的发展形势和挑战，面对世界百年未有之大变局，2020 年党中央提出加快构建“双循环”的重大战略决策，这是当前和未来较长时期我国经济发展的战略方向。2020 年 9 月，习近平总书记在中央全面深化改革委员会第十五次会议上强调，加快形成以国内大循环为主体、国内国际双循环相互促进的新发展格局，是根据我国发展阶段、环境、条件变化做出的战略决策，是事关全局的系统性深层次变革②。与内循环相对应的主要战略是乡村振兴战略，旨在彻底解决“三农”问题，改变经济发展结构失衡状况，消减阻碍城乡经济要素流动的障碍性因素——畅通“内循环”，激发经济社会发展的内在活力。

全面建设社会主义现代化强国，最广泛最深厚的基础在乡村，最大的潜力和后劲也在乡村。新中国成立后，乡村在化解历次经济社会发展危机时，都发挥了巨大的作用，可以说乡村是国家经济社会发展的蓄水池、缓冲池与稳压器。从应对国际经济挑战的角度来看，实施乡村振兴战略不仅是为了彻底解决“三农”问题，而且还能把广大乡村作为我国经济战略纵深，激发乡村潜力和活力，提振国内消费需求，增强经济发展持久动力，这必将极大提高国家经济发展抵御外部风险的能力，从而维护国家长久的经济安全。

---

① 陈勇鸣．特别关注：中国经济增长的“新三驾马车”[EB/OL]．(2015-10-12)[2021-08-04]．http://theory.people.com.cn/n/2015/1012/c40531-27686130.html.

② 新华社．习近平主持召开中央全面深化改革委员会第十五次会议并发表重要讲话[EB/OL]．(2020-09-01)[2021-08-04]．http://www.gov.cn/xinwen/2020-09/01/content_5539098.htm.

（二）乡村振兴战略的意义

《中共中央　国务院关于实施乡村振兴战略的意见》与《乡村振兴战略规划（2018—2022年)》对实施乡村振兴战略的重大意义均有论述，笔者在此进行一些解读。

1. 实施乡村振兴战略，实现共同富裕，才能充分体现社会主义的本质要求和党的责任担当

邓小平同志指出：社会主义的本质是解放生产力，发展生产力，消灭剥削，消除两极分化，最终达到共同富裕[①]。共同富裕是包括广大农民在内的共同富裕，长期以来乃至今后的一段历史时期内，实现共同富裕的重点和难点在农村和农民。

经过40多年的改革开放，农民获得长足的发展与进步，但是农民生活水平依旧相对较低。1978—2016年，中国城乡居民收入差距从209.8元扩大到23 724元，收入比从2.57倍扩大到2.72倍，2016年我国农村居民消费水平仅为城镇居民的36.8%。近年来，城乡居民收入差距出现缩小迹象，城乡居民人均可支配收入比值2018年为2.69，2019年为2.64，2020年为2.56。贫困县虽然实现了脱贫摘帽，但是稳固脱贫成果的任务艰巨。虽然农村劳动力大量向城市转移，2016年我国乡村人口占比已下降到42.6%，但是仍有2.2亿农户、5.9亿农民在农村[②]；2017年在农村的农民下降到5.7亿，占比下降到41.48%。2020年我国常住人口城镇化率超过60%，预计到2025年我国城镇化率将达到65.5%。即便中国城镇化率将来达到70%，农村至少还有4亿人口[③]，因此促进农民或农村居民增收与发展的任务

① 邓小平．邓小平文选(第三卷)[M]．北京:人民出版社,1993:373.

② 魏后凯．实施乡村振兴战略的科学基础和重点任务[J]．团结,2018(1):25-29.

③ 陈锡文．中国农村问题现在有四个关键[J]．农村工作通讯,2019(12):52.

必将一直很重①。

习近平总书记指出：让老百姓过上好日子是我们一切工作的出发点和落脚点②。党中央始终把包括亿万农民在内的全体中国人民的共同富裕作为工作目标，实施乡村振兴战略就是要让亿万农民走上共同富裕的道路，汇聚起建设社会主义现代化强国的磅礴力量。

2. 实施乡村振兴战略，做强农业与乡村产业，才能夯实经济社会平衡持续发展的基础

彻底解决“三农”问题是国家级系统性工程，涉及社会的方方面面，但是主战场在乡村。乡村兴则国家兴，只有把“三农”问题彻底解决，才能为全面实现现代化补齐短板。

产业兴旺是乡村振兴的经济基础，是乡村振兴的物质支撑，发展乡村产业是“三农”实现可持续发展的内在要求。农业是国民经济的基础，农村经济是现代化经济体系的重要组成部分。实施乡村振兴战略，构建现代农业产业体系、生产体系、经营体系，深化农业供给侧结构性改革，延伸农业产业链，提升价值链，大力发展科技农业、绿色农业、质量农业、品牌农业等，做大做强农业，提高农业创新力和竞争力，推动乡村“三产”深度融合发展，才能为“内循环”提供持续动力，才能为全面建设现代化经济体系提供保障，才能为持续提升乡村基本公共服务水平增厚物质基础，才能实现城乡平衡发展、工业和农业平衡发展，同时促进农民转型、就业与增收，并保障粮食生产安全。

① 本段未标注出处的数字来自国家统计局发布的历年国民经济和社会发展统计公报，或根据公报数字核算。

② 习近平系列重要讲话读本：让老百姓过上好日子——关于改善民生和创新社会治理[N]. 人民日报，2014-07-10(8).

3. 实施乡村振兴战略，在生态文明理念下推进“三生”结合，才能实现美丽中国建设目标

任何国家发展经济都不可避免地对生态环境造成影响，出现不同程度的生态环境污染破坏问题。伴随着我国经济的高速发展，大气污染、垃圾污染、水体污染、水土流失以及林草退化等环境污染破坏问题曾一度长期蔓延，而治理速度落后，导致生态赤字在一定程度上不断扩大。党的十八大以来，我国环境污染破坏问题初步得到遏制，生态环境正在得到改善，但是相对于城市，农村环境治理与生态修复的任务要重很多，这离乡村居民对生态环境的美好期待还有很大差距。

生态环境是人类赖以生存和发展的前提，一旦对生态环境的污染破坏达到我们不能忍耐的程度，也就谈不上幸福生活，经济建设成就再大也没有任何意义，所以必须让保护环境和经济建设相协调。生态建设是个大系统，基础在乡村，因为农业主要布局在乡村，乡村是生态产品的重要供给者，乡村是生态涵养的主体区。其实，生态是乡村最大的发展优势。习近平同志强调，绿水青山就是金山银山①。那么乡村振兴，生态宜居是关键。实施乡村振兴战略，提升乡村生态系统，实现经济建设与生态建设协调互融，推进生态宜居的美丽乡村建设，加强农村人居环境整治，走具有中国特色的乡村绿色可持续发展道路，构建人与自然和谐共生的乡村发展新格局，才能满足乡村居民对生活的美好需求，提高幸福感和获得感。

4. 实施乡村振兴战略，建设乡土文明，才能更好地传承弘扬中华优秀传统文化

新中国成立70多年来，经历了世界历史上规模最大、速度最快的城镇化进程，与此相伴，乡村文化发生了很大变迁，受到城市文化

---

① 人民日报．绿水青山就是金山银山[EB/OL]．(2016-05-09)[2021-08-04]．http://www.xinhuanet.com//politics/2016-05/09/c_128969837.htm.

的剧烈冲击。现阶段农村文化处于“新旧并存”的过渡形态；农村村庄作为文化共同体的特征日益弱化；农民的文化主体性丧失，传统文化再生与公共文化空间重构的内生动力不足；农村文化生态遭到严重破坏，“文化基础秩序”开始瓦解①。在这种变迁中，亲族、邻里等人情关系逐渐淡薄，传统道德与价值观发生嬗变或扭曲，一些传统民俗与技艺被遗弃或得不到传承，甚至一些传统古村落与古建筑遭到拆损。由于农村人口、特别是青壮年大量向城镇转移，每年有大量农村空心化②，很多村庄走向消亡。

中华文化的源头在乡村，中华文明的根脉在乡村。虽然中国乡土文化不断变迁，但是根基还在，文化精髓并没有丧失。守住根脉的文化，才有生命力。虽然我国城市化进程还要持续一段时期，但是中国人口庞大，不能过度向城市集中，那么作为人们生活聚集地的村庄还将大量存留。从世界城乡发展与中国文化传统来看，我国与西方国家不同，东方国家大都希望在快速的城市化过程中保留乡村，如日本、韩国在高速工业化和城市化过程中，都曾经以不同名义推动乡村的振兴，希望避免西方乡村消亡的道路③。乡村文化是乡村得以延续的核心，有乡村就必须建设乡村文化。乡村文化是有别于城市文化的文化类型，多样性文化兼容并存的文化体才有活力，并且多样性文化并存的生活空间才是绚丽多姿的，才能满足人们对美好生活的多样化需求。乡村是中华文明的基本载体，乡村文化在过去、现在和将来都是中华文化的重要组成，以农耕文化为根基的乡土文化是构建社会主义

---

① 陈波．二十年来中国农村文化变迁：表征、影响与思考——来自全国25省（市、区）118村的调查[J]．中国软科学，2015(8)．45-57.

② 农村空心化指农村人口、土地、产业和基础设施等出现不同程度的虚化、弱化或“异化”的现象。

③ 王晓毅．乡村振兴，文化建设要先行[EB/OL]．(2017-11-26)[2021-08-04]．http://www.xinhuanet.com/comments/2017-11/26/c_1122011210.htm.

核心价值观的重要资源。实施乡村振兴战略，推进乡风文明建设，重构中国乡土文化，才能更好地保持中华传统文化的生命力、延续性和多样性，才能提升中华儿女的文化自信、民族自豪感与凝聚力。

5. 实施乡村振兴战略，健全现代乡村社会治理格局，才能实现国家的长治久安

农村稳则天下安，没有农村的稳定就没有全国的稳定，中国稳定的关键在农村。温铁军把农村称为中国社会稳定的“定海神针”①，贺雪峰把农村比喻为我国现代化的“稳定器”和“蓄水池”②，桂华把“三农”比作我国经济社会发展的“压舱石”③，这些观点和比喻都基于我国农村历史和社会主义初级阶段的基本国情，基于中国特色社会主义建设的实践，十分贴切。特别值得深思的是，各家学者在论述农村对整个社会稳定的作用中，都离不开一个最关键的因素：土地——土地权益与土地制度，因为农民和土地的关系从古至今都是一个关系到社会稳定的根本性问题。中国封建王朝兴衰更替、农民起义、土地革命与新民主主义革命几乎都直接或间接与土地的占用、分配与使用相关。在工业化和城市化过程中，也正是农村的存在，正是土地在农民手上，农民通过“以代际分工为基础的半工半耕结构”，获得了在城乡之间进退往返的自由空间……可以容纳无法进城农民且可以让进城失败农民返乡的制度的存在，使中国社会结构具有极大的弹性，可以应对各种危机冲击④。

① 温铁军．为什么说农村是中国社会稳定的定海神针？[EB/OL].(2018-07-27)[2021-09-03]. http://www.zgxcfx.com/zhubiantuijian/112014.html.

② 贺雪峰．进城农民要有返乡退路，农村是现代化稳定器和蓄水池[EB/OL].(2014-12-01)[2021-08-04]. http://www.zgxcfx.com/Article/78572.html.

③ 桂华．发挥好“三农”的压舱作用[EB/OL].(2019-02-25)[2021-09-03]. http://www.zgxcfx.com/sannonglunjian/114654.html.

④ 贺雪峰．进城农民要有返乡退路[J]．环境市场信息导报，2015(2):71.

实现乡村有效治理是农村稳定发展的保障。乡村治理的好坏不仅决定着乡村社会是否能够发展、稳定和繁荣，也体现国家治理的整体水平，关系到国家的长治久安。2019 年中央一号文件指出，要完善乡村治理机制，保持农村社会和谐稳定①。实施乡村振兴战略，加强农村基层基础工作，健全乡村治理体系，有利于缩小城乡之间在经济发展与社会事业等方面的差距，促进城乡融合发展，破除体制机制弊端，促进城乡要素自由流动，破解城乡发展的不平衡不充分问题；有利于打造共建共享的现代社会治理格局，推进国家治理体系和治理能力现代化。习近平同志强调：新形势下深化农村改革，主线仍然是处理好农民和土地的关系。② 所以在土地制度改革中，尤其要注意正确理解和运用承包地和宅基地的“三权分置”③ 政策，保护好农民的土地权益，做到习近平同志所指出的——不能把农村土地集体所有制改垮了，不能把耕地改少了，不能把粮食生产能力改弱了，不能把农民利益损害了④。

二、乡村振兴战略的目标任务与总要求

2018 年 1 月 2 日《中共中央　国务院关于实施乡村振兴战略的意见》指出，实施乡村振兴战略是对“三农”工作做出的重大决策部

---

① 新华社．中共中央　国务院关于坚持农业农村优先发展做好“三农”工作的若干意见［EB/OL］．(2014-02-19)［2021-08-04］．http://www.gov.cn/zhengce/2019-02/19/content_5366917.htm.

② 新华社．习近平：加大推进新形势下农村改革力度［EB/OL］．(2016-04-28)［2021-08-04］．http://www.xinhuanet.com/politics/2016-04/28/c_1118763826.htm.

③ 三权分置：承包地三权分置是指所有权、承包权与经营权分置，宅基地三权分置是指所有权、经营权与使用权分置；在“三权分置”下，所有权、承包权和经营权(使用权)既存在整体效用，又有各自功能。

④ 王子晖．习近平对深化农村改革有何最新部署［EB/OL］．(2016-04-29)［2021-08-04］．http://www.xinhuanet.com/politics/2016-04/29/c_128945969.htm.

署，是新时代做好“三农”工作的总抓手。这十分明确地点明：实施乡村振兴战略直接瞄准的是“三农”问题，因此可以形象地把“三农”问题比喻为实施乡村振兴战略的第一靶标。《中共中央　国务院关于实施乡村振兴战略的意见》是新时代彻底解决“三农”问题的纲领与指南，勾画出乡村未来发展的宏伟蓝图。

（一）乡村振兴战略的目标任务

按照党的十九大提出的决胜全面建成小康社会、分两个阶段实现第二个百年奋斗目标的战略安排，实施乡村振兴战略的目标任务是：

到2020年，乡村振兴的制度框架和政策体系基本形成，各地区各部门乡村振兴的思路举措得以确立，全面建成小康社会的目标如期实现。如今这个目标已完全实现。到2022年，乡村振兴的制度框架和政策体系初步健全。国家粮食安全保障水平进一步提高，现代农业体系初步构建，农业绿色发展全面推进；农村一二三产业融合发展格局初步形成，乡村产业加快发展，农民收入水平进一步提高，脱贫攻坚成果得到进一步巩固；农村基础设施条件持续改善，城乡统一的社会保障制度体系基本建立；农村人居环境显著改善，生态宜居的美丽乡村建设扎实推进；城乡融合发展体制机制初步建立，农村基本公共服务水平进一步提升；乡村优秀传统文化得以传承和发展，农民精神文化生活需求基本得到满足；以党组织为核心的农村基层组织建设明显加强，乡村治理能力进一步提升，现代乡村治理体系初步构建。探索形成一批各具特色的乡村振兴模式和经验，乡村振兴取得阶段性成果。

到2035年，乡村振兴取得决定性进展，农业农村现代化基本实现。农业结构得到根本性改善，农民就业质量显著提高，相对贫困进一步缓解，共同富裕迈出坚实步伐；城乡基本公共服务均等化基本实现，城乡融合发展体制机制更加完善；乡风文明达到新高度，乡村治理体系更加完善；农村生态环境根本好转，生态宜居的美丽乡村基本实现。

到2050年，乡村全面振兴，农业强、农村美、农民富全面实现。

（二）乡村振兴战略的总要求

实施乡村振兴战略的总目标是农业农村现代化，总方针是坚持农业农村优先发展，总要求是产业兴旺、生态宜居、乡风文明、治理有效、生活富裕。按照总要求要建立健全城乡融合发展体制机制和政策体系，统筹推进农村经济建设、政治建设、文化建设、社会建设、生态文明建设和党的建设，加快推进乡村治理体系和治理能力现代化，加快推进农业农村现代化，走中国特色社会主义乡村振兴道路，让农业成为有奔头的产业，让农民成为有吸引力的职业，让农村成为安居乐业的美丽家园。

1. 关于产业兴旺

乡村振兴，产业兴旺是重点，也是物质基础。必须坚持质量兴农、绿色兴农，以农业供给侧结构性改革为主线，加快构建现代农业产业体系、生产体系、经营体系，提高农业创新力、竞争力和全要素生产率，加快实现由农业大国向农业强国转变。

2. 关于生态宜居

乡村振兴，生态宜居是关键，也是必需的环境条件。良好生态环境是农村最大优势和宝贵财富。必须尊重自然、顺应自然、保护自然，推动乡村自然资本加快增值，实现百姓富、生态美的统一。

3. 关于乡风文明

乡村振兴，乡风文明是社会保障，也是必需的社会环境。必须坚持物质文明和精神文明一起抓，提升农民精神风貌，培育文明乡风、良好家风、淳朴民风，不断提高乡村社会文明程度。

4. 关于治理有效

乡村振兴，治理有效是社会基础，也是体制机制保障。必须把夯实基层基础作为固本之策，建立健全党委领导、政府负责、社会协同、公众参与、法治保障的现代乡村社会治理体制，坚持自治、法治、德治相结合，确保乡村社会充满活力、和谐有序。

5. 关于生活富裕

乡村振兴，生活富裕是根本，也是落脚点。要坚持人人尽责、人人享有，按照抓重点、补短板、强弱项的要求，围绕农民群众最关心最直接最现实的利益问题，一件事情接着一件事情办，一年接着一年干，把乡村建设成为幸福美丽新家园。

6. 关于脱贫攻坚

乡村振兴，摆脱贫困是前提，打好脱贫攻坚战是实施乡村振兴战略的优先任务①。2020 年我国脱贫攻坚战取得决定性胜利，已经彻底摆脱绝对贫困。乡村振兴是在脱贫攻坚的基础上推进农业农村现代化，所以必须做好全面脱贫与乡村振兴的有效衔接，推动减贫战略和工作体系平稳转型，统筹纳入乡村振兴战略，建立长短结合、标本兼治的体制机制②。

7. 关于体制机制

实施乡村振兴战略，必须把制度建设贯穿其中。要以完善产权制度和要素市场化配置为重点，激活主体、激活要素、激活市场，着力增强改革的系统性、整体性、协同性。

① 庄晓珊．全国人大调研组在海南召开乡村振兴和脱贫攻坚专题座谈会[EB/OL].(2018-11-30)[2021-08-04]. https://www.sohu.com/a/278717002_100122968.

② 甘田，马翠萍．统筹推进乡村振兴与全面脱贫[EB/OL].(2020-04-16)[2021-08-04]. http://theory.people.com.cn/n1/2020/0416/c40531-31675408.html.

8. **关于人才支撑**

实施乡村振兴战略，必须破解人才瓶颈制约。要把人力资本开发放在首要位置，畅通智力、技术、管理下乡通道，造就更多乡土人才，聚天下人才而用之。

9. **关于投入保障**

实施乡村振兴战略，必须解决钱从哪里来的问题。要健全投入保障制度，创新投融资机制，加快形成财政优先保障、金融重点倾斜、社会积极参与的多元投入格局，确保投入力度不断增强、总量持续增加。

10. **关于党的领导**

实施乡村振兴战略是党和国家的重大决策部署，各级党委和政府要提高对实施乡村振兴战略重大意义的认识，真正把实施乡村振兴战略摆在优先位置，把党管农村工作的要求落到实处。

第二节　"三农"问题概述

一、"三农"问题的形成

在农耕文明时期，农业农村农民作为社会绝对主体而存在，"三农"问题主要是农业生产水平低，且生产力提升速度极为缓慢。我国当代"三农"问题是农耕文明向工业文明过渡的必然产物，与我国的工业化、城市化发展紧密相关。

（一）农耕文明时期的"三农"

农耕文明从人类社会进入文明时代开始，是人类发展史上的第一种文明形态，大致可以将进入奴隶社会作为开端。按照恩格斯和摩尔根对人类文化发展史的划分，从人成为人开始，先后经历了蒙昧时代、野蛮时代和文明时代三个大的阶段①；进入文明时代后，人类社会又先后经历了农耕文明时期和工业文明时期两个阶段，目前我们正处于工业社会向信息社会的过渡时期。

中国是世界农业发祥地之一。据现有考古发掘证据，中国农业已有长达1万年的悠久历史，最先驯化栽培的主要有黍、粟、稻、麻、菽等粮食作物。我国在农业发展历史进程中，形成了极为丰富的作物种植资源和农学思想，这些资源和思想在世界农业历史上都是重要的物质和文化遗产。刘旭认为其发展过程分为史前植物（作物）采集驯化期（原始农业时期）、传统农业萌芽期、北方旱作农业形成发展期、南方稻作农业形成发展期、多熟制农业形成发展期②。虽然各个时期的农业发展有着各自不同的特点，但根本特征是以人力畜力为标志。

在农耕文明时期，“三农”问题主要是农业生产水平低，城乡差别并不明显。因为农业农村农民是整个社会的绝对主体，农民分布在广大的农村，从事农业生产，占整个社会人口的绝对多数；城市依附农村而存在，城市文明来自乡村文明并深深根植于乡村文明，且具有较强的乡村文明特点，城市居民主体由农民转化而来，数量占整个社会总人口的比例很小，在思想观念、行为、生活条件等各个方面与乡村居民的差异不大。新中国建立之初我国仍然处于农耕文明时期，“三农”依旧是社会的绝对主体，农业生产水平依旧处于以人力畜力为标志的较低水平，且生产力水平提升极为缓慢；城乡差别虽然已经显现，但是总体来看并不突出，尤其是生活水平差别不大。

---

① 摩尔根．古代社会[M]．北京：商务印书馆，1977：3.

② 刘旭．中国作物栽培历史的阶段划分和传统农业形成与发展[J]．中国农史，2012(2)：3-16.

（二）当代“三农”问题的成因

实现中华民族伟大复兴必然要走从农耕文明向工业文明演进的发展道路，必须首先完成工业化进程，因为工业化是现代化的必经历史过程。中国工业化的起点是洋务运动；民国前期略有加速，但是遭到日本侵华战争的严重破坏，成果丧失殆尽，百业凋零。在新中国成立后，中国人民翻身得解放，中华民族实现了真正的独立，我国才走向真正意义上的工业化道路，经过30多年艰苦卓绝的努力完成了初级工业化。1978年改革开放以后，工业化进入快车道，又经过30多年的努力，构建了较为完备的工业体系，基本完成了工业化。2016年工业总值达到1978年的50倍①，2016—2020年第二产业增加值持续增长（图1-2-1），同时各项建设事业取得举世瞩目的巨大成就。

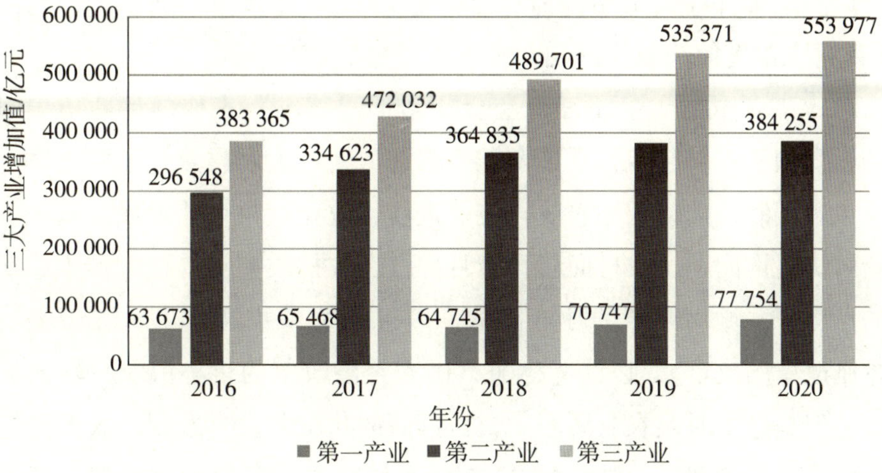

注：数据来源于国家统计局发布数字的统计分析。

图1-2-1　2016—2020年三大产业增加值统计图

① 黄群慧．改革开放40年中国的产业发展与工业化进程[J]．中国工业经济，2018(9)：5-23.

新中国在成立之初一穷二白，为了工业化起步采取了“以农支工”“以农养工”的政策，即阶段性地通过在计划经济体制下对工业产品高定价、对农业产品低定价的方式来支持工业发展。这种农业资本向工业的转移[①]，导致了工业发展与农业发展的失衡。由于工业主要集中在城市，农业主要集中在农村，工农二元经济在地域上就形成了城乡二元经济结构。农业和工业的发展方式及地理分布成为城乡二元结构体制（简称城乡二元体制或城乡二元结构）形成的主因。学术界普遍认可的观点是，城乡二元体制是工业化进程中不可避免的，从一定意义上讲，城乡二元结构可算作国家资本积累过程中不可避免的制度成本[②]。城乡二元体制造成的工农差别、城乡差别导致农村农业农民发展相对滞后，“三农”问题逐渐突出。据有关资料显示，从 1952 年至 1978 年，我国农民纯收入累计增加 76. 57 元，平均每年增加仅为 2. 17 元，基本上是处于停滞状态。直到 1978 年改革开放前，仍然有 2. 5 亿人没有解决温饱问题，占农民总数的 33%[③]。

1978 年党的十一届三中全会开创了“三农”工作的崭新历史时期，我国从农村起步，开始实施改革开放，广大农村建立了家庭联产承包责任制，同时依靠农业科技的进步，农业获得快速发展，农民开始解决温饱问题，农村面貌日新月异。在农村改革获得重大初步成功的形势下，城市改革的呼声高涨，1984 年党中央通过了《关于经济体制改革的决定》，以此为标志，国家经济改革的重心由农村转向城市，但是这个时候农业薄弱、农村落后的状况并没有改观，农民温饱问题尚未得到解决。随后的 20 年间，城乡差别不仅没有缓解，还有

① 蔡启璧. 新中国建国以来工业化发展历史进程及现状[EB/OL]. (2018-03-20)[2021-08-04]. http://www. cinn. cn/gywh/201803/t20180320_173701. html.

② 温铁军,杨殿闯. 如何化解工业化原始积累的负效应[EB/OL]. (2011-09-29)[2021-08-04]. https://www. guancha. cn/WenTieJun/2011_09_29_60249. shtml.

③ 孟薇. 新中国三农问题的历史变迁及其经验教训[J]. 学理论,2009(24):28-30.

所加大，农业负税加重，农业发展步伐放缓，出现了所谓“增产不增收”的现象。城市的飞速发展与乡村的缓步慢行形成鲜明的对比，不平衡发展带来的城乡差别越来越大，引发的经济社会问题越来越多。直到2011年，《中国农村扶贫开发的新进展》白皮书才宣布，农村居民的生存和温饱问题得到基本解决。进入21世纪后，2004—2019年中央连续16年下发以“三农”为主题的一号文件，有力推动了“三农”工作的开展，对破解“三农”问题发挥了重大作用，农业生产效率明显提升，农村条件面貌明显改善，农民生活水平明显提高，但是农业进步相对迟缓，农村经济相对滞后，农民收入相对偏低的状况仍然普遍。

当代“三农”问题是长期积累形成的，成因不在“三农”本身，解决也不能仅仅局限在“三农”范围之内，还不是一年两载就能够解决的。“三农”问题现状错综复杂，在经济体制、政治体制不断改革的情况下，一些旧有的问题依然存在，同时农村内外部各种环境和条件的变化，又导致新的问题不断涌现，使“三农”问题延续至今。

事实上，城乡二元体制主要是指城乡分治户籍制度，城乡二元经济结构只是形成城乡二元体制的主因，而城乡分治户籍制度才是我国当代“三农”问题的最大症结。以1958年全国人大常委会通过的《中华人民共和国户口登记条例》为依据，国家对人口流动实行限制和政府管制，将城乡居民区分为“农村户口”与“非农村户口”两种不同的户籍，实行区别对待的城乡分治户籍制度，成为城乡二元体制的最显著标志之一。一直到1978年，国家都对公民自由迁徙实行严格限制，其核心是限制农村人口向城市流动。城乡分治户籍制度是与我国计划经济体制相适应的，也是计划经济体制的一部分，还是实现工业化的一个根本性制度安排，在当时适应了国家建设的需要，有其重大的历史功绩。

在改革开放以后，随着我国经济社会的发展，城乡二元体制的弊端越来越明显，受到普遍批评。限制人口自由流动，阻碍了劳动力资源的市场化分配，降低了生产效率，它通过对农民利益的剥夺，加剧了城乡差别与对立，给我国带来了严重的经济和社会问题。迁徙自由的缺乏，形成了“农村农民、城市市民”的对立，巩固了市民对城市中先进生产资料和现代物质设施的独享地位，强化了农民的“弱势群体”地位，使农民在经济、社会等各个方面均处于不平等地位①。有的学者认为，城乡二元体制是“三农”问题长期得不到很好解决的重要障碍，破除城乡二元体制是解决“三农”问题的根本途径②。甚至有的学者认为，推动城乡发展一体化的实质是破除城乡二元结构的体制③。早在1998年，习近平同志在清华大学攻读博士研究生时就在论文中阐述道：无论从农村市场化建设的角度看，还是从市场经济发展和实现现代化的要求看，取消在计划经济体制下形成的从人们出生之日起就分成非农业人口和农业人口两种不同身份的户籍制度，是历史发展的必然趋势④。但是一直到2014年，《国务院关于进一步推进户籍制度改革的意见》才正式发布，城乡分治户籍制度才开始破除。

二、“三农”问题的表现与实质

“三农”问题在现实中的表现涉及农村从人到物、从自然到社会、

① 邓楚开，王绿英．经济与社会维度下的迁徙自由[J]．北方经济，2012(2)：3-4.

② 陆学艺，杨桂宏．破除城乡二元结构体制是解决“三农”问题的根本途径[J]．中国农业大学学报(社会科学版)，2013(3)：5-11.

③ 陈锡文．推动城乡发展一体化[M]//十八大报告文件起草组．十八大报告辅导读本．北京：人民出版社，2012：180.

④ 关庆丰．习近平在不同职位上曾多次表示要推动户籍改革[EB/OL]．(2014-07-31)[2021-08-04]. http://politics. people. com. cn/n/2014/0731/c70731-25373266. html.

从心理到行为的方方面面，理论界对于“三农”问题实质的研究和争论持续了30多年，至今各家学者对其判断也不尽相同。

（一）“三农”问题的表现

1. 农业问题

当前农业问题可以简要概括为：基础薄弱，生产效率低。主要表现为：

一是在农业资源与粮食安全方面。土地、水、气候等自然资源是农业的基础，其中耕地资源和水资源是农业基础中的基础。耕地是粮食等农作物栽培的最主要载体，而我国人均耕地面积不到世界平均水平的1/3，耕地少、人口多是我国的基本国情，导致农产品供给，尤其是粮食供给始终处于基本平衡且偏紧的状态。水资源是农业的命脉，而农业用水量巨大。我国水资源总储量约28 000亿米^3，人均水资源量不足2 400米^3，为世界人均水量的1/4①；全国总供水量约为5 500亿米^3，灌溉用水量约为3 600亿米^3，约占全国总供水量的65%②；同时，农业用水的利用率还很低，只有45%③，即超过一半的灌溉水被白白损耗。2012年以来，农业灌溉用水总量实现零增长，利用率得到提升，灌溉水有效利用系数达到0.542④，但与发达国家相比差得还很多。随着农业节水工程的进一步实施、节水技术的逐渐推广，农业用水利用率会逐步提高，但是农业处于用水大户的地位在未来较长的时期内不会改变，预测仍将占总供水量的60%左右。我国

① 搜狐号：地理国情监测云平台．水是生命之源，治水是国家之本[EB/OL].(2017-04-24)[2021-08-04]. http://www.sohu.com/a/136047863_205809.

② 搜狐号：微北辰．农业用水有了新方式！计量设备+云数据 农业科技感up~up![EB/OL].(2017-12-15)[2021-08-04]. https://www.sohu.com/a/210730611_355458.

③ 高云才，顾仲阳．农业用水仅45%有效利用[N]．人民日报，2007-05-16(06).

④ 水利部．我国农业用水总量实现零增长[N]．人民日报，2017-10-07(01).

的农业资源还面临着分布不均、面源污染问题，同时要处理好农药化肥施用量“双减”与“保饭碗”的平衡，这些都直接关系到农业生产安全以及人民生命与健康。

二是在农业产业结构及相关产业体系、土地功能发挥方面。多年以来，农产品生产的数量、质量、种类之间存在结构性失衡，虽然优质化、多样化和专用化产品生产发展较快，但农产品大路货多，名优特新产品少，供求矛盾较重，仍不能适应市场需求的变化。农业用地经营规模小，农业产业链短，第二、三产业与农业匹配度低，农业附加值低；虽然农产品加工业增加值和农业增加值的比例从 20 世纪 90 年代的约 0.7∶1提高到2019 年的 2.3∶1[①]，但与发达国家相比差距仍较大。农地除农业生产外，还具有生态景观、人文记载、材料等多种功能，但是大多农地的功能利用单一，不能实现多功能综合利用，因而土地产生的财富太少。党中央、国务院 2017 年发布的一号文件、2018 年颁布的乡村振兴战略实施意见都明确把推进农业供给侧结构性改革作为当前和今后一个时期“三农”工作主线，这是针对我国进入 21 世纪以来存在的、未来一段时期还将存在的农产品供求结构失衡问题提出的重大农业发展思路。推进农业供给侧结构性改革，提高农业综合效益和市场竞争力，重点是农业产业结构调整与产业链延伸，这两点都与乡村产业体系完善、乡村最大资源——土地的多功能发挥密切相关。

三是在农业生产经营方式与经济组织方面。从 1978 年农村改革至今，我国农业生产经营以农户家庭作为基本组织单元，这种组织方式越来越不适应市场经济发展的要求，甚至有学者提出，光靠自给自

① 张红宇．乡村振兴背景下的现代农业发展[J]．求索，2020(1)：124-131.

足的小农户，永远实现不了农业现代化[①]，规模化、集约化是农业现代化的必由之路，农业规模化生产经营的本质是农地的规模化生产经营，关键是建立科学有序的农地流转机制。我国农地流转的性质是在“三权分置”基础上的经营权流转，绝对不是土地兼并。当前土地流转过程中的不科学、不规范现象时有发生，一些地方土地流转急躁冒进、求大求快，超越了当地劳动力转移的速度，一些地方的土地流转触动了农民对农地的承包权，带来难解的社会问题。应该说，当前农业规模化、集约化生产经营的实现机制尚在探索和完善之中。从农业经济组织现状来看，农村集体经济组织服务功能很弱，家庭农场、农民合作社、产业化龙头企业等各类新型农业经营主体虽然超过 290 万家[②]，但仍偏少且不强，还显现出低迷的态势，农户加入合作社的比例也不高。转变农业经营方式必须培育适应市场、富有活力、农民参与度高的农业经营主体和农业经济组织，这也是转变农业生产经营方式需要破解的重大难题。

四是在农业生产物质技术装备与农业科技开发应用方面。进入 21 世纪后，我国农业生产物质技术装备水平得到很大提升，科技化水平明显提高，2020 年农业科技进步贡献率超 60%，耕种收综合机械化率达 71%[③]。但是由于农地以分家分户经营为主，缺乏专业化规模化的管理，提升技术装备水平和劳动生产率受限，土地产出率与农业综合生产能力并不高。由于农业劳动力素质较低且老龄化、技术转化迟缓与

① 杜鹰．激活农业新动能 杜鹰提出农业供给侧结构性改革应主攻三大方向[J]．财经界,2018(7):44-47.

② 韩长赋．围绕实施乡村振兴战略 深入推动农村创业创新[J]．农村工作通讯，2017(24):5-7.

③ 彭瑶．农业农村部谈“农业现代化”:农业科技进步贡献率超60% 耕种收综合机械化率达 71%[EB/OL]．(2021-01-13)[2021-08-04]．http://news. china. com. cn/txt/2021-01/13/content_77110937. htm.

资金相对紧缺等因素，农业技术开发、推广和普及受到很大制约。

五是在农业生产经营保障方面。党的十八大以来，我国加大对农业生产条件和基础设施建设，农业设施化水平明显提高，但还是很难满足建设现代农业的需要，农业靠天吃饭的基本面并没有改变。某些地区的农业水利设施及设备常年缺乏维护，抗灾害能力差，加大了农业遭受自然灾害的成本。从理论上来讲，农业保险承担着转移农业风险、调控农业生产再分配、减轻政府负担的重要职能，但是现行的农业保险组织体系不适应农业保险发展的需要，面临着“有效需求不足”和“供给短缺”的双重问题①，对农村经济、农业生产的保障力很弱。由于单纯的农业生产利润很小，农民重视程度与积极性不高，投入严重不足，生产方式零散、规模小，农业生产难以标准化，产品质量难以保障。农业社会化服务体系配套建设落后，农村基层服务资源分散化、细碎化，难以满足多元化需求；专业化社会化的农民服务组织发育相对滞后，农民被动地参与市场竞争的境况没有得到根本改变，处于农业价值链的最底端。

六是在农业劳动者及其素质方面。随着城市化进程的加快，农村青壮年劳动力大规模转移到城镇，在非农产业从业，使农业劳动力出现短缺状况。同时农村空心化、老龄化日益加重，加之农民受教育程度低，农业不断机械化、标准化、智能化等因素，“谁来种地，谁会种地”的问题越发紧迫，懂生产、会经营、善管理的农业高级人才匮乏。

2. 农村问题

当前农村问题可以简要概括为：生存环境和生活条件相对较差，相对落后，治理难。主要表现为：

一是空心化及人口老龄化。随着我国城市化和工业化的迅速推

① 姜斐然．浅析我国农业保险发展困境及对策[J]．现代商业,2011(5):69.

进，农村劳动力大量向城镇转移。农村年轻人大多走出农村、在外打工，农村人口在年龄结构上呈现不合理分布，常住人口老龄化明显，留在村里长期居住和生活的人口主要是老人、儿童及妇女，特别是在非农忙时节表现更为突出。对于农村人口空心化现象，社会学者们调查分析后得出了不同的结论。刘彦随等认为农村空心化非常严重①。范东君也认为农村空心化现象日益严重，并逐渐从人口空心化演化为人口、土地、技术、产业、服务、文化和公共设施整体空心化，一些农村经济社会陷入整体性衰落与凋敝，尤其是经济相对落后地区的农村更甚②。陈锡文却认为，农村空心化现象被严重夸大，真正不在家的农民只占农民总数的十分之一③。笔者认为：农村人口空心化现象的确普遍存在，只是各地存在的程度和状况不同；不能仅仅关注其带来的人口凋敝等负面作用，进而担忧谁来建设农村，而是要重点关注如何化解空心化带来的问题，比如农村养老、留守儿童教养与照顾等。农村空心化还有其他的重要表现，比如“空心村”，即村庄外延膨胀、内部荒芜，造成村庄在民宅空间分布上的空心形态。

二是社会公共服务事业相对滞后。改革开放以来，农村公共服务事业发展取得很大进步，但是公共产品总体供给还显不足，供给水平和层次亟待提高。农村的教育、医疗、卫生等优质资源太少，无论层次和质量，都与城市差距显著。比如，农村义务教育普及率远远落后于城市，大病致贫、返贫现象时有发生，农村养老保障和社会救助体系还很不完善，社会化养老机构和设施缺乏，人口空心化导致公共产品建设主体短缺，这些都与农村居民对美好生活的期待有较大落差。

---

① 刘彦随，龙花楼，陈玉福，等．中国乡村发展研究报告：农村空心化及其整治策略[M]．北京：科学出版社，2011：1.

② 范东君．农村空心化挑战及其化解之道[N]．光明日报，2015-06-03(13).

③ 陈锡文．农村空心化现象被夸大[EB/OL]．(2016-03-31)[2021-08-04]．http://www.sohu.com/a/67002233_399551.

三是生态与人居环境亟待改善。改革开放以来，与农村经济社会不断发展相伴的是农村生态环境恶化、脏乱差现象普遍，人居环境总体水平仍然较低，居住条件、公共设施建设方面“欠账”较多。一些污染企业向农村转移，面源污染、土壤污染、饮水安全等问题显现，环境治理任务比较艰巨。还有，由于农民传统的宅基地私有观念强烈，加上村民住宅建设难管控等，很多村庄无序建住宅，形成“空心村”。当前，宅基地空心化已经成为中国农村的一个普遍现象①。“空心村”浪费了土地资源，恶化了生活环境，潜伏着矛盾纠纷。

四是精神文明与文化建设滞后。当前从总体来看，农村精神文明建设与县域经济社会发展要求、人民群众的迫切愿望还有很大的差距。农村精神文化生活贫乏、单调，文化消费水平低；农村文化建设投入不足，活动经费捉襟见肘，很多地方完全依靠上级财政的转移支付；文化基础设施不健全，设施设备欠缺、损伤、被挪用及没有维护等现象普遍，文化组织形同虚设，文化阵地建设相对滞后，文化建设承载力软弱。在一些农村，不良风气滋生或蔓延，如结婚彩礼攀升，对老人重葬轻养，婚事丧事大操大办；一些农村旧有文化中的某些糟粕回潮，封建迷信、陈规陋习盛行；一些农村集体观念淡漠，私有观念膨胀，拜金主义价值观盛行，盲目攀比等。

五是农村及乡村新社区治理难。目前乡村广泛存在基层管理组织缺乏活力、运转不畅问题，少数地区乡村基层管理组织“瘫痪”；基层组织干部普遍存在年龄老化、组织管理能力不足、工作态度懈怠萎靡、民主作风欠缺等问题，少数甚至消极腐败。另外，伴随新农村建设和土地流转而来的土地权益纠纷及其引起的不稳定因素增多，由于乡村拆迁整合形成的新民居（农村社区）与传统农村管理机制差异很

① 宇林军，孙大帅，张定祥，等．基于农户调研的中国农村居民点空心化程度研究［J］．地理科学，2016(7)：1043-1049.

大，管理运行机制亟待创新。总之，我国乡村治理存留许多历史问题，同时衍生很多新问题，面临现实的、未来的诸多困难和挑战，适应新时代发展要求、有序有效的乡村治理体系还没有形成。

3. 农民问题

当前农民问题可以简要概括为：权益保障不到位，受教育程度低，增收难，主要表现在就业、维权、文化技术水平、思想观念等方面（详见本书第二章）。

（二）“三农”问题的实质

1. 关于“三农”问题实质的争论

对于“三农”问题的实质一直存在争论，在此列举几个有代表性的观点：

朱国宏等认为，“三农”问题的实质是二元经济结构问题[①]。随着工业化运动的兴起，农村和城市的经济状况开始分化，在二元经济的互动过程中，又不断地被强化。从欧美国家的历史进程看，这种两极分化因二元经济的不断互动而导致了城市化进程的不断推进，这些国家也有“三农”问题，城乡差距依然存在，只是由于这些国家对农业的补贴性倾斜而淡化了。中国有自身的历史背景和国情特点，使得中国工业化、城市化的道路不同于西方国家，不能简单照搬照抄西方的经验模式。解决“三农”问题的根本途径在于城市化。

王梦奎认为，“三农”问题的实质是“三化”问题，即工业化、城市化、市场化[②]。我国是在特殊的环境下推进工业化的，城市化的进程大大滞后于工业化，解决“三农”问题最根本的就是要用先进技

① 朱国宏，于学军，李建民．“三农”问题：人口学家如是说[J]．人口研究，2003(2)：13-21.

② 王梦奎．解决“三农”问题要在“三化”上找出路[J]．领导决策信息，2003(36)：13.

术改造农业和整个农村经济，推动农业人口向非农产业转移，坚持社会主义市场经济方向的改革，把农村经济纳入全国统一的市场化和社会化轨道。

周克任认为，“三农”问题的实质是现代化过程中经济发展与社会进步之间、国民经济诸产业之间、城市与乡村之间、体力劳动与脑力劳动之间、农民与其他社会利益主体之间的非均衡发展关系与矛盾[①]。在全面实现现代化之前，“三农”问题将长期存在。解决“三农”问题的根本途径是大幅度减少农业人口总量，减少传统农村的数量，适度降低农业的相对比重。

总的来说，“三农”问题是农业文明向工业文明过渡的必然产物，我国当代“三农”问题是长期积累形成的，发展错综复杂，因而某些问题延续至今。党中央、国务院在2017年和2019年中央一号文件中高瞻远瞩地明确提出：解决“三农”问题的根本道路是城乡一体化。根据党中央提出的两个一百年战略部署可以判断：新中国成立一百周年以前的工作方向是推动城乡共融发展。

2. “三农”问题实质的三维多面性

“三农”问题一般可分称为农民问题、农村问题、农业问题三个问题，但实质不是三个问题，而是以农民为主体、以农村为地域、以农业为纽带的农民、农村、农业问题的总称，在理论研究中可以分为农民问题、农村问题、农业问题三个维度来分析思考，三个维度交汇相连，形成多面体，每一面都包括诸多问题，这些问题交织在一起（图1-2-2）。

“三农”问题的核心是农民问题，农民问题的本质是农民权益，主要包括土地权益、发展权益。

---

① 周克任.“三农”问题的实质、特点及其解决途径[J]. 山东财经学院学报,2005(2):8-14.

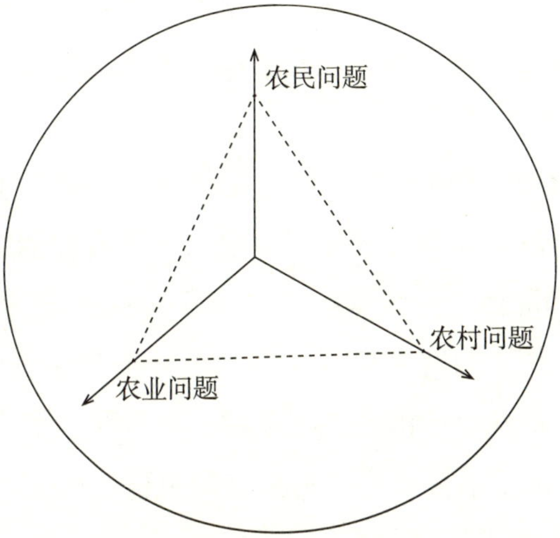

图 1-2-2 “三农”问题三维多面性示意图

农民土地权益包括农民有地种的权利、公平的土地流转收益、参与集体土地事务权利和特殊农民群体的合法土地权益。农民土地权益是农民根本利益之所在，农民土地权益保护问题是直接关系我国农民以及农业、农村的生存与发展的根本问题。忽视农民权益的农地制度安排是导致农民土地权益流失的最根本原因，直接关系到农村经济社会发展，甚至影响社会稳定。

农民发展权益是指农民个体和农民集体拥有的公平参与促进经济、社会、文化和政治发展过程并公平分享成果的基本人权。其核心是农民的平等发展权，包括机会、规则与结果意义上的公平发展的权利[①]。农民发展权益是人权的一部分，体现了社会主义的和谐、公平和正义，有利于国家民主建设和法制建设进程[②]。维护农民发展权益的目的在于保障农民个人潜能的充分开发以及个性全面自由发展。在

① 汪习根，杨丰菀．论农民平等发展权[J]．湖北社会科学，2009(9):153-159.

② 王文景．农民发展权益保障研究[D]．郑州：郑州大学，2011.

城乡二元体制下，城乡不同资源配置制度、城乡不同户籍制度侵害的就是农民发展权益，破除城乡二元结构的改革具有长期性、艰巨性和复杂性。

“三农”问题虽然难解，并对“三农”发展产生了迟滞作用和负面影响，但是总体上并没有挡住“三农”向前发展的脚步。党和政府的“三农”工作取得了巨大成就，“三农”在我国经济社会中仍处于基础地位。“三农”问题主要集中在乡村，但是中国最广袤的空间、最丰富的资源、最深厚的潜力也在乡村，一旦找到解决的思路或切入点，“三农”问题就不再成为乡村振兴的阻碍，而是转化为乡村振兴的“三农”资源或“三农”潜能。

第三节　“三农化一农”释义及其意义

一、“三农化一农”的提出与含义

如何破解“三农”问题是长期困扰党和政府的难题，也是长期以来众多学者的重点研究课题。各级政府在实践中开展了大量艰难而有益的工作，学者们在理论上进行了广泛而深入的研究。这些实践工作与理论研究使“三农”问题得到缓解，但是“三农”问题至今并没有得到彻底解决，亟须在实践和理论上进一步加强探索与创新。“三农化一农”，即依据“三农”现状与发展趋势提出的旨在彻底解决“三农”问题的思路、实践路径与对策体系。

（一）“三农化一农”的提出

“三农化一农”是由河北农业大学许皞教授担任全国政协第十至

第十二届委员期间在全国政协小组会议上提出的“三农”问题解决思路，在此期间他还以提案的方式向中共中央和河北省政府多次提出解决“三农”问题的对策和建议。许皞教授作为长期耕耘在农业教育和科技领域的学者，长期关注、思考和研究“三农”问题，在提出“三农化一农”命题后，逐步对其概念化，联合其他学者对相关理念和对策进行系统化。

“三农化一农”命题的提出与相关研究不仅基于党和政府的“三农”工作实践，还基于对“三农”问题当前形势的判断及未来走势的推断：

我国经过40多年的改革开放，经济社会发展取得了巨大的成就，为化解城乡发展不平衡的矛盾和农业农村发展不充分的问题积累了足够的实力，为解决“三农”问题奠定了很好的基础，已经具备了工业反哺农业、城市支持农村的条件。

1. **第二和第三产业快速发展加速农民向非农方向转型**

工业化是现代化的基础和前提，高度发达的工业社会是现代化的重要标志。我国从第一个五年计划算起，已经为实现工业化奋斗了60余年，当前拥有了独立的、完整的工业体系，基本进入工业化中期阶段。改革开放以来，我国城市化水平显著提高，城市人口快速增多，城市综合实力持续增强。工业化、城市化的迅猛发展与第三产业的快速增长为农民走出农业、从事非农职业提供了众多机会，越来越多的农民不再从事农业生产，而是在非农产业打工、经商，农民加速转型分化。尤其是很多年轻农民走出农村，在城镇从事非农产业工作，既没有学会如何务农，也没有回乡务农的愿望。虽然目前出现了所谓的“返乡潮”，但是数据显示，2014—2019年农民工数量一直保持增长，2019年中国农民工数量达到29 077万人（图1-3-1）。

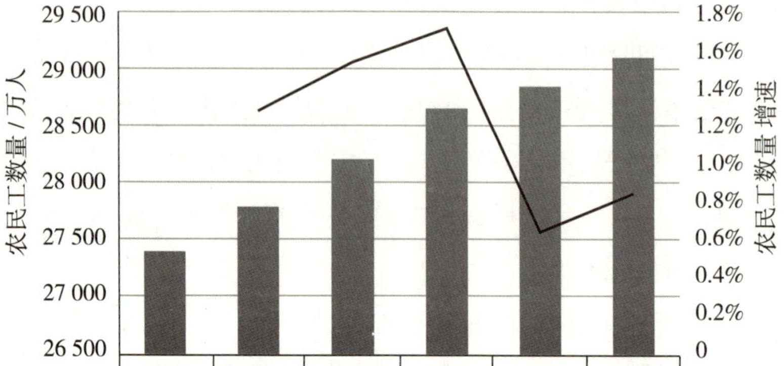

	2014	2015	2016	2017	2018	2019
农民工数量 / 万人	27 395	27 747	28 171	28 652	28 836	29 077
增速		1.3%	1.5%	1.7%	0.6%	0.8%

注：数据来源于国家统计局。

图 1-3-1　2014—2019 年中国农民工数量及增速①

2. 土地经营权流转促使农业生产经营方式发生变革，加快农民职业化

农村土地流转正在逐步扩张，已经从2007 年的6 400 万亩增加到2016 年的4.71 亿亩，2016 年的流转面积占比已经达到了35.1%②。农村土地流转的主体是农业用地（农地）流转，农地流转的属性是经营权流转。农地流转和规模化、集约化经营一方面提高了生产效率，促进农业富余劳动力向非农产业转移；另一方面大大提高了农业劳动力在农业内部的流动性，打破了自家承包地自家种的分散式生产经营模式。越来越多的农民将承包地经营权转让给农业产业集团或中小型农场主，并在这些农业产业集团和农场中就业，成为农业产业职工

① 产业信息网.2019 年中国农民工就业现状及农民工就业应对策略分析[图][EB/OL].(2020-09-03)[2021-08-04].https://www.chyxx.com/industry/202009/892968.html.

② 产业信息网.2017 年我国土地流转的去向分析[图][EB/OL].(2017-11-17)[2021-08-04].http://www.chyxx.com/industry/201711/583571.html.

——职业农民已经出现。事实上，传统意义上的农民已经部分、不彻底职业化了。根据未来走向和国家导向，职业农民的占比会逐步加大，因为农民职业化是解决农民问题的根本途径（参见本书第二章）。未来规模流转土地将成为主要趋势，农场主或土地联合经营经理人开展适度规模经营，能较快接纳并使用先进的农业科学技术，必将提高劳动生产率和生产质量，加快农业现代化进程。

3. 农民职业化与“两块地”三权分置改革推进农村改造升级进程

农地（包括承包地在内的农业生产用地）和宅基地泛称“两块地”，是农民安身立命的基础，也是农民的最大心理依赖。农民逐步职业化、农地三权分置导致的农地经营权共享、宅基地三权分置导致的宅基地使用权转让，必然让农民加速摆脱对村庄、农地以及宅基地的过度依赖，村庄改造升级会越来越顺畅，“三农”中的农村问题就能够顺势从根本上化解。村庄改造升级进程就是农村城镇化的过程，外在表现是人居环境与生活生产条件的不断改善，但不是农村和城市同质化。农村城镇化的核心是人的城镇化、城乡公共服务均等化，主要任务是兼顾我国城乡不同的特点，统筹城乡基础设施建设和公共产品的提供，促进城乡的错位、协调与互补发展。

4. 农村改造升级助推农业生产经营变革，为农业现代化创造更佳条件

规模化、集约化生产经营是农业未来发展与实现现代化的必然趋势，小农户分散生产经营只是作为少量或局部而存在（比如特色种植、特色养殖等），即便是少量或局部存在，也必须与现代农业对接，或者走联合生产经营的路子，否则难以生存。农村改造和土地整合利用，一方面返耕还田，增加耕地面积，能确保粮食安全的土地红线；另一方面能够促使农地实现规模化利用，规模化利用会让土地释放出生产功能之外的其他功能，衍生出人文教育、生态、旅游等土地功能产品，会让农业科技成果得以高效转化和应用，生产经营产生规模效益，进而增加财富。农业现代化不断升级又会提高职业农民的就业质量，这样就形成农民职业化、农村城镇化、农业现代化良性促进的闭环（图 1-3-2）。

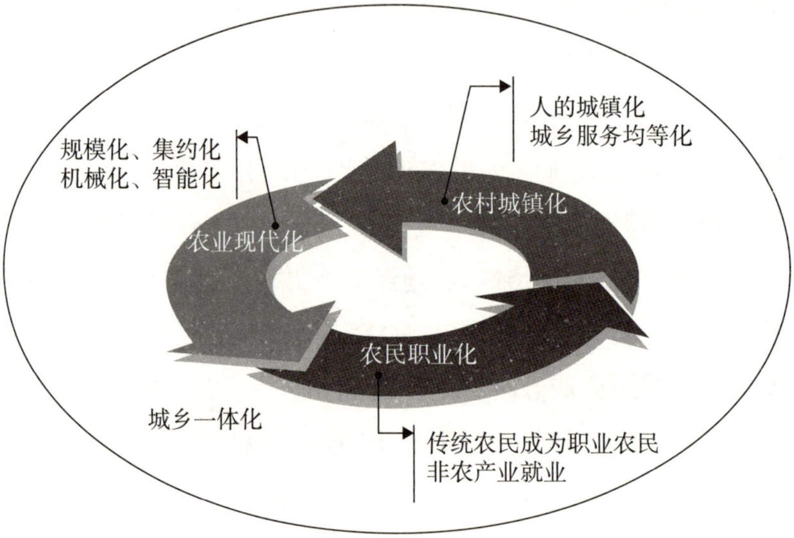

图 1-3-2　农民职业化、农村城镇化与农业现代化良性促进示意图

以上四个过程虽然同时发生，但是有着较强的内在逻辑性，递进关系是：农民转型与职业化（化解农民问题）—农村城镇化（农村社区化/化解农村问题）—农业现代化，也就是农民、农村、农业这“三农”向农业这“一农”转化，那么解决“三农”问题也要大致遵循“农民—农村—农业”的内在逻辑顺序，即“三农化一农”。

当然，“三农”问题相互交织，不能割裂开来解决，这就决定了“三农化一农”过程不可能是机械地、阶段性很清晰地沿着“农民职业化—农村城镇化—农业现代化”线路发展，该线路只能是一个主体脉络。还应该充分认识到，“三农”问题的复杂性和长期性决定了“三农化一农”是一个长期过程。

（二）“三农化一农”的含义

1. “三农化一农”主要指解决“三农”问题的内在逻辑

农民、农村、农业三个问题紧密关联、相互作用和影响，“三农化一农”并不是割裂三者的内在联系，而是在全面推进解决“三农”问题的进程中，强化“三农”问题的核心和根本——农民问题，明晰解决“三农”问题的内在逻辑顺序：首先重点解决农民问题——促进农民向农业与非农两个方向转型分化，逐渐实现农民职业化；其次重点解决农村问题——推进村庄整理整治升级，逐渐实现人的城镇化、农村社区化、城乡基本公共服务均等化；最后重点解决农业问题——推动农业全面进步，不断提高现代化水平（图1-3-3）。

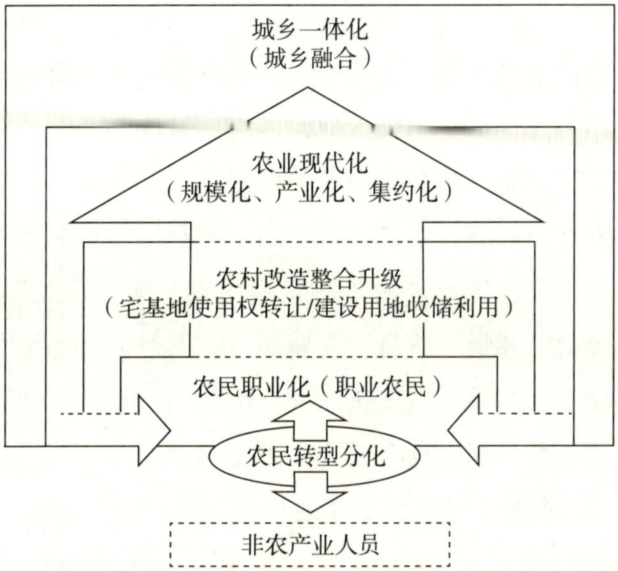

图1-3-3　“三农化一农”解决“三农”问题内在逻辑顺序示意图

“三农化一农”以农民作为逻辑起点，而农民职业化是彻底解决农民问题的根本途径，那么农民职业化即“三农化一农”的重心，也是贯穿“三农化一农”的主线。

第一，没有农民转型与职业化，农民就难以提升财产性收入，难以获得稳定的劳动性收入，就不能冲破“两块地”的束缚；农民如果被“两块地”牢牢拴住、不能自由流动，就没有真正的农民职业化，也就没有农民问题的彻底解决。这两个方面密不可分。

农民只有实现了转型与职业化，逐渐摆脱对土地的依赖，才能释放出农地为农地规模化生产与利用提供条件，释放出建设用地为村庄整合改造升级提供条件，即为解决农村问题、实现“农村美”的目标提供前提性便利条件。

第二，村庄整合改造升级与盘活宅基地使用权、建设用地集约化利用相统筹，才能增加农民的财产性收入、固定资产收益，进一步促进农民的转型分化，同时为农地连片、规模化利用排除不利因素，创造有利因素。

村庄整合改造与集体建设用地集约化利用，不仅有利于统筹农用地规模化利用、盘活乡村闲置土地，还能够解决一二三产融合发展用地问题，并促进耕地保护和生态保护修复。

第三，农地只有实现了较大范围的、甚至区域性的系统规划与利用，才能充分发挥生产功能之外的景观生态、人文记载等其他功能，打通五脉（土脉、水脉、气脉、生物脉、人文脉），延伸农业产业链，实现一地多用、一田多产，走向集约化、产业化，即为解决农业问题、实现“农业强”的目标创造基础性必要条件。

“农业强”才能让“农民”（包括拥有农村土地权益的职业农民和非农产业从业者）获得稳定的劳动性收入、实现可持续的“农民富”，为职业农民自身全面发展奠定更坚实的经济基础。

2. “三农化一农”的基点是农民问题

“三农”问题的根本和核心问题是农民问题，因为农民是“三农”中最活跃、最根本的要素，是发展农业、建设农村的人力基础与保障，没有农民的全面发展，就没有农业农村的持续升级和进步。

解决“三农”问题需要党和政府来主导，但是解决“三农”问题的主体是农民自身，因此《中共中央　国务院关于实施乡村振兴战略的意见》中把坚持农民主体地位作为一项基本原则，强调要调动亿万农民的积极性、主动性和创造性，把维护农民群众根本利益、促进农民共同富裕作为出发点和落脚点。达到乡村振兴战略提出的五项总要求，也无不依赖农民主体作用的发挥。否则，实施乡村振兴战略即便取得一定成果，也不能维系长久，甚至会丧失。

解决任何问题，从问题的根本和关键入手，最容易取得实效，往往事半功倍；如果抓不住问题的根本和关键，常常治标不治本、流于形式，或久拖不决。“三农”问题是乡村振兴战略的第一靶标，“三农”问题的根本和核心问题是农民问题，那么农民问题就是乡村振兴战略第一靶标的靶心。虽然农民问题、农村问题、农业问题不能分割开来解决，但是农民问题一旦得以破解，或者大部分被破解，“三农”问题就简化了。

3. “三农化一农”贯穿的主线是农民职业化

改革开放以来，农民正在发生着史无前例的快速转型与分化，大部分农民劳动力，尤其是青壮年向城市流动，70%以上的农民家庭都存在“以代际分工为基础的半工半耕”家计模式，即老年父母留村务农，年轻子女外出务工①。如果把在土地上从事农业生产（或兼有家庭手工业）的劳动者称为典型农民的话，这种半耕半工或半耕半商的农民可以称为非典型农民，处于传统农民向职业农民的转型期，典型农民和非典型农民都属于传统农民。从当前情况来看，非典型农民中的大多数人没有融入城市而转化为真正意义上的市民，这有待于我国

① 贺雪峰．中国农村家庭代际分工分析[N]．学习时报,2015-07-20(A3).

城镇化的继续推进与以人为中心的城镇化水平的不断提高。

目前，农民大部分是转型期的非典型农民，少部分完全分化到非农产业就业、创业，少数转型为职业农民，典型农民已经很少（图1-3-4）。农民在转型分化过程中有一个特点：无论是典型农民，还是非典型农民，乃至转化为非农产业的从业者，绝大多数没有放弃承包地、宅基地，哪怕撂荒或闲置，一般也不会放弃。让农民摆脱这“两块地”的依赖与束缚是实现农村土地整合与综合利用，进而发挥农村土地多功能潜力的重要前提条件，但是化解排除这个依赖还需要较长的路要走，需要历史耐心。

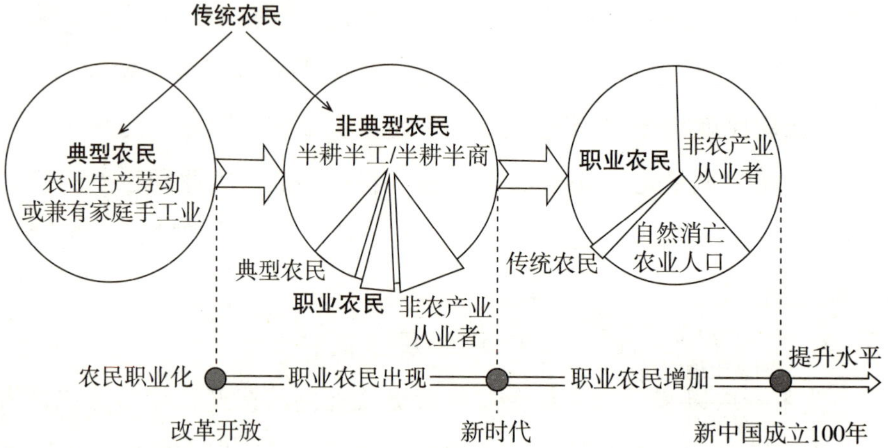

图1-3-4　农民转型分化与农民职业化示意图

“三农化一农”以农民问题为基点，首先要通过各种振兴乡村产业的举措拉动农民分化转型，使从事农业的传统农民转化为职业农民；其次要在村庄整理整治过程中基本实现农民职业化；最后要在农村现代化过程中提升农民职业化水平。从乡村振兴的需要来看，彻底解决农村问题、高标准实现“农村美”需要较高的农民职业化率，彻底解决农业问题、高标准实现“农业强”需要较高的农民职业化水平（较高素质的职业农民），所以农民职业化决定着“三农化一农”的进程和质量，必将贯穿“三农化一农”的全过程，也应是实施乡村振兴战略的一根主线。

4. “三农化一农”的“牛鼻子”是土地关系调整

土地关系调整关系到农业的规模化、集约化生产经营，关系到农地的综合整治和多功能利用，关系到农民的土地权益及土地收益二次分配，关系到乡村居民点调整和现代社区建设，直接或间接牵扯到“三农”问题的方方面面，是“三农化一农”的“牛鼻子”，是影响乡村振兴进程的关键环节。

从土地关系调整与农民职业化的关系来看，调整土地关系对农民职业化有着重大而直接的影响。没有土地关系的科学合理调整，就不能保证农民权益，也就不可能让农民摆脱对“两块地”的依赖和束缚，那么农民就很难从“两块地”中“走”出来、“转”出来。如果农民不能从“两块地”中“走”出来、“转”出来，其自由流动就受到很大牵绊，其职业化就极其困难（图 1-3-5），“三农化一农”也就难以推进，因此“三农化一农”将调整土地关系作为切入点。

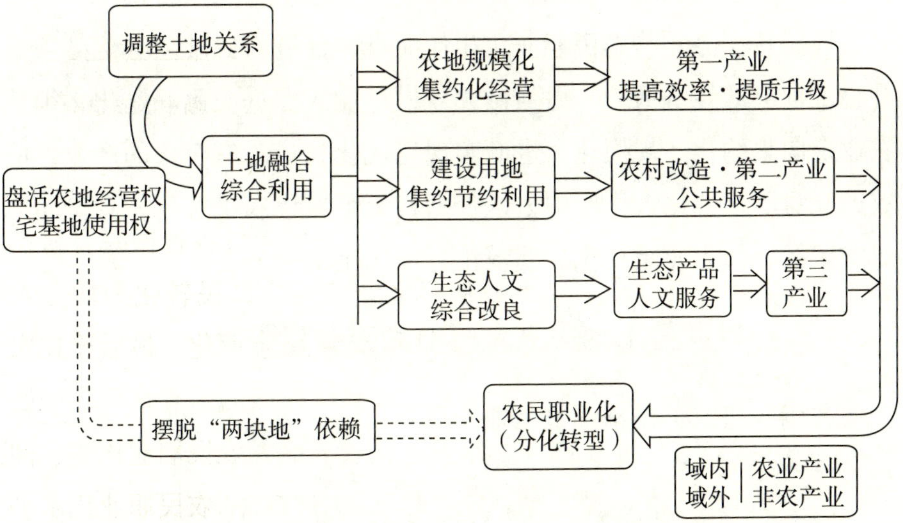

图 1-3-5　调整土地关系与农民职业化关系示意图

二、“三农化一农”的基本理念或实践要点

“三农化一农”在实践过程中主要遵循以下六个基本理念或实践要点：

（一）以农民职业化为主线促进农民发展

乡村振兴战略坚持农民主体地位，以人为本，促进农民的发展是乡村振兴的价值目标，开发农村人力资源，提升农民的发展能力是乡村振兴的首要任务①，而农民问题是“三农”的核心问题，所以“三农化一农”以农民为逻辑起点，以保障农民权益（尤其是土地权益）和促进农民发展为根本。乡村振兴战略无论推进到什么阶段、无论实施什么环节、无论采取什么举措都不能忘记农民。但是，不忘农民、为了农民，并不是僵化不变、固步自封地坚持传统农民的世代沿袭，而是增加农民收入与提升农民素质两手抓，在此基础上逐渐实现传统农民转型分化，逐渐摆脱“两块地”及传统观念等有形的和心理的种种束缚，蜕变成为职业农民，让农民成为有吸引力的体面职业。

农民转型分化与农民职业化相伴而行，促进农民转型分化必须提升整个社会的经济活力，做强做大乡村产业。促进农民职业化必须让农业走向集约化、规模化，进而实现现代化，成为有奔头的产业，使农民投身于社会化大生产中去，否则就不可能让农民实现从身份向职业的转变，而农业集约化、规模化、现代化是一个逐渐升级的过程。

（二）以调整土地关系为驱动完善要素配置

我国农村改革是从调整土地关系开启的，主要是指农村集体土地

① 刘奇．发展农民的发展权（上）[EB/OL]．(2018-06-13)[2021-08-04]．http://www.chinado.cn/? p=6308.

经营制度的改革——农地实行家庭联产承包责任制，即在土地所有权不变的基础上把土地长期分包给各家各户使用与经营。进入新时代后，这种小而散的经营模式已经不再适应农业进步的需要，因为实现农业现代化必须走产业化道路，而农业向产业化发展就必须实现农地经营的规模化、集约化；这种小而散的经营模式也不利于土地的多功能利用，土地不能多功能利用，就不能提高土地产出效益，就不能产生财富叠加效应。在农地走向规模化、集约化经营过程中，农民需要在适度规模经营中积累经验，但要注意防范土地过度集中而导致的社会问题。

党的十九大报告提出：完善农地（主要是指承包地）所有权、承包权和经营权的“三权分置”制度，探索宅基地所有权、资格权和使用权“三权分置”制度，目的就是以调整土地关系为牵引，创新承包地经营和宅基地使用的体制机制，盘活农地经营权和宅基地使用权。“三农化一农”将调整土地关系作为实施乡村振兴战略的切入点，积极探索农地经营权、宅基地使用权共享机制，目标就是在不改变土地性质的基础上实现规模化、集约化经营。

不仅如此，土地制度改革还是完善城乡要素流动与配置的重要驱动力。如果将传统的分户经营转型为规模化、集约化经营，同时加上城乡建设用地增减挂钩①、占补平衡②政策的实施，就会极大促进资本等要素向乡村流动，就会促进新型农业经营主体的形成与职业农民的生成，各类新型农业经营主体在市场竞争中还会不断进行资本、人才、科技等要素的调整，从而完善这些要素的城乡配置。

---

① 增减挂钩即农村建设用地的减少和城镇建设用地的增加相挂钩，主旨是达到总量平衡。

② 占补平衡是指建设占用多少耕地，各地人民政府就应补充划入多少数量和质量相当的耕地的行为。

（三）在规模化整合中实现土地多功能利用

乡村最大的资源是土地，但是目前乡村土地尤其是农地功能利用单一，主要是发挥生产功能。如果其他功能不能发挥，就不能提升土地产出效益，就不能提高农产品的附加值。运用土地多元功能的耦合关系，实现土地社会、经济与生态子系统联合生产，是土地多功能利用的宗旨①。只有实现土地的多功能利用，衍生人文教育、生态旅游等土地功能产品，才能增加财富。如果土地的多种功能不能发挥、潜在资源不能激活，乡村就不能增加财富，乡村振兴的经济基础就不牢，农民职业化就难以推进。土地的多功能发挥需要大尺度的地域性规模化整合才能更好地实现，否则产业规划布局与“三产”融合、生态亚系统构建、美丽乡村建设和村庄整理整治等就极难具有系统性。只有农地规模化经营、大尺度整合，才能延伸农业产业链，促进农业供给侧结构性改革，优化乡村产业布局；才能统筹协调建设用地使用，按照“三生”结合、居业同体思路打造乡村新型居民点（社区）。“三农化一农”将土地多功能利用作为实施乡村振兴战略的着力点，就是为了促进土地集约节约利用，一地多用，一田多产，最终实现土地资源效益的最大化。

（四）在生态优先理念下显化资源优势特色

在经过40多年的高速增长期后，很多一度发展比较好、比较快的县不同程度遇到产业转型、升级困难的问题，一些县的经济社会发展步伐放缓，甚至举步不前，主要问题是没有建立可持续发展的主导产业或支柱产业与产业体系。可持续发展的乡村产业一定是符合生态

① 宋小青．土地多功能利用与土地利用转型发展[J]．土地科学动态，2018(4)：13-15.

文明理念的产业，可持续发展的主导产业或支柱产业还必须由多个与之相配套的产业搭配而成的产业体系来支撑。只有遵从生态文明理念、以本地资源为基础、发挥资源优势特色的产业才可持续，不能走不合理、不科学消耗资源而“砸后代子孙饭碗”的歪路，也不能走“先污染、后治理”的老路。只有形成产业体系，“三产”融合共进，经济发展才能稳定。因此，“三农化一农”把构建以当地资源及其特色为基础的乡村产业体系作为实施乡村振兴战略的支撑点。

发挥资源特色不是过度消耗资源，而是发掘当地现有的自然和社会资源的不可替代性、潜力与优势，借用自然力，扶强自然力，用环境友好、生态可持续保证产业的可持续，用产业的可持续保证经济的可持续，用经济的可持续保证社会稳定和发展的可持续；按照人与自然和谐共生、城乡错位互补、不同区域差异化、“三产”融合思路打造乡村新业态，构建根植于本乡本土、可持续发展的主导产业及其配套产业体系，因地制宜培育、夯实乡村振兴的经济支柱，践行习近平总书记提出的“两山”理论——绿水青山就是金山银山，为农民发展搭建优质平台，为城乡融合打好基础。

（五）在整合改造中推进村庄城镇化、现代化

村庄（乡村居民点）整理整治直接关系到乡村居民的生活环境与居住质量，是实现生态宜居的重要手段，也是使农民摆脱对宅基地的心理束缚、走向流动就业不可或缺的重要条件，还是乡村新业态培育的必要条件。通过“空心村”治理、农村旧房改造、村庄归并拆迁等方式，整合农村居民点土地资源，盘活农村大量的闲置、半闲置建设用地，改善农村人居环境，能够有力促进城乡人、财、物等要素的有序自由流动，推进城乡统筹、协调互补，疏解城市过密人口。因此，“三农化一农”把村庄整理整治作为重要内容。

村庄整合改造是村庄整理整治的复合与统筹，是推进农村城镇化的过程。在这个过程中需要反复强化的观念是：村庄城镇化不是村庄和城镇同质化，而是生活条件现代化，城乡基本公共服务均等化，城乡错位互补发展，最终目标是城乡融合、一体化。在这个过程中要特别注重以“人”的城镇化、现代化为重心的“软”环境建设，提高乡村治理水平，塑造文明乡风，因为治理有效是乡村振兴的保障，乡风文明是乡村振兴的灵魂。

（六）在科学规划引领下按照规律循序渐进

“三农”问题的解决不是一年半载就能完成的，势必会经过一个长期和复杂的过程，因此必须规划先行。“三农化一农”遵循规划先行、循序渐进的原则，要在科学规划引领下按照符合自然规律与经济社会发展规律的布局、步骤与进度实施，处理好整体推进、梯次递进与重点突破的关系，放眼长久，久久为功。目前，各市县的各种区域性整体规划多达十几种，包括土地利用、环境保护、综合交通、文化与生态旅游等，内容交叉、标准不一、衔接不顺、实施分割的问题较多。2017 年 2 月习近平同志在北京城市规划建设和冬奥会筹办工作座谈会上要求，把握好战略定位、空间格局、要素配置，坚持城乡统筹，落实“多规合一”，形成一本规划、一张蓝图[①]。这虽然是对首都建设提出的要求，但是对全国各地、各行业都有普遍的指导意义。2019 年国家全面启动“多规合一”工作，以全域规划优化城乡空间，这是落实“一张蓝图绘到底”的重大举措。“三农化一农”在实践过程中要主动参与修订现有各项规划，使之协调统一，对接、纳入各市县空间规划。需要强调的是：实施乡村振兴战略和“三农化一农”的

---

① 林孔仕．习近平把脉北京城市建设　规划先行引领中国城市发展[EB/OL].(2017-02-26)[2021-08-04].http://politics.people.com.cn/n1/2017/0226/c1001-29108305.html.

最小规划单元、最佳的实施单元应该是县，而不是乡，更不是村。

三、“三农化一农”的主要实践环节

以“三农化一农”为路线实施乡村振兴战略，推进城乡共融，最终实现城乡一体化的目标，必须强化规划引领。规划编制以县为单元，以资源调查为基础，对自然和社会资源及其利用现状进行全信息调查，评价评估资源特点，分析资源优势和特色，科学规划国土空间利用格局，划分主体功能区，研究论证农地利用、村庄整理整治的系统布局。

“三农化一农”在实施过程中分为五个具有一定前后递进关系的主要环节：农地规模化整合—土地多功能利用（产业转型与体系重构）—农民转型分化与职业化—农村整合改造与城镇化—农业升级与现代化，最终实现城乡融合、一体化。“三农化一农”实施路线示意图如图1-3-6。

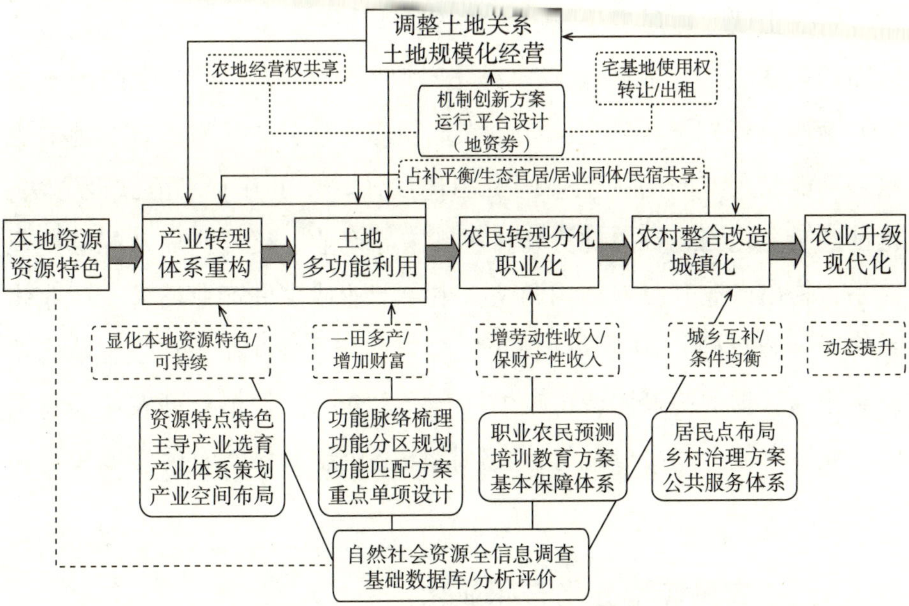

图1-3-6　“三农化一农”实施路线示意图

（一）农地规模化整合

通过创新农地经营权流转的体制机制、搭建或规范农地经营权流转平台来调整土地关系，培植或引入新型农业经营主体对大面积农地进行规模化生产经营。在农地规模化整合过程中，可能遇到很大阻力，或者遇到少数“钉子户”不愿意出让承包地的经营权，但是不必求全，而是建立相应的引导激励机制或示范带动机制，逐步推进；也可以通过承包地置换的办法，将没有出让经营权的承包地相对集中起来进行生产经营，或者隔离处理，但要约束其生产经营行为，使其不妨碍大面积规模化农地的生产经营。

（二）土地多功能利用（产业转型与体系重构）

运用资源全信息调查结果，厘清当地国土空间资源连续体（气候、水、土壤、地质、生物、人文等各类资源要素在一定空间内连续分布的关联组合，能够搭载多种土地功能产品的不同尺度的国土空间）分布，研判资源特色。结合农地规模化整合，研究适合本地的土地多功能利用方向与国土空间资源连续体开发的途径、方式及方法，论证判断显化当地资源优势和特色的主导产业、支柱产业及配套产业体系，提出产业升级与结构调整、主导产业或支柱产业培育、产业体系构建（或重构）的对策。改革完善管理与服务体制，加强土地多功能利用与管理的统筹协调，吸纳社会资本介入，扶植新型农业经营主体，创新、健全二次分配与社会风险防范机制，保障农民发展权益和土地权益。

（三）农民转型分化与职业化

促进农民转型分化的主要策略是做强做大乡村产业，产业吸纳与产业带动能够增加农民的劳动性收入，加速农民转型分化的进程。做强做大乡村产业就要推动“三产”融合，在产业大融合中催生各种乡村新业态，构建以当地资源及其特色为基础的乡村产业体系。因为没有产业兴旺，就没有就业岗位，没有就业岗位，农民分化就不知“分”到哪里，也就谈不上农民转型。

促进农民职业化的主要策略是加强职业农民培育，增强其自我发展能力。培育职业农民应制订有针对性的培育方案，明确省市县培训主体，建立实训基地，构建适应现代农业发展需要的科学培育体系；拓宽培育途径，完善职业农民注册、职称认定、信息档案登记制度；完善职业农民养老、医疗等社保制度，在财政、金融、保险、税收等方面给予扶持①。

这两条对策应该并行并举，但是当前农村的土地分散经营、产业不强、农民技能偏低，尤其是土地规模化经营需要在实践中探索更加合适的路径，还需要历史耐心，所以当前和今后一段时期内最要紧的是做大做强乡村产业，构建以当地资源及其特色为基础的乡村产业体系。

（四）村庄整合改造与城镇化

按照生态、生产、生活“三生”结合的原则，在国土空间规划的引领下，在尊重居民意愿的前提下，依法、分类、稳步开展农村整治、拆迁并村，提升乡村生活环境质量与条件，走向城乡公共服务均等化，让农民淡化并逐渐摆脱对宅基地的依赖。顺应职业农民流动就业的特点，盘活宅基地使用权，探索建立民居民宿共享的合理机制，让职业农民增加一项长期稳定的财产性收入。注重传统村

---

① 文军．大力培育新型职业农民[EB/OL].（2018-07-23）[2021-08-04]. http://opinion. people. com. cn/n1/2018/0723/c1003-30162730. html.

落风貌、文化遗产的保护，以保护促进利用，以利用强化保护，让现代生活设施与其完美对接，合理开发其经济价值。改革创新乡村治理体制、农村社区管理模式，适应现代农业生产经营和现代乡村生活的需求。

（五）农业升级与现代化

当传统农民基本消失、农村实现了城镇化，城乡差别不再明显，“三农”问题就只剩下如何实现中国特色农业现代化的问题。农业现代化是一个农业不断升级的动态过程，其内涵随着技术、经济和社会的进步而变化，它只有阶段性目标，没有休止符。农民问题、农村问题得到基本解决，农业现代化的步伐就会更加顺畅，进程就会加快。

“三农”化为“一农”是个长远、长期和复杂的过程，这也就意味着，乡村振兴战略的实施周期也很长。我们不仅要有只争朝夕的精神，更要有久久为功的毅力和信念，正像习近平总书记指出的那样，要以“功成不必在我”的精神境界和“功成必定有我”的历史担当，保持历史耐心，发扬钉钉子精神，一任接着一任干，乡村振兴的宏伟目标一定会实现。

四、“三农化一农”与乡村振兴战略的关系

2017 年和 2019 年中央一号文件均指出：城乡一体化发展是解决“三农”问题的根本道路，这个科学判断的重大意义是明确了彻底解决“三农”问题的总方向，乡村振兴战略贯穿的就是城乡一体化发展的主导思想。那么，在实践工作中，如何彻底解决“三农”问题，如何落实乡村振兴战略从而实现城乡一体化，这是党和政府、学界都在冥思苦想的复杂而重大的课题。“三农化一农”就是针对这些问题提出的解决思路、实践对策体系，简要概括为：

“三农化一农”以农民为逻辑起点，以解决农民问题为基点，通过乡村产业规划与设计、重构或开发，激发新业态，推动乡村百业兴旺，推进农民转型分化，加快农民从身份向职业的转变——农民职业化，化解并逐渐消除“三农”的核心问题——农民问题：“三农”化为“二农”（三农－农民＝农村＋农业）。

如何做强、兴旺乡村产业？以调整土地关系为切入点，优化经营权流转机制，运用国土空间资源价值化、资本化与内置金融等方式方法，引入企业或吸纳社会资本，实现农地的规模化经营与大尺度多功能利用——“一地多用，一田多产”。发挥政府主导作用、政府投入引导作用，完善企业、农户、政府的利益联结与分配机制。以本地资源为根基，构建资源特色产业体系，强化本地产业可持续性与不可替代性，协调推进国土空间资源连续体多层次开发，产生财富多次叠加效应。

村庄整理整治与乡村产业发展相统筹，激活宅基地使用权，走宅基地共享的路子，把民居民宿共享融入乡村产业体系，让职业农民流动就业有住房保障，同时增加财产性收入，摆脱对农地与宅基地的心理依赖。适应农民职业化流动性就业、民宿共享的需要，实现集体建设用地集约化利用，建设乡村新社区，推进村庄社区化。构建新型乡村治理体系，实现以“人”的现代化为重心的村庄（居民点）城镇化，化解农村问题：“三农”化为“一农”（三农－农民－农村＝农业）。

在推进农地区域性大尺度规模化经营、村庄建设用地集约化利用过程中，农业产业纵向延伸产业链，横向与其他产业深度融合，并实现规模化生产经营，加之机械化、信息化、智能化技术的应用和农业高新技术的研发与推广，农业综合效益得到不断提高，进而不断升级农业现代化水平。

乡村振兴战略是一个庞大的系统工程，是一个几乎涵盖全社会的解决“三农”问题的整体布局，而“三农化一农”是为彻底解决“三农”问题设计的分阶段且每阶段有重点主攻方向的实践对策体系，基本回答了农业农村现代化进程中的主要问题，符合乡村振兴战略的目标与要求，为乡村振兴战略的实施提供了路径选择。

第二章　农民问题与农民职业化

第一节　农民问题

一、农民问题的产生与演化

中国农耕文明源远流长，自进入文明时代至今，中国一直是个农业大国，农民占人口的绝大多数。农民问题长期影响着我国经济社会的发展和现代化的进程，日益成为“三农”问题的核心问题和根本问题。如果不能有效地解决农民问题，实施乡村振兴战略就难以取得实效，还势必会更加严重地影响我国的社会稳定与未来发展，所以“三农化一农”将农民作为逻辑起点。我们党和政府高度重视农民问题，始终把解决好农民问题作为中国革命、建设和改革的根本问题。而解决农民问题，就必须回答农民是什么，农民问题及其实质是什么，进而梳理农民问题的产生发展脉络，探索农民问题的产生根源，并对目前农民问题进行正确的认识与分析。

（一）关于农民与农民问题

1. 农民的定义

何谓农民？这看似一个再平常不过的问题，但其内涵一直是经济学界和社会学界争论的焦点。《谷梁传·成公元年》中提到，古者有四民。有士民，有商民，有农民（范宁注：农民，播殖耕稼者），有工民。《国际社会学百科全书》将农民定义为农业土地上生活资料的耕种者。所以，农民简而言之就是长期从事农业生产并主要以此谋生的人。按照这个定义，从人类开始在土地上耕作、获得食物开始，农民就产生了，也就是原始社会就出现了，但是农民作为一个阶级的形成是在封建社会，由此可以认为当今所说的一般意义上的农民是在封建社会产生，这也是传统农民的概念。现在所说的农民一般意指传统农民，由于早已摆脱了对地主阶级的依附，农民的内涵又发生了很大变化，但是“播殖耕稼”依然是其主要特征，并保留了封建社会农民的许多特点。当今，农民和农民阶级依然是我国社会的主要构成。

2. **农民问题及其实质**

对于农民问题及其实质是什么，理论界时至今日也没有标准答案，各家学者存在较大争议。之所以如此，一是因为农民问题涉及面极为广泛，几乎可以把与农民有关的问题都囊括其中，牵扯到整个社会生产生活的各个方面；二是因为农民问题的产生与发展有着漫长的历史源流，并且在不同的历史阶段，其重点与主要表现存在较大差异。关于农民问题的实质，有的学者归结为经济问题，比如宋圭武认为，从根本方面看，农民问题是经济问题，但最关键的是核心生产要素所有权的实现问题①。这个观点笔者基本赞同，但也有商榷空间。本书重点围绕当今农民问题的表现及其原因展开，而对于农民问题的本质不做深入的探讨。

对于进入21世纪以来乃至当前的农民问题，笔者简要概括为：

① 宋圭武．农民问题的关键是核心生产要素所有权的实现[J]．农村工作通讯，2011(18)：34.

权益保障不到位，受教育程度低，增收难，主要表现在就业、维权、文化技术水平、思想观念等方面。

（二）农民问题的产生与发展

1. 传统农耕时期

原始社会生产技术极其落后，人们只能使用石器工具进行劳作，农业生产水平极低，主要由人力来完成。人们没有生产资料私有制的概念，思想比较单一，朴素地把土地、劳动工具等当成共同体（部落）的资产，每个人都为了这个共同体的生存而努力。土地作为人类生产与生活最重要的条件，对土地的占有与经营方式便构成了原始社会生产关系的主要成分①。随着原始公有制逐渐转化为私有制，人类社会出现了阶级和阶级对立，原始社会也逐渐向奴隶社会转化。

在进入奴隶社会后，金属（青铜）工具逐渐得到广泛应用，农业生产水平有了较大的提高。在奴隶社会晚期，畜力得到应用。据《战国策》记载，平阳君赵豹劝诫赵王：秦以牛田，水通粮，其死士皆列之于上地，令严政行，不可与战。王自图之！这说明，战国时期耕牛已经成为重要的农业耕作畜力。生产力的发展与进步推动生产关系的变革，社会制度由奴隶制向封建制转变。

中国的封建社会起源于战国时期，秦朝的建立是我国封建制度基本形成的标志，中国农民阶级的形成大致处于这个历史时期，当代农民问题也可以溯源到这个时期。进入封建社会后，耕牛、铁制工具逐渐得到广泛应用，并成为我国农耕文明成熟的主要标志。农民依靠相对先进的生产工具和技术进行农业生产，农业种植面积和产量有了大幅度提升。但是作为人口绝对主体的农民的数量也极大增长，即便中

① 崔欣．中国农村集体建设用地使用权制度研究[D]．北京：中国社会科学院研究生院，2011.

国农民把精耕细作发挥到了极限，农民温饱问题却一直是一个没有得到解决的根本性问题。“男耕女织”“不愁吃穿”只是农民中少数自耕农家庭的生产生活模式，对于大多数的雇农、佃农、贫农而言，这不过是一种念想而已，他们基本处于半饥半饱的生活状态。

通览我国几千年封建社会历史，农民问题主要表现为生活困苦，农民生活困苦又与土地占有制度、地主的剥削压迫紧密勾连在一起。据毛泽东同志1927年的调查，土地的60%以上在地主手里，40%以下在农民手里。江西方面，遂川的土地最集中，约80%是地主的。永新次之，约70%是地主的。万安、宁冈、莲花自耕农较多，但地主的土地仍占约60%，农民只占约40%。湖南方面，茶陵、酃县两县均有约70%的土地在地主手中①。土地是农业的根本，是农业生产中最重要的生产资料，这种极端不平等的土地占有制度是农民生活贫困的根本原因。农民生活贫困的另外一个主要原因是社会制度与社会治理问题。实际上，自秦汉以来，农民问题一直是中国社会的基本问题，这是由中国社会以小农经济为基础、以家族为基本的社会单位、由自上而下的官僚体系来控制的社会结构决定的②。广大雇农、佃农、贫农不仅生活困苦，还备受地主的剥削与压迫，导致社会矛盾在“激化冲突—缓解调和—激化冲突”的循环中不断演化。因此，农民问题产生之初，就不是单纯的生产力发展水平与经济问题，而是同时与土地权益、社会治理等社会制度根本性问题密不可分，表现在生产生活水平低、社会冲突频仍等诸多方面。农民问题突出的时候，也就是阶级矛盾难以调和的时候，往往导致农民起义、朝代更迭、社会动荡。

我国在封建社会晚期，出现了商品经济，产生了资本主义萌芽，

---

① 毛泽东．毛泽东选集(第一卷)[M]．北京:人民出版社,1991:68-69.

② 曹廷贵,孙超英．中国农民问题的社会根源及现实困境[J]．理论与改革,2009(6):58-61.

雇佣关系也随之出现，这给自给自足的小农经济的发展带来了冲击。然而，商品经济和资本主义生产关系的进一步发展，却受到了传统的重农抑商思想、封建专制制度的严重束缚，发展极其缓慢，一直到鸦片战争前，中国依旧是自给自足的自然经济。有的学者认为，在封建社会晚期，农民数量的急剧增长和农民传统观念转化的缓慢，是产生农民问题的重要原因①。笔者认为：农民数量的急剧增长和农民传统观念转化缓慢固然是重要原因，但是封建的社会制度与家族式社会治理结构、晚清半封建半殖民地的境况才是主因。

2. 工业化时期

在鸦片战争之后，很多有识之士认识到了工业化的重要性。随着历史的演进，第二次鸦片战争、八国联军侵华、日本侵华等重大历史事件的发生，使这种认识逐渐加强和扩大。早在抗日战争时期的1944年，毛泽东同志就指出：中国落后的原因，主要的是没有新式工业。日本帝国主义为什么敢于这样地欺负中国，就是因为中国没有强大的工业，它欺侮我们的落后。因此，消灭这种落后，是我们全民族的任务。老百姓拥护共产党，是因为我们代表了民族与人民的要求。但是，如果我们不能解决经济问题，如果我们不能建立新式工业，如果我们不能发展生产力，老百姓就不一定拥护我们。他还指出：要打倒日本帝国主义，必须有工业；要中国的民族独立有巩固的保障，就必须工业化。我们共产党是要努力于中国的工业化的。② 毛泽东同志的这些论述代表我们党第一代领导人对工业化的认识在当时达到的历史新高度。

新中国的成立为实现工业化奠定了基础，我国开始了真正意义上

① 詹义清，樊志民．中国农民问题的历史思考[J]．陕西农业科学，2011，57(2)：193-195，262.

② 毛泽东．共产党是要努力于中国的工业化的[N]．解放日报，1944-05-26.

的工业化进程①。从此，我国开始了大规模的社会主义工业化建设进程，新中国成立后的70年在很大意义上是工业化建设的70年，发展至今已经进入工业化中期，个别领域已经出现了信息化社会的个别特征。

回顾新中国成立后的工业化进程，总体可以分为两个阶段：1949年新中国成立至1978年，工业化起步与曲折发展阶段；1978年改革开放以来，快速发展与基本实现工业化阶段。这两个阶段的农民问题及其主要原因如下：

1）1949—1978年

新中国的成立让广大农民彻底翻了身，摆脱了几千年受剥削、受压迫的悲惨境况。通过社会主义改造，我国实现了土地公有制，封建压迫下的旧农民变成了社会主义的新农民，农民成为土地的主人、国家的主人。但是，农民的温饱问题长期没有得到解决，生产生活水平、受教育程度与文化水平、健康状况依旧很差，人均寿命依旧很低；二元经济结构导致的工农差别、城乡差别越来越大，城乡分割的二元户籍管理使农民的自由流动受到很大的限制；虽然农民的封建思想受到很大程度的冲刷，但是小农思想、小农意识、重男轻女等落后的观念依旧普遍存在，其中一些落后观念根深蒂固。上述该阶段农民问题的主要原因包括以下几个方面：

一是农业生产及其科技水平。农业基础薄弱，生产水平较低，农业生产效率提高缓慢，导致粮食等主要农产品供给不足。作为农业生产主体的农民，在新中国成立前饱受地主阶级的盘剥与战争的伤害，身无分文，再加上建国初期我国经济本身就比较落后，在这种条件下想要进行工业化，只能从“三农”领域和资源环境中寻求帮助。新中

① 1953年中国共产党提出的过渡时期的总路线简称“一化三改”，其主体就是工业化。

国成立后的约30年间，国家向工业化几乎进行了一边倒的支持和政策倾斜，对农业的投入相对很低，农业科技发展也十分缓慢，基本采用人力、畜力为主的传统农耕生产方式；对于农民来说，能够维持基本的生产生活、能够满足温饱他们就已经很知足。

二是农民受教育程度与文化科技素质。在新中国成立之初，国民整体文盲率在80%以上，农村的文盲人数占比更高，在这一时期的几年间，农民教育的首要、主要任务是扫盲。随后的20多年间，由于农村教育资源匮乏，教育能力有限，即使一部分农民获得了一定的教育，但是整体而言覆盖面小，教育水平也很低。农民的生产劳动素质主要取决于受教育程度，农业生产水平主要取决于农民素质，所以该阶段农民从事农业生产仍然主要是靠祖祖辈辈传下来的经验，农业增收困难。

三是“以农养工”政策。新中国成立之初，国家通过“以农养工”“以农支工”政策来保障工业化进程，依靠农业“乳汁”的哺育，逐渐建立起了比较完整的工业体系。在这个过程中，国家采用对工业产品高定价、对农业产品低定价形成“剪刀差”的方式将农业资金转移到工业建设，并且对农业税的征收比例偏高，这无疑大大加重了农民的负担，是导致农民生活改善极为缓慢的重要原因，在很多年份农民维持基本生产生活需要都比较困难，从实质上看是牺牲了农民利益来发展工业。一些学者甚至认为，新中国成立后的工业化和城市化发展，前30年靠农产品“剪刀差”，后30年靠土地“剪刀差”。

四是二元分割的城乡治理结构。在新中国成立初期，城市人口和农村人口待遇区别不大，但在1958年颁布实施的《中华人民共和国户口登记条例》将城市人口与农村人口做出了界定和明显区分，严格限制农村户口人员迁往城市，将农民紧紧地和土地拴在了一起。农民占据全国人口的主体，这个政策使得全国大部分人口被限制在农村，由此确立了城乡二元治理结构的雏形。城乡二元治理结构不仅指的是户籍管理，还包括其他许多制度措施，如粮油供应制度、城市就业制度等，对农民进入城市做出了限制，这些制度造成农村人口急剧增长，农民问题日益加重。

五是“大跃进”① 与“文化大革命”② 运动。1958—1960 年的“大跃进”在生产上追求高速度，忽视了经济发展的客观规律，为了响应“全民大炼钢铁”的口号，许多农民也开始参与炼钢或者从事非农生产的行业，造成耕地荒废以及很多粮食和农产品没有及时收回，大大降低了农村生产力③。1960 年冬，中共中央开始纠正农村工作中的“左倾”错误，并且决定对国民经济实行“调整、巩固、充实、提高”的方针。1962—1966 年，国民经济得到了比较顺利的恢复和发展。而在 1966—1976 年的“文化大革命”运动中，国民经济遭到了巨大损失，在此期间的个别年份和后期，国民经济濒临崩溃的边缘，但是粮食生产保持了比较稳定的增长，工业交通、基本建设和科

① “大跃进”:为了尽快改变中国贫穷落后的面貌,党(中国共产党)力图在探索社会主义建设道路中打开一个崭新的局面。1956 年初,我国经济建设就已经出现急躁冒进倾向。1957 年冬季,全国掀起以兴建水利、养猪积肥和改良土壤为中心的农业生产高潮,拉开了“大跃进”的序幕。1958 年 5 月,党的八大二次会议通过“鼓足干劲、力争上游、多快好省地建设社会主义”的总路线。会后,“大跃进”运动在全国范围内从各方面开展起来。农业方面要求 5 年、3 年以至一两年达到规定的粮食产量指标,引发严重的浮夸风。工业方面要求几年内提前实现 15 年钢产量赶超英国的目标,掀起大炼钢铁的群众运动。1960 年 11 月中央发出《关于农村人民公社当前政策问题的紧急指示信》、1961 年 1 月党的八届九中全会决定对国民经济实行“调整、巩固、充实、提高”的八字方针。以这两件事为标志,“大跃进”运动实际上已经被停止,国民经济开始转入调整的新轨道。(摘自 2021 年人民出版社、中共党史出版社出版的《中国共产党简史》)

② “文化大革命”全称“无产阶级文化大革命”,简称“文革”,是一场由领导者错误发动,被反革命集团利用,给党、国家和各族人民带来严重灾难的内乱。起止时间为 1966 年 5 月至 1976 年 10 月。

③ 田娇娇. 中国工业化历程研究(1949—1978)[D]. 绵阳:西南科技大学,2017.

学技术方面取得了一批重要成就①。1976 年“文革”结束，党和国家的工作重新走上健康发展的轨道，社会秩序得以恢复，国民经济初步摆脱了急剧滑坡的危险局面，但是农民生活水平很低，农家的日子很困难。1978 年，全国农民每人年均从集体分配到的收入仅有 74.67 元，其中两亿农民的年均收入低于 50 元；有 1.12 亿人每天能挣到 1 角 1 分钱，1.9 亿人每天能挣 1 角 3 分钱，有 2.7 亿人每天能挣 1 角 4 分钱；相当多的农民辛辛苦苦干一年不仅挣不到钱，还倒欠生产队的钱②。

2）1978 年改革开放以来

改革开放以来，我国农村实行了联产承包责任制，传统农业向现代农业加快转变，逐步解决了困扰中国几千年的农民温饱问题，进而在整体上初步实现了农民家庭的小康生活。国家不断减轻农民负担，2006 年取消了延续几千年的农业税，“三提五统”③ 随之退出历史舞台；不断加大对“三农”的财政与金融支持力度，在农村教育、养老、医保、低保、生产生活基础设施建设、公共服务等各个方面实施的惠农富农政策取得巨大成就。但是随着不断深化的经济体制改革，进入 21 世纪之后，我国的农业农村又出现了许多新的问题，与积存的旧问题叠加在一起并不断发展变化，在农民问题方面主要表现在就业及劳动权益保障问题、养老问题、科技文化素质与教育问题、增收

---

① 中华人民共和国年鉴．现代史[EB/OL]．(2020-10-29)[2021-08-04]．http://www.gov.cn/guoqing/2020-10/29/content_5555772.htm.

② 曹普．中国改革开放的历史由来[EB/OL]．(2008-10-06)[2021-09-03]．http://www.chinanews.com/gn/news/2008/10-06/1401461.shtml.

③ “三提五统”指三项村提留和五项乡统筹。村提留是村级集体经济组织按规定从农民生产收入中提取的用于村一级维持或扩大再生产、兴办公益事业和日常管理开支费用的总称。它包括三项：公积金、公益金和管理费。乡统筹指乡(镇)合作经济组织依法向所属单位(包括乡镇、村办企业、联户企业)和农户收取的，用于乡村两级办学(即农村教育事业费附加)、计划生育、优抚、民兵训练、修建乡村道路等民办公助事业的款项。

难问题等几个方面。

一是就业及劳动权益保障问题。首先，改革开放以来，大量农村剩余劳动力向城镇转移，基于农业对农民生产与生活的基础作用，农民普遍有着相对于城镇劳动者较低的就业要求和较高的就业适应能力[①]，表现在农民对劳动收入和劳动强度要求较低，对就业保障政策很少关注，对未来发展感到茫然。农民的这些低要求，导致外出务工农民收入水平低，工作强度大，环境艰苦，比如第二产业的高强度体力劳动、第三产业的艰苦服务岗位等；同时劳动权益保障难，甚至很多情况下没有办法得到应有的保障。其次，外出打工的农民所从事的工作往往是短期的，加之受季节、就业信息不充分等多种因素的影响，务工存在很大的不稳定性，外出务工的农民需要经常更换工作，并且哪里挣钱就到哪里去，在不同的城乡区域频繁迁徙，既减少了工作的稳定收入，又在技能培养方面缺乏可持续性，专业性也较弱。再次，由于农业生产效益低，留乡务农的农民对农业生产积极性不高，很难适应农业发展的新形势和产业升级的新步伐。大量的农民外出打工（少数经商），半农半工（半耕半商）造成了大量农地的耕作质量下降、闲置，甚至荒废，或者由于农民打工在外，不能及时耕种收割，农产品产量下降。最后，大量农村剩余劳动力向城市转移、农民进城转为长期居民后，并没有获得与市民平等的权利，处于“二等市民”的境地；即便在破除城乡户籍制度的今天，城市在某些方面还会将本市居民和进城农民区分开来对待，实行一定的差别化政策。

二是养老问题。联产承包责任制极大调动了农民的生产积极性，促进了农村经济的发展，农民生活水平大幅度提高。随着生活条件越来越好，人口的平均寿命在延长，农民渴望自己的养老问题能够得到

① 乐章，于长永，许汉石．农民就业问题研究[J]．人口与经济，2010(3)：34-39，56.

有效保障，期待得到更好的医疗服务。尤其在实行计划生育政策后，农村家庭规模减小，弱化了家庭的养老功能。并且随着经济的发展和城市化进程，一些人开始从农村向城市迁移，这些迁移人口大部分是青壮年，而我国养老一直以来都是家庭养老为主，在未来较长历史时期内也很难达到社会养老的水平，家庭养老的传统观念也难以消除，这使得农村养老问题日益突出。

三是科技文化素质与教育问题。从整体来看，农民受教育程度和文化水平相对较低，科技文化素质及公民素质不高。农民教育是一个系统的工程，当前和今后一段时期内重点是职业教育。党的十九大报告指出，农村职业教育在实施乡村振兴战略过程中发挥着重要的作用①。农村职业教育作为基础教育，在传播和创新技术、培育新型职业农民、提升农村整体素质方面应该发挥主要功能，但当前面临诸多难题，使其无法发挥应有作用。改革开放初期，农业广播电视学校（简称农广校）系统在农民教育和职业培训方面发挥了重要的作用。经过近40年的发展，农广校基本形成了中央、省、市、县四级建制和乡村教学点五级办学体系，在我国农民教育培训和农村实用人才培养中发挥着主渠道作用②。但是，农广校面对“三农”工作的新形势有很多的不适应，偏软，偏散，且授课内容让农民感觉“不解渴”。其他主要难题还有：相关管理部门力量分散，教育培训不成体系；农村教育经费投入主要来源于政府，各地区由于发展水平不同，政府投入农村的经费有限；农村职业教育师资数量不足，教师学历水平相对偏低等。

四是增收难问题。首先，持续到21世纪的城乡二元经济结构及

---

① 覃兵，何维英，胡蓉．基于乡村振兴战略的农村职业教育问题审视与路径构建[J]．成人教育，2019，39(8)：60-64.

② 农业部．农业部关于加强农业广播电视学校建设加快构建新型职业农民教育培训体系的意见[EB/OL]．(2013-08-20)[2021-08-04]．http://www.moa.gov.cn/nybgb/2013/dbaq/201712/t20171219_6119827.htm.

城乡二元治理结构导致下述问题。①政府对城市和农村的基础设施与公共服务投入长期存在很大差距，大量的资金投给了城市，农村占比很少，农村的基础设施原本就比较薄弱，却长期得不到重视，而基础设施和公共服务是地方经济社会发展的重要条件，这必然影响农村经济社会发展，进而影响本地农民的收入增长。②农业户口和非农户口二元户籍管理制度使城市人口和农村人口始终处于两种不同的社会地位，农村人口处于明显的劣势。20 世纪 90 年代开始，到城市务工的农村人口大量攀升，国家逐渐放宽对农村人口的束缚，随后农民落户城市的门槛越来越低，但进城工作和生活的农民享受不到与市民同等的待遇，在孩子教育、住房、就业、医疗、社会保障等方面受限制、受歧视，难以完全融入城市生活，生活支出明显高于市民。③当工业化进入中后期、建立起比较完善的现代工业体系之后，首先，国家没有及时调整工农业关系，没有实现工业向农业的“反哺”，没有及时调整农业哺育工业政策，是导致“三农”问题积重难返的主要症结①。其次，联产承包责任制必将是长期维护农村稳定与发展的基本制度安排，但是一家一户分散的土地生产经营模式的弊端和局限性日益明显，制约了农业的进一步发展，迟滞了农业产业升级和技术革新，加之农业处于国民经济的基础性地位、农民抗风险能力弱，留在本地务农的农民增产不增收。最后，虽然有一系列强农惠农金融政策出台，但是农村的金融体系不完善；想要通过农业贷款提高技术和扩大农业生产规模很难，表现在农村组织资金不足、效率低、缺乏规避风险的能力等方方面面，这些都是造成农民增收难的重要原因②。

① 汪时珍．建国60年工农业发展成就、基本经验与政策取向[J]．安庆师范学院学报(社会科学版),2009,28(8):1-4.

② 陈慧．反思城乡二元结构体制下的农民增收难问题[J]．经济研究导刊,2014(8):18-19.

二、农民问题现状分析

（一）基本权益得不到有效的保障

我国著名农村问题专家杜润生认为，中国最大的问题是农民问题，农民最大的问题是土地问题[①]。土地权益是农民最重要的基本权益，随着工业化城市化进程，建设用地的需求量大幅度增加，农村集体土地大量被征用，出现了大量失地农民，成为规模庞大、矛盾冲突集中的相对弱势群体。早在2004年人民日报理论版刊登的高勇的文章说，全国失地农民总数估计在4 000万人左右，每年还要新增200多万人[②]，当时预测2020年我国失地农民总数将超过1亿人。失地农民的参与权与决策权缺失，虽然事关他们的切身利益，但是得到的补偿多少他们无法做主。失地农民虽然获得了补偿，但是补偿金额较低。由于我国现行相关法律，法规不完善及一些地方利益驱使等因素，失地农民利益受损导致的土地纠纷现象时有发生，成为农民上访、社会矛盾激化的主要原因。农村土地被征用所获得的补偿金为失地农民的生活提供部分保障，数量的多少与保障力的强弱有直接关系，农民获得的补偿金数量过少，导致保障力被削弱[③]。对于失地农民而言，绝大多数面对的更大问题是就业难，其他还有缺少生活保障等诸多问题。就业难决定了劳动性收入难保障，生活水平难提高。

在其他基本权益方面，农民也没有得到公平合理的对待，和城市

---

① 吴晓晶.95岁农村问题专家杜润生:土地承包政策要长期不变［EB/OL］.(2015-10-09)［2021-08-04］. http://www.farmer.com.cn/ywzt/sdf/bd/201510/t20151009_1145802.htm.

② 高勇.失去土地的农民如何生活:关于失地农民问题的理论探讨［N］.人民日报，2004-02-02.

③ 江秋凤.我国农村土地制度改革下的失地农民生活保障［J］.农业经济，2017(7):78-80.

的社会福利水平相比存在很大差距，表现在养老、教育、医疗等各个方面，其中的养老问题是农民最为关心的问题。在农村，老年人的经济来源以子女赡养费、农村社会养老保险、土地征用后的养老生活补助为主。随着社会的发展，年轻人流动就业较为普遍，生活压力增大，农村年轻人的养老负担加重。并且，当代农村青年更加倾向于到城市就业与生活，生活方式与家庭生活观念发生了很大转变，在本乡本土工作和生活的比较少，“空巢村”现象蔓延，即使年轻人不外出打工也不愿和老人住在一起。我国各个地区结合本地实际已经出台了农民的社会保障政策，但是却具有明显的区域性、地方性，全国范围内还没有建立统一的保障体系。农村社会养老保险覆盖面窄，保障水平低，自谋出路的农民参加社会保险少。

（二）受教育程度和整体素质偏低

从整体来看，农民接受教育程度相对偏低。2013—2019 年农村居民家庭户主的文化水平集中在小学程度和初中程度，大学专科及以上程度占比很少（表 2-1-1）。

表 2-1-1　2013—2019 年农村居民家庭户主的文化水平[1]　%

指标	2013 年	2014 年	2015 年	2016 年	2017 年	2018 年	2019 年
未上过学	4.7	4.4	3.8	3.3	3.2	3.9	3.6
小学程度	32.3	31.8	30.7	29.9	29.8	32.8	32.5
初中程度	51.0	51.5	53.1	54.6	54.7	50.3	50.8
高中程度	10.7	10.9	11.1	10.7	10.8	11.1	11.2
大学专科程度	1.2	1.2	1.2	1.2	1.3	1.6	1.7
大学本科及以上	0.2	0.2	0.2	0.2	0.2	0.3	0.3

① 国家统计局农村社会经济调查司．中国农村统计年鉴 2020[M]．北京：中国统计出版社，2020：33.

中国农民有着质朴善良、吃苦耐劳、勤俭节约、坚忍不拔等优秀品质，但是由于受教育程度普遍相对较低，文化科技素质整体不高，应用农业科技的能力不强，同时农村农业科技人员较少，使得农业科学技术推广难，生产效率低，产品质量难以保障，农民面对数字化、精准化等未来农业发展新趋势更加不适应。为了提高农民素质、推进农民职业化进程，国家出台了大力发展新型职业农民的政策，开展了各类农民培训。然而在调查研究中发现，农民在思想上的功利倾向比较重，仅看中结果而忽略过程，如果短期看不到效果就没有多少积极性；对培训的重要性认识不足，对提升自身的素质也没有太多的要求，认为培训可有可无，对自己没有太大作用，再加上在农村留守的农民以老人、儿童等为主，缺乏对培训问题的科学认识和有效参与①。农民文化科技素质直接影响到生产经营水平和效益，是农民致富的基础和关键。当今，信息社会的特征初现，信息剧增，信息流通加速，如果没有一定的辨识能力，在面对庞杂、多元的信息时则不能进行有效的筛选和辨别，导致错失机会或是误判；如果没有一定的营销头脑，就会对营销信息与渠道敏感度不强，不能尽快销售出农产品，更不能抢占市场先机。

（三）思想观念相对落后

改革开放以来，中国农民一方面获得思想大解放，观念随着时代发展进步很大，致富意识、开放意识、商业意识、维权意识、教育意识等显著增强；另一方面小农功利思想、自私狭隘心理依旧存在，公共意识淡薄，小富即安思想较重，进取精神较弱。与此相伴，由于受到市场经济的冲击和国外思潮的影响，价值观发生了一定的扭曲。农

① 赵青．新型职业农民培养问题研究[J]．农村经济与科技，2019，30(17)：312-313.

民的其他思想观念问题还具体表现在精神空虚、攀比心理、重男轻女等方面。一是精神空虚。农村人口大量流动，各种思潮交替叠加影响，在劳动力资源外流的同时，农民的价值取向和精神追求出现多元化趋势。目前，乡村传统文化传承出现断代危险，庸俗文化伴之而来，特别是个别地方封建活动呈现利益化，邪教势力渗透公开化，赌博活动极易在农村找到滋生土壤①。二是攀比心理。在很多农村地区，什么东西都可以拿来攀比，过年穿衣，平时上街买菜，还有盖房子、买车等。尤其是结婚彩礼的攀比更为突出，结婚彩礼的多少代表着家庭的面子，大操大办盛行。三是重男轻女。虽然男女平等观念增强了，但是重男轻女的心理还是较强，这固然有农村养老还是家庭养老为主、嫁女从夫居的现实原因，更是传宗接代等传统思想在作祟。

（四）增加收入的困难增大

改革开放以来，虽然我国农民收入实现了持续性增长，但仍然远低于城镇居民收入水平，与世界平均水平和发达国家水平相比仍有较大差距。制约农民增收的因素主要有以下方面。一是农业生产经营效益低。传统农业不可能成为高效益的产业，农产品价格由于国际市场压力不能提高，农业生产不可能创造更多的价值，加之我国人均耕地少，实行家庭联产承包责任制，使土地利用细碎化，实现规模化、集约化还有待时日。二是土地规模化生产经营成本高。土地流转制度的实施为农民大规模经营农业提供了条件，但是土地流转价格高，每亩耕地的租金可达 1 300 元，便宜的也在 400 元左右，并且根据耕地质量、地理位置优劣，土地的租金也不同，还呈现不断上涨的趋势。三是农业生产投入的成本高。化肥、农药、种子、机器设备以及基础设

① 秦立军. 扶贫扶志扶精神　加强贫困农村精神文明建设的调查与思考[J]. 新湘评论,2016(7):52-53.

施使用等费用不断上涨，致使农业生产的成本明显提高，尤其是小麦、玉米等粮食作物的灌溉费用和化肥成本。例如，在沧州，农户对小麦的生产投入，一季需要浇水 3 ~ 4 次/亩，浇一次水的费用为 70 ~ 90 元/亩，故一亩地的灌溉费用少则 210 元，多则 360 元；化肥约 100 元/亩。四是农业劳动力成本高。许多种植大户、新型农场主等经营主体需要雇用一些短期劳动力和长期劳动力，农业机械化生产和规模化经营更需要雇用懂技术、素质较高的劳动力，通常女短工为 80 ~ 100元/天，男短工 120 ~ 150 元/天①，聘用懂技术、会管理和经营的工人，以及聘请农技人员的工资或指导生产的费用更高，而且农技人员缺乏，需求大于供给。

三、农民问题的重点和难点

（一）思想观念问题

农民是农村建设、农业现代化的主体，农民致富主要依靠农民自身，而这些都有赖于农民素质的提升。农民思想观念是农民自身综合素质的重要组成和体现，所以改变农民思想观念、促使农民思想观念不断更新是破解“三农”问题、实现乡村振兴的重要关键因素。实现农民思想观念的变革与发展能为农民主动培养现代化综合素质清除障碍，为农村的现代化提供作用力和思想引领作用②。改革开放以来，中国农民的思想观念在很多方面发生了革命性的变化或进步，但是因为还存留着一些传统的或落后的观念，所以在思想上存在着诸多矛盾，观念更新相对较慢，转化为行动的动力偏弱。当前农民在思想上传统守旧与革故创新的矛盾、在价值判断上短期利益与长远发展的矛盾，以及

① 数据来源:2019 年 7—8 月沧州实地调研所得。

② 和克帅. 新时代中国农民思想观念现代化研究[D]. 长春:吉林大学,2019.

想摆脱土地又舍不得土地的心理束缚着他们的手脚，导致对新思想、新观念接受较慢；小农意识浓厚，对个人利益看得过重，团队意识、合作意识淡薄，进而迟滞农业规模化、集约化生产经营，使农业新技术、新成果难以推广。人的改变从思想观念改变开始，而农民群体思想观念的改变与其他群体相比是最难的，不是短时期内能够做到的。

（二）“两块地”问题

农村“两块地”是指“三块地”① 中的农用地（承包地）、宅基地，农民对“两块地”的依赖心理很强。土地一直是农民的命脉，农民认为只有将土地牢牢抓在自己的手里才会安心。在传统文化心理层面，虽然随着时代的进步，很多农民安土重迁的意识已经淡薄，但是“只要地在家就在”的观念还是很强，这也是许多在外打工或者进城落户的农民工在年老时落叶归根的原因。从现实层面来看，我国农村的社会保障体系还不够完善，农民的社会地位还没有得到根本的改变，在城市打工、经商、生活的压力大、成本高、竞争激烈，一旦在城市生活不下去了，回农村老家是最后的退路。因此，为保障农民的利益，稳定并保持土地承包长久不变显得格外重要，成为党和政府长期坚持的一项重要政策。习近平同志在党的十九大报告指出，第二轮土地承包到期后再延长 30 年②。

广袤的土地是农村最大的资源，乡村要振兴，必须改变农村土地利用效率和产出率低的状况。在改革开放之后，尤其进入 21 世纪之后，大量的农村人口外出打工或者迁往城市居住。据调查显示，2017 年农民工总量为28 652 万人，2018 年农民工总量为 28 836 万人，比

① “三块地”指的是农用地（承包地）、集体经营性建设用地、宅基地。

② 张璐．三权分置改革背景下家庭承包经营土地征收补偿研究[D]．济南：山东大学，2018.

上年增加184万人，增长0.6%。在农村务农的农民越来越少，甚至有很多农民不愿种地，农村户籍的年轻人大多也不会种地，出现农村土地荒废的现象。据调查，农民工从事的行业集中在第二、三产业，在第一产业的比重2017年为0.5%，2018年下降到0.4%[①]。与此相伴，还造成了大量“空心村”、建设用地闲置或半闲置现象。

为了盘活农村土地，国家先后出台了农地（承包地）和宅基地“三权分置”政策。2014年中共中央办公厅、国务院办公厅印发了《关于引导农村土地经营权有序流转 发展农业适度规模经营的意见》。2018年中央一号文件提出：完善农村承包地“三权分置”制度，在依法保护集体土地所有权和农户承包权前提下，平等保护土地经营权。其实，早在20世纪80年代初我国农村土地承包经营权流转就开始出现，从20世纪80年代末到党的十七大之前，农村土地流转政策逐步得到重新实施并走向法制化。对于盘活宅基地使用权，国家极其慎重，因为宅基地对于绝大多数“半工半耕”农民而言意味着安身的最后选择，所以直到2018年中央才提出探索宅基地所有权、资格权、使用权“三权分置”。2019年4月中共中央、国务院发布《关于建立健全城乡融合发展体制机制和政策体系的意见》，对于改革农村宅基地制度有如下表述：加快完成房地一体的宅基地使用权确权登记颁证；探索宅基地所有权、资格权、使用权“三权分置”机制，落实宅基地集体所有权，保障宅基地农户资格权和农民房屋财产权，放活宅基地和农民房屋使用权；鼓励农村集体经济组织及其成员盘活利用闲置宅基地和闲置房屋[②]。

---

① 国家统计局.2018年农民工监测调查报告[EB/OL].(2019-04-29)[2021-08-04].http://www.stats.gov.cn/tjsj/zxfb/201904/t20190429_1662268.html.

② 新华社.中共中央 国务院关于建立健全城乡融合发展体制机制和政策体系的意见[EB/OL].(2019-05-05)[2021-08-04].http://www.gov.cn/zhengce/2019-05/05/content_5388880.htm.

在农用地“三权分置”政策框架下的农地流转，实质是经营权流转，不影响农户的承包权，即使农民外出就业、进城，也可以选择保持承包关系，通过农地经营权流转获得收益，这是继家庭联产承保责任制之后又一次农村土地制度的重大改革和创新。但是，一些地方在农地流转过程中出现了很多问题，主要原因是触碰了承包权，或农民得不到合理的土地流转收益。相对于农地经营权流转，盘活宅基地使用权面临更多的困难和问题，各个地方基本处于实践探索阶段。两者都急需健全完善相关制度和服务体系。

（三）身份转换问题

当前农村普遍形成了“半工半耕”“半耕半商”结构，农村户籍人口结构发生了很大变化。农民阶层出现多个分层，大致包括农业劳动者阶层、农民工阶层、雇工阶层、农民知识分子阶层、个体劳动者和个体工商户阶层、私营企业主阶层、乡镇企业管理者阶层、农村管理者阶层等 8 个阶层①。农村阶层不再是只有传统农业就业者，单纯靠耕种承包地为生的传统农民比例极低。但社会上人们对农民的普遍理解还是停留在传统意义上的认知：农民生活“日出而耕，日落而归”，家庭成员为主要劳动力，从事传统的农林牧副渔产业；在谈及农民时，依然存在很多偏见和歧视，想到的是社会等级、身份低，生存状态不好。长期在农村生活的老一辈农民生于农村，长于农村，极少走出去看看瞧瞧，认为干农活对个人的发展来说不会有出息，往往给下一辈灌输的是从事非农职业的思想。从社会心理学的角度来看，大多数农民认为自己处于社会的底层，即便是在城市工作或是生活，还是受到不公平待遇，教育资源、医疗资源、公共服务、

① 陆学艺，张厚义．农民的分化、问题及其对策[J]．农业经济问题，1990(1)：16-21.

养老保障、政策取向都会偏向城市居民。我国的城市化进程还在进行中，还要有大量的农民进城工作，转为在城市生活的市民，这是农民转型分化的必然，也是解决农民问题的重要途径，但是进城农民如何真正融入城市生活，获得城市对自己、自己对自己的身份认同还有很多亟待破解的问题。

第二节 农民职业化

一、职业农民与农民职业化

农民职业化是传统农民随着农业现代化进程向职业农民转化的过程。对传统农民和职业农民概念的准确理解是研究农民职业化的逻辑起点，只有对职业农民及其相对照的传统农民的概念进行明确的界定，厘清两者的内涵与外延，才能进一步提高农民职业化研究结论的可靠性。

（一）“农民”与职业农民

1. 对 “农民” 的再认识

日常泛泛而言的“农民”，如果不特别说明，一般指的是传统农民，本章第一节简要释义为长期从事农业生产并主要以此谋生的人。有的学者对农民的概念解释为：以耕种土地为主要生活手段，生产在较小的农村社区之中，有着自己的独特生活方式和文化的人①。这个解释对传统农民的概括更为准确。虽然释义如此简单，但是在我国当

① 林元．当代中国农民的职业分化[J]．华东经济管理，2001(2)：20-21.

今社会，人们对传统农民的认识和理解不止于此，要复杂得多。

在我国，由于社会和经济形态的复杂性，人们对农民的内涵存在着多种解读，而且具有中国的特殊性。当谈到“农民”时，人们想到的不仅仅是一种职业，更多的还是一种身份的标签、一种社会等级、一种生存状态、一种文化乃至一种心理状态。同时，对于农民的认知还夹杂着落后、散漫、短视、修养差等负面倾向或偏见。这种身份标签的来源要追溯到1958年，我国将城乡居民按照户籍明确分为“农业户口”和“非农业户口”两种，凡是具有农业户口的居民（不管他从事何种职业）都划定为农民，从此农民不仅具有职业属性，还具有较强的身份属性。

关于农民的含义，有“户口说”“人口说”“劳动者说”等诸多不同的说法，各种说法大致可分为两个角度、三个层次[①]。两个角度，即职业角度和户籍角度，其中，职业角度就是看其是否直接从事农业生产经营，户籍角度就是看其是否为非商品粮的农村户口。三个层次，即以土地要素等为农业生产资料长期从事农业生产的劳动者、属于农村户口并进行广义农业生产经营活动的劳动者，以及农村总人口。第一层次对农民的界定较为狭义，第三层次对农民的界定的范围最为宽泛[②]。

从职业角度对农民的进一步释义主要有“农业劳动者说”“农业人口说”两种理解。其中“农业劳动者说”认为农民是以从事农业生产劳动为主的人口；“农业人口说”认为农民是从事农业生产，并且以农业收入为主要生活来源的人口。

从户籍角度对农民的进一步释义主要有“农村劳动者说”“农村人口说”“农业户口说”等。其中“农村劳动者说”认为农民是在农

---

① 刘洪仁．我国农民分化问题研究[D]．泰安：山东农业大学，2006.

② 史建民．农民与农村小康[M]．济南：山东人民出版社，1994：3.

村这个特定区域范围之内，从事各种社会经济活动的人口；“农村人口说”认为农民是在农村这个特定区域范围之内，从事各类职业并且以此为主要生活来源的人口；“农业户口说”是指具有农业户口的人口，而不论这些人实际从事何种职业、在什么地方履职以及以什么收入作为主要生活来源。

“农业户口说”是对农民最广义的理解，学术界在分析农民问题时，多借鉴和采用此说法①。基于当前学术界对农民概念的界定，本书采取“农业户口说”；所说的农民，如果没有强调职业农民或没有特别说明，一般意指传统农民，并且根据我国当今农民从业特点把传统农民分为典型农民和非典型农民两大群体。

2. 职业农民的内涵

职业农民是相对于传统农民而言的，是随着农业现代化进程产生的，可以认为是具有农业生产技术或经营能力，收入主要来自农业生产或经营的现代农业从业者。我国当前职业农民主要为农业产业工人（职工），还包括少数的农业经理人、中小型农场主等。农民作为职业概念多为发达国家所使用，通常指的是经营农场、农业的人，与工匠、商人、教师等职业并列。我们国家当前广泛使用的“新型职业农民”与职业农民概念没有多少差别，只不过加上了“新型”二字而已。例如一种代表性观点认为：新型职业农民是指主动适应农业现代化生产和产业发展需要，主要依靠农业及相关产业经营获得收入，以务农为职业的现代农业从业者；其基本要求包括具备一定文化与科技知识、掌握现代农业生产技能、富有自主创新创业精神、具有职业素养和社会责任感②。

① 刘洪仁. 我国农民分化问题研究[D]. 泰安：山东农业大学，2006.

② 光明日报. 新型职业农民和传统农户有何不同[EB/OL]. (2019-04-03)[2021-08-04]. http://theory.people.com.cn/n1/2019/0403/c40531-31010731.html.

各家学者对职业农民内涵的界定虽有所不同，但大抵离不开以下几点特征。第一，从职业标识角度来看，职业农民不同于传统农民，不再是子承父业的一种简单存在，具有较强的自主性，可以自由进入和退出①，不再是一种身份标志，而是一种特定的职业标识。第二，从职业或行业要求角度来看，行业分工更细、更专业②，职业农民具备一定的知识水平，掌握先进的专业技术，敢于创新与实践，以先进的管理理念直接从事农业生产经营的全过程或某一环节，是有文化、懂技术、善经营、会管理的高素质农业从业者。第三，从经营方式和目的角度来看，职业农民主动适应现代农业产业化、规模化、标准化的要求，按市场的供求规律组织生产经营，有效整合人力、土地等资源与要素，追求效益的最大化。

（二）农民职业化

农民职业化是传统农民向职业农民转化的过程，是“农民”从身份标识到职业标识的转变过程，在此过程中农民不断提升自身的科技文化素质与专业生产技能，整合资源和要素进行现代农业生产与经营，并且能够获得长期较稳定和较高的收入。

农民转型是各个国家工业化进程中都要经历的过程，但是职业分化是中国特有的现象。自20世纪80年代以来，伴随着中国农村的改革与变迁，农民开始发生了急剧分化，相当一部分农民逐步从单一的农业生产领域分离出来，在从事农业生产的同时还从事农业以外的生产经营，或者在非农产业就业。当前，我国农户普遍采取了“半工半耕”的家计模式（“半工半耕”是一种家庭劳动分工模式，农民家庭

① 邹慧．新农村建设背景下农民职业化问题初探[J]．西南科技大学学报(哲学社会科学版)，2009，26(6)：17-21.

② 杨钧．农民职业化的实现路径分析[J]．农业经济，2012(12)：73-75.

既依赖土地获得农业收入，又依赖工商业获得非农收入）[①]，少部分农民完全转到非农行业从业。

关于农民职业化的具体内涵，学术界展开了广泛的研究，各家学者研究的领域或方向不同，所持观点也有所差异。例如，孙迪亮、邹慧认为农民职业化是指农民由一种身份标识向特定职业转化的过程；在此过程中伴随着农民务农热情的提高、农业生产规模的扩大以及农民职业素质不断提升等[②]。郭智奇等认为职业化的农民从事农业生产，且具有长期稳定性和较高的收入，来源不受任何行业的限制，农民专业合作社负责人、农村农业企业主、农民植保员、农机手、专业大户、农民经纪人等都是属于职业农民的范畴[③]。杨钧认为农民职业化是农民需要经过市场竞争，具备一定农业生产经营条件和资格，与出身和地位无关，完全从职业的角度来组织现代农业生产与经营，真正使农民成为懂技术、有文化、会经营的新型农民[④]。田园认为农民职业化就是长期进行农业生产经营的职业农民，经过规模化、专业化、集约化生产使产品参与市场竞争，并发展为市场主体[⑤]。何李花、李明贤认为农民职业化以职业分化为基础，农民成为务农居民职业的代名词，不再是身份的象征，并将所有进行农业生产经营的工作者，统称为“职业农民”[⑥]。

---

① 夏柱智．论“半工半耕”的社会学意涵[EB/OL]．(2014-10-27)[2021-08-04]．http://www.cssn.cn/shx/shx_bjtj/201410/t20141027_1378102.shtml.

② 孙迪亮，邹慧．农民职业化与新农村建设的契合性分析[J]．内蒙古财经学院学报，2009(6)：15-18.

③ 郭智奇，齐国，杨慧，等．培育新型职业农民问题的研究[J]．中国职业技术教育，2012(15)：7-13.

④ 杨钧．农民职业化的实现路径分析[J]．农业经济，2012(12)：73-75.

⑤ 田园．我国农民职业化问题制约因素分析[J]．宝鸡文理学院学报(社会科学版)，2013，33(4)：89-93.

⑥ 何李花，李明贤．农民职业化的内涵、困境与出路[J]．农业经济，2016(4)：65-67.

二、农民职业化是解决农民问题的根本途径

党和政府明确指出，城乡一体化是解决“三农”问题的根本途径①。在人的发展层面，农民在城乡一体化进程中必然沿着两个路线转型分化：一是离开农村，主要在非农产业从业——“非农化”，也就是农民进城，实现市民化；二是留在农村“务农”的农民随着农业产业发展，转变为职业农民，实现职业化。当前推进农民转型分化，一方面要在城乡错位发展中推进工业化、城镇化进程，走向城乡融合，创造更多的城镇就业岗位；另一方面要按照乡村振兴战略“产业兴旺”的总要求，做大做强乡村产业。

按照中央的政策，沿着“非农化”与“务农”两个路线转型分化的农民都可以保留“两块地”。未来实现市民化的农民，其本质就不再是农民，只不过保留了承包地，是有承包地的市民。对于这一群体，重点是解决享受与原住市民平等权利和待遇问题。从就业、劳动权益、居住、户籍等方面给予进城农民平等的权利和待遇，全面实现农民工市民化，是解决农民工问题的根本途径②。而农民职业化的主体是留在农村、在农业产业“务农”的农民，农民职业化主要指这个群体，这个群体的农民的职业化才是决定“三农化一农”进程和质量的主要力量。未来这个群体的农民切实实现了职业化，农民问题也就解决了。因此，农民职业化应该是解决农民问题的根本途径。

（一）农民职业化能有效保障农民的基本权益

农民职业化进程不仅是农民转型蜕变、获得自身发展的过程，

---

① 胡锦涛．坚定不移沿着中国特色社会主义道路前进　为全面建成小康社会而奋斗：在中国共产党第十八次全国代表大会上的报告[R]．北京：人民出版社，2012：23.

② 梅建明．实现农民工市民化是解决农民工问题的根本途径[J]．武汉大学学报（哲学社会科学版），2007（6）：952-957.

还是其基本权益得到更加有效保障的过程。职业化的农民将专职从事农业生产经营，职业农民就成为一种特定的职业标识，而不是身份的标签，进而成为一份体面的、让人羡慕的职业。农民职业化的过程，必将是加大工业反哺农业、城市反哺乡村力度的过程，资本、教育、医疗卫生、社会保障等资源向乡村倾斜，城乡要素交换越来越平等，城乡差距将不断缩小。二元户籍管理制度逐渐破除，城乡基本公共服务均等化将有力推进，职业农民与城镇职工之间的社会保障水平差距将逐渐缩小，他们与城镇职工一样享有医疗保险、养老保险、失业保险、工伤保险、住房保险等方面的保障，大大减少工作生活方面的后顾之忧。职业农民接受教育培训、增长知识能力、开阔视野的机会将大大增加，自身素质发展、就业创业的平台更加宽阔。与此同时，公共资源配置越来越均衡，电力、信息网络、道路、垃圾污水处理等硬件建设逐步推进，农村人居环境质量得到改善，职业农民的生活质量得到持续提升，各方面的权益必将得到有效保障。

（二）农民职业化能提升农民的科技文化素质与技能

农民没有一定的科技文化素质与技能，就不能适应现代农业的发展，跟不上时代发展的步伐，也就没有在现代农业中就业的资质或增收致富的能力，所以农民职业化的一项长期核心任务就是提高农民的科学文化素质——培育职业农民。目前，我国已经基本确立了教育培训、规范管理、政策扶持“三位一体”，生产经营型、专业技能型、专业服务型“三类协同”，初级、中级、高级“三级贯通”的新型职业农民培育制度框架，为规范化、系统化培育新型职业农民奠定了基础；具有中国特色的新型职业农民培育制度基本确立；“一主多元”（即以各类公益性涉农培训机构为主体、多种资源和市场主体共同参与）的新型职业农民培育体系初步形成①。在国家的农民教育培训、农民实用人才培训、新型农业经营主体带头人培训等政策或项目的实施下，农民的文化素质与能力不断提高，农民职业化水平不断提升。

当前，一大批返乡农民工、创业青年、退伍士兵以及中高等院校毕业生等加入农业，越来越多的有文化、懂技术、善经营、会管理的高素质农民不断涌现，是职业农民的“领头雁”。这个群体对农民职业有认同感、对农村农业有亲近感，能够把务农当成一份事业；具备较高的知识文化水平，能够推动农业新成果新技术尽快转化应用；拥有相对先进的农业发展理念，视野比较开阔，勇于创新、敢于实践；在经营管理方面有思路，对市场营销比较熟悉，以市场需求为导向调整生产的反应能力较强。高素质农民群体的不断发展壮大必将促进资金、技术、管理等要素流向农村，促进农民年龄结构与科技文化素质结构的优化，引领带动农民职业化。

（三）农民职业化能转变农民思想意识与观念

农民的小农意识等相对落后的思想观念根植于传统小农经济基础之上，延续于一家一户的土地生产经营方式，具体表现在集体观念弱、公共意识淡、合作意识差、经验主义浓、婚丧陋习多等诸多方面。而分散式土地生产经营或者小规模土地连片生产经营仍然是当前和今后相当长的时期内我国农业的主要生产经营方式，这是我国人口庞大的农民就业现实所决定的。农民职业化的过程就是逐渐摆脱一家一户分散生产经营的过程，是农民融入社会化大生产的过程；未来即便是以小农户为单位的生产经营依旧少量存在，但其若想生存也必须

① “十三五”全国新型职业农民培育发展规划[J]. 中国农村教育,2017(5):23-27.

对接现代农业，走联合生产经营的路子，或者在社会整体产业体系的某个链条中找到位置。因此，农民职业化能够加强农民的社会责任意识、规则意识、集体意识、协作意识、主人翁意识，使小农意识逐步淡化甚至消除。例如，职业农民能够自觉规范日常行为，参与公共事务，以开放包容的心态接受新鲜事物；能够意识到自身经验的局限性，主动寻求抱团发展，积极参与甚至创新多种合作经营模式，推动合作社、企业等与农户结成“风险共担、利益共享”的利益共同体，带动小农户对接现代农业。

（四）农民职业化能实现农民增收致富

就一般职业农民来说，他们的科学意识较强，善于学习先进的科学文化知识，增强不断掌握解决实际问题的方法和技能，能够掌握和应用现代农业技术，提升就业能力，增多自身就业机会，进而增加劳动性收入，同时能够拓展思路，主动想办法盘活农地经营权和宅基地使用权，增加财产性收入。

与一般职业农民比较而言，高素质职业农民收入更高。其具备更强的生产经营管理能力，能够顺应市场需求，积极发展多种形式的适度规模经营，发展休闲农业、创意农业、农村电商、农业综合体等新业态，延伸农业产业链条，提高农业规模化、产业化水平，促进一二三产业融合发展，提高农业经营效益，与此同步增加自己的收入。

对少数小农户而言，农民职业化发展为其提高生产技能、转变生产方式提供了可能性。各类农业生产性服务组织、新型农业经营主体能够帮助小农户解决一家一户干不了、干不好的事情，其与小农户在多方面的联系会更加紧密，推动小农户联动发展、节本增收，带动小农户与现代农业有机衔接。

总之，随着乡村振兴战略的实施和农村农业现代化建设的推进，农民职业化将为农民就业提供广阔的发展空间，推动其通过多种方式和途径实现增收致富。

三、农民职业化的路径

推进农民职业化，从外部环境来看：城乡发展差距仍然较大，农村公共设施和公共服务滞后，农业新老矛盾交织，生产成本上升，部分农产品价格持续走低，农业比较效益下降，农民持续增收压力大，农村劳动力特别是青壮年劳动力留农务农的内生动力总体不足，新型职业农民队伍发展面临基础不牢、人员不稳等问题，农民要成为体面的职业任重道远。从内部条件来看：新型职业农民培育的针对性、规范性、有效性亟待提高，高水平师资缺乏，实训及创业孵化基地、信息化手段等基础条件薄弱，社会资源广泛参与的机制不活，培育精准程度总体不高，与现代农业建设加快推进、新型农业经营主体蓬勃发展的需要不相适应。①

推进农民职业化必须置于乡村振兴战略的整体框架之内，与农村、农业问题统筹考虑，还要与经济社会整体改革发展协调推进。按照“三农化一农”的思路：首先，要通过各种政策、举措推进农民加速转型分化，拉动部分农民转为职业农民；其次，要在村庄整理整治过程中基本实现农民职业化；最后，要在农业不断提高现代化水平过程中不断提升农民职业化水平。

（一）推动土地合理流转，减轻农民对“两块地”的依赖

没有土地的规模化、集约化生产经营，土地就很难实现多功能利用，农业就难以实现升级，农民也就难以职业化，而土地的规模化、

① “十三五”全国新型职业农民培育发展规划[J]. 中国农村教育，2017(5)：23-27.

集约化有赖于合理、完善的土地流转机制，因此，农民职业化必须以健全农村土地流转机制、推动土地制度改革为前提。如果土地流转不合理，农民权益得不到保障，农民就不愿意拿出承包地让别人代为经营。宅基地作为本地务农农民的安身之所，作为在非农产业就业农民的最后退路，如果在拆迁搬迁或盘活使用权的过程中触碰了所有权、资格权，就会受到农民的反对。

农民对"两块地"的依赖心理很强，这是农民实现职业化的重要心理障碍，所以，激活农村土地发展潜力，解除土地对农民的束缚，盘活农地经营权，实现农地集约化、规模化经营，必须健全农地流转机制，纠正以往土地流转中出现的侵害农民权益的行为，让农民放心。盘活宅基地使用权，更需要制度改革先行，破除原有的法律法规障碍，建立与乡村发展相适应的相关法律法规，稳定农民心理，消除农民的顾虑，随后在实践中不断健全体制机制。当前，对于宅基地的"三权分置"改革，虽然个别地区已经开始实践，但是整体来看尚且处于刚刚起步的探索阶段，面临诸多历史的和现实的课题需要研究和破解。

（二）加大惠农强农支持力度，提升农业生产经营效益

实现农民的职业化，当前最重要的工作是要让农民在具备从事相应职业所要求的、一定的文化知识和技能基础上，获得长期稳定且较高的劳动性收入，使之在职业化过程中获得不断的动力，因此需要加大惠农强农支持力度，不断提升农业生产经营效益。

要进一步加大农业供给侧改革，优化农业产品结构、产业结构和布局，延伸农业产业链，促进农林牧渔相结合、协调发展，促进"种植、养殖、加工、销售"一体化发展，促进一二三产业融合发展，鼓励发展农产品加工、休闲农业与乡村旅游，培育新业态，为农民在乡

村就业提供更多的机会和发展空间；规范社会化服务组织与各类经济组织的发展，为农民提供技术、信息、物资以及销售等方面的服务，帮助农民有效解决在生产经营中遇到的难题；进一步完善财政、信贷、保险、用地等政策，满足职业农民对土地与资金的需求，促进小农户与现代农业生产有机衔接，发展适度规模经营，提质增效，推动农民生产经营收入持续增长。

（三）改革户籍制度和社会保障制度，消除农民后顾之忧

现行的户籍制度和社会保障制度是农民专业化分工、职业化发展的制度上的一个障碍①。这不仅是一家之言，还是学术界的共识，且事实上是重大的障碍。在城乡二元户籍管理制度下，我国形成了农业户口和非农业户口，人们的身份地位由此产生区别。农村劳动力的自由流动长期以来受到较大的限制，当今一些农民从事农业生产有时候是一种无奈的选择。并且二元户籍管理制度导致农民在医疗、教育、社保等方面都无法与城市居民享有同样的待遇，处于劣势地位。

促进农民职业化的发展，必须加快户籍制度改革，尽快在现实层面消除农业、非农业户口之分，建立公平合理的户籍制度，解放农村劳动力，使其自由流动更加顺畅，享受的发展机会更加平等。同时，要创新社会保障制度，提高农村劳动力的社会保障力度，可将农业企业、经营组织中的从业人员纳入社保体系，使之与城镇职工享有一样的医疗保险、养老保险、失业保险、工伤保险、住房保险等，降低缴纳费用，为之安心从事现代农业生产经营构建更为合理和科学的制度安排。

---

① 郝丽霞,委玉奇. 农民职业化的制约因素及对策分析[J]. 农业经济,2009(12):80-81.

（四）大力开展职业教育培训，促进农民素质提升

农民素质提升是农业现代化的重要内容，农业现代化依赖于农民素质，尤其是科技文化素质的不断提升，因为农民素质的高低决定了其对农业科技的掌握与运用程度，还决定了实施乡村振兴战略的质量及其成果是否能够维持和扩大。从人的发展角度来看，农民职业化的过程就是农民素质的现代化过程，所以农民职业化水平就成为农业现代化水平的重要指标。农民现代化的核心是农民素质现代化，农民素质现代化不仅是农民的必然选择，而且也是社会现代化对农民作用的结果①。无论是对农民自身发展，还是对农业发展而言，都必须不断提升农民素质，尤其是科技文化素质，努力培育出有文化、懂技术、善经营、会管理的职业农民队伍。

持续深化开展农民教育培训是促进农民素质提升的重要途径，是培育职业农民、实现农民职业化必须坚持的长期工程。在培训对象上，可根据不同的生产经营管理水平、生产经营规模等将培训对象划分为高级、中级、初级三个层次进行培养、认定与管理；在培训内容上，紧密结合不同地区、不同农业产业的发展实际和特点，强化培训内容的针对性；在培训机构上，积极发挥以农广校为主的相关政府部门与机构的作用，同时引导农业企业、农业园区等社会力量参与培训工作；在培训主体上，明确农广校、大中专院校以及农业企业等多元主体的定位，发挥农广校牵引导向作用，强化大中专院校以及农业企业等培训主体的服务功能；在培训保障上，加大政府对农民培训工作的投入，统筹安排农民教育培训专项资金，提高资金利用效率，并将农民教育培训纳入政府工作目标考核指标体系。

---

① 李培庆．中国农业现代化的关键是农民素质现代化[J]．华侨大学学报(哲学社会科学版),2000(2):29-34.

（五）拓宽宣传渠道，营造重视农民职业化的环境氛围

当前，“老龄化、妇女化、知识水平偏低”等词汇往往是人们对农村劳动力的印象，这种看法的实质是缺乏对农民的身份和作用的认可。相关部门应重视职业农民典型宣传工作，并通过多种途径发掘优秀典型，利用多种渠道对其进行广泛宣传，重塑社会对职业农民的认知和价值定位，吸引更多的有志之士投身于农村，优化农民职业化发展的环境。

政府部门应重视职业农民典型的宣传工作，扩大宣传渠道，搭建宣传平台，营造良好的农民职业化发展的氛围，让更多的人了解职业农民，这有助于优秀青年、农业院校毕业生等加入职业农民的队伍，优化职业农民队伍结构。越来越多的传统农民转型为职业农民，原来在非农产业的人员从事农业后获得很大发展，他们必将对农村生活产生新体验，对农业生产经营产生更大的热情，从而更加热爱农民这份职业。要注重从职业农民中发现典型，树立榜样，可通过组织优秀职业农民评选、职业农民培育成果展、职业农民技能大赛等形式，扩大职业农民的影响，增强他们的职业荣誉感；利用网络直播、微信、微博、报纸、电视、宣传栏等各种方式切实提高全社会对职业农民的认识、认可程度，带动职业农民自身作用的发挥，增强职业农民的自信心与自豪感，增强其务农热情和发展意愿，同时产生辐射示范效应，带动更多的农民向职业农民看齐，形成全社会共同关注并参与农民职业化发展的良好氛围。

第三章　土地关系调整

第一节　土地制度变革是经济社会发展的动力

一、我国古代社会土地制度变迁

土地制度是土地关系的表现形式。土地关系是一种特殊的生产关系，是以土地为要素的社会关系。土地关系主要指土地的所有权与使用权发生的关系，是社会生产关系的重要组成部分①，主要包括土地的权属关系、土地的使用与管理关系、土地的流转关系等。土地制度是围绕土地所有权与使用权发生的所有土地关系的总称，主要包括土地的所有与占有、分配与管理、开发与利用等各方面形成的原则、政策、法律、约定等。从古到今，中国土地制度大致经历了共有制、井田制、私有制、均田制、公有制等多种典型形态。可以说，一部土地制度的变迁史，就是一部朝代更替史，更是一部社会经济发展史。② 土地关系

① 赵明仁,赵鹏才．论我国现代化的土地关系[C]．中国土地学会第二次代表大会暨学术讨论会论文选编,1985.

② 韩长赋．中央农办主任、农业农村部部长韩长赋谈中国农村土地制度改革[EB/OL]．(2018-12-29)[2021-08-04]．http://www.moa.gov.cn/xw/zwdt/201812/t20181229_6165797.htm.

问题处理得是否恰当，对土地资源的保护与利用，对农业生产乃至整个国民经济的发展都有着重要的影响。

（一）奴隶社会的井田制

井田与井田制是两个不同的概念。井田是一种土地的耕作方式，早在西周以前的殷商时期就出现了。在土地的耕作过程中，道路和渠道纵横交错，把土地分隔成方块，形状像“井”字，因此称为“井田”。

井田制由原始氏族公社土地公有制发展演变而来，是将土地划分为小块授予农夫独立耕作的分配土地占有权的制度。殷商西周时期，农业生产工具基本上仍是木、石、蚌器。与之相适应的劳动组织形式是家族公社集体耕作，同时也共同占有大块田地，尚未实行向个体家庭分配百亩之田的井田制。《孟子》及《周礼》所述按“一夫百亩”的标准分配土地的制度，并非殷商西周之制，而是春秋时期自铁器牛耕应用于农业生产以后，各国普遍实行的授田制。[①] 战国授田制度是政府将国有土地直接授予农民耕种的制度，其标准是以户口登记为前提，计户授田，每户百亩，农民按受田数量向基层官府交纳赋税、提供徭役。授田制度下，农民所受田地要纳入国家田地的总体管理，其封疆受国家保护，并依一定期限“换土易居”；国家则依据授田情况和年成好坏向农民征收粮食、刍稿等赋税[②]。授田制是与国家征兵需求、当兵打仗的义务、奖励军功密切相关的。

井田制的基本特点是实际耕作者对土地无所有权，而只有使用权，土地在一定范围内实行定期平均分配[③]；土地名义上为国家公有，实则归国王所有，实质是土地私有制。战国土地可以继承、转让和买

① 史建群．井田与井田制度[J]．农业考古,1989(1):134-139.

② 晁福林．战国授田制简论[J]．中国历史文物,1999(1):28-36.

③ 全仁经．井田制“名义上为国家公有”吗？[J]．历史学习,2008(4):21.

卖的事实说明，战国土地所有制的基本形式是土地私有制，而不是土地国有制。战国时期，国家对于农业生产干预较多，是统治者重视“耕战”的体现，与土地所有权无关。[①]

春秋战国时期，由于铁制农具和牛耕的逐渐普及等诸多因素，井田制逐渐瓦解，到秦代基本退出了历史舞台。

（二）封建社会的土地制度

封建社会土地制度起始于战国时期秦国的商鞅变法，商鞅变法明确提出废除井田制——“废井田、开阡陌”“民得买卖”，承认土地私有，以法律形式确立了封建土地私有制。秦统一六国后形成中国历史上第一个中央集权的封建王朝，封建土地私有制度更加完善，一直延续到新中国成立。

春秋战国时期，铁器的使用和牛耕的推广使得耕地面积和农业产量大幅度增长，为以一家一户为单位的小生产创造了条件。随着生产力的发展，井田制的“千耦其耘”“十千维耦”集体劳动和与之相对应的奴隶制度逐渐瓦解，封建土地制度逐渐建立，奠定了封建社会制度的基础，地主与农民两个阶级逐渐形成。

在两千多年的中国封建社会历程中，封建所有制下的土地所有制主要存在三种形式：国家土地所有制、封建地主土地所有制、自耕农土地所有制。封建地主土地所有制占支配和主要地位，是封建生产关系的基础。自耕农土地所有制居于次要地位。国家土地所有制只是一种特殊的形式，是在局部或是特定历史阶段实行的土地制度，比如北魏、隋、唐、清采用的屯田制、均田制。

从人类进入农耕文明时期后，土地就成为最重要、最基本的生产

① 李恒全．论战国土地私有制：对20世纪80年代以来战国授田制观点的质疑[J]．社会科学，2014(3)：130-143.

资料。土地是所有农业生产的基础，拥有土地就控制了生产，人们以什么方式占有和使用土地，成为社会生产关系的主要内容。封建社会制度的基础是土地私有制，封建土地私有制是封建地主阶级统治农民及其他阶级的制度基础。地主属于少数，占有绝大多数土地；农民属于大多数，其中的自耕农占有的土地很少，大量的雇农和佃农几乎没有土地。农民为了生存就要租种地主的土地，向地主缴纳地租。收取地租、最大限度地榨取地租是地主剥削农民的主要方式，农民耕种地主土地出产的绝大部分产品作为地租被封建地主剥夺。

封建土地所有制在前期促进了生产力的发展，后期越来越成为阻碍生产力发展的主要制约因素，成为中国长期贫困落后的一个重要原因。这种制度废除了奴隶制生产关系，推动了农业生产力发展和市镇经济兴起，促进了封建经济的繁荣；但也不可避免地造成了土地过度兼并，土地愈来愈集中到少数地主手中，造成生产资料分配极度不均。尤其在灾年，农民不得不变卖自己的土地甚至流离失所。土地兼并和大量流民出现往往是一个朝代后期的突出表现之一，“富者田连阡陌，贫者亡立锥之地”，成为封建王朝兴衰更替的重要根源。①

二、我国近代土地制度变革

一般来说，中国近代指从1840年鸦片战争到1949年新中国成立这段历史时期。在这段历史时期内，我国发生了许多关系到社会走向、民族存亡的重大事件，其中的太平天国运动、民国政府建立（清政府灭亡）、第二次国内革命战争、抗日战争和解放战争都对应着土地制度的重大变革，与这些重大事件对应的土地制度变革是否迎合了

① 韩长赋．中央农办主任、农业农村部部长韩长赋谈中国农村土地制度改革[EB/OL]．(2018-12-29)[2021-08-04]．http://www.moa.gov.cn/xw/zwdt/201812/t20181229_6165797.htm.

社会主体——农民的愿望，在很大程度上决定了其结局。历史证明，国家、农民与土地关系处理得好，农民利益得到维护，则社会繁荣、百姓安居乐业；反之，可能造成阶级矛盾激化，影响社会稳定，甚至带来朝代更替、政权更迭①。

（一）太平天国运动（颁布《天朝田亩制度》）

太平天国运动（或称太平天国农民起义、太平天国农民战争）的爆发有着深刻的历史背景，原因是多方面的。其中一个主要的直接原因是地主阶级对土地的兼并极为严重，农民上缴地租过于繁重，地主与农民的阶级矛盾十分突出。

太平军在占领南京之前，曾提出“凡天下田，天下人同耕”“无处不均匀”的思想，提出“薄赋税、均贫富”“均田以赈贫穷”等口号，反映了农民对获得土地、减轻剥削的渴望。太平军占领南京后，1853 年颁布了《天朝田亩制度》，现代学者普遍认为该制度是中国农民战争史上第一个书写成文字的系统性土地纲领，是太平天国土地政策的集成。在当时西学东渐的时代背景下，《天朝田亩制度》掺揉了一些西方宗教的内容。

《天朝田亩制度》的主要内容如下。①自由公平的使用土地。“凡天下田，天下人同耕”，实现“有田同耕，有饭同食，有衣同穿，有钱同使，无处不均匀，无人不饱暖”的最高理想。②田地划等定级。田地根据每亩土地每年产量的多少，分为上、中、下三级九等。③不分男女，按人口和年龄平均分配土地。凡 16 岁以上的男女，每人得到一份同等数量的土地，15 岁以下的减半。同时还提出丰荒相

① 韩长赋．中央农办主任、农业农村部部长韩长赋谈中国农村土地制度改革［EB/OL］．（2018-12-29）［2021-08-04］．http://www.moa.gov.cn/xw/zwdt/201812/t20181229_6165797.htm.

通、以丰赈荒的调剂办法。④对于产品分配，“人人不受私，物物归上主”。每户留足口粮，其余归圣库（国库）。

太平天国土地政策的实质是否定封建土地所有制，实行绝对平均主义、小农土地私有制，对于深层次的改革并无创新之处，没有解决阶级剥削的实际问题。

《天朝田亩制度》是进行土地制度变法的纲领，突出反映了农民阶级要求废除封建土地所有制的强烈愿望，是几千年以来农民反封建斗争的结晶，具有革命性和空想性两个方面。革命性表现在反映了千百年来广大农民对拥有自家土地的渴望，把斗争矛头直指封建地主阶级，旨在打破封建地主对土地的占有关系。空想性表现在存在明显的绝对平均主义倾向，脱离实际，根本无法实施，而且由于战事频繁、社会动荡等，并未实行过土地国有政策，列出的举措也不能有效实施，采取收租的方法和清政府无太大区别。该制度虽然实际上没有实行，走向了对制度本身的否定，但是代表了中国古代千百年来农民朴素的最大的理想——耕者有其田，为后来的土地制度变革起了思想启蒙作用。

（二）民国政府建立（资产阶级土地政策）

1905 年，孙中山先生在《民报》发刊词中首次提出“民族、民权、民生”的“三民主义”纲领。民生主义是孙中山“社会革命”的纲领，其主要内容归结为土地与资本两大问题，包括平均地权与节制资本两项内容。他还认为，土地问题能够解决，民生问题便可以解决一半了。[①] 孙中山先生对太平天国的土地政策评价很高，他认为，“三民主义”的民生主义是对太平天国土地平均思想的继承，民生主

① 孙中山．孙中山选集(下)[M]．北京:人民出版社,2011:870.

义，即贫富均等，不能以富者压制贫者是也。但民生主义，在前数十年已有人创之者，其人为何？即洪秀全……①

孙中山先生认为，土地是天然产生而非人为所造，在人类产生之前已然存在；土地是属于全社会的，把原来公有的土地占为私有是不符合道义的，所以当为公有。他批驳了土地私有合理的论调，否定了地主对土地占有的正当性；融合中西方优秀的思想，结合中国实际，创造出了以“平均地权”和“耕者有其田”为内容的土地思想②，对中国产生了巨大和深远的影响。

“平均地权”纲领由四个方法组成：核定地价、涨价归公、照价收税和照价收买。涨价归公在其中居于关键地位，主要意思是现有的地价归原主所有，地价的上涨部分完全归于国家，这是走向土地国有的最重要措施。“平均地权”不仅能够成为国库的财源，而且能够预防地价上涨、土地投机所带来的贫富分化，更能够促进资本主义工商业的发展，达到利国利民的目标。孙中山先生认为这一方案的实施可以防止垄断，也能使“公家愈富”，从而促进“社会发达”。但“平均地权”只适用于城镇，忽视了乡下农民的土地要求。

到了晚年，孙中山先生开始注重民众的力量，并把解决土地问题的目光从城市转向农村，重提“耕者有其田”的主张。他认为“中国自古以来都是以农立国”“农民就是中国一个极大阶级”“解决农民的痛苦，归纳是要耕者有其田”“要耕者有其田，才算是彻底的革命”。实施“耕者有其田”的具体办法，孙中山初步提出两种：一是“授田法”，即国家把可耕土地授给无地的佃农，并向被授田者收取租税；二是“贷田法”，即国家把未开垦的土地长期贷给移民，移民“依实在所费本钱，现款取偿，或分年摊还”。“耕者有其田”是“平

① 孙中山．孙中山选集(下)[M]．北京:人民出版社,2011:526.

② 钱志宇．孙中山的土地思想研究[D]．济南:山东大学,2012.

均地权”的补充，二者构成孙中山完整的土地纲领，从城市到农村，从过去到未来①。

“平均地权”实质上是资产阶级的土地国有纲领，是一个不彻底的民生主义纲领，主要理论来源是资产阶级的所谓“土地国有论”。孙中山先生不主张暴力手段夺田，提出的土地政策也不主张立即实行。比如，对于“耕者有其田”，孙中山在演讲中多次强调“耕者有其田”在当时的情况下是不能立即实行的。由于历史与阶级的局限性，民生主义没有提出较为清晰明确的土地革命路线、具体措施与方法，不足以动员广大农民群众进行土地革命，实质是一种土地制度改良，而不是土地革命。

中华民国成立后，1930 年公布了《土地法》，但在国民党统治时期，土地改革基本没有进展，封建土地私有制依旧持续，“耕者有其田”的理想依旧是一个泡影，作为社会主体的农民依旧受到地主阶级的残酷剥削。真正的土地革命是在中国共产党领导下的苏区进行局部探索、在解放战争中逐渐铺开的，一直到新中国成立后，封建土地私有制才被彻底消除。

（三）第二次国内革命战争（苏维埃政权的土地制度）

1927 年第一次国内革命战争失败后，中国共产党八七会议召开，确定了实行土地革命和武装起义的方针。1927—1937 年，国民党领导的国民政府对共产党领导的地方政权发动了长达十年的战争，被称为第二次国内革命战争。在这个时期，阶级矛盾、军阀矛盾以及民族矛盾等各种矛盾错综复杂地交织在一起，但是在广大农村，社会矛盾主要还是地主阶级与农民之间的矛盾。在中央苏区，以毛泽东为主要代

① 李小宁．民生论[DB/OL].(2016-08-25)[2021-09-03].http://theory.people.com.cn/n1/2016/0825/c406838-28665171-3.html.

表的中国共产党人，把马克思主义基本原理与中国革命具体实际相结合，对土地制度进行了创造性的探索实践，成为当时我们党在农村进行的最大社会变革①。

1928 年 3 月开始，毛泽东在酃县（现炎陵县）正式开展了“打土豪，分田地”的革命斗争，在井冈山开展了土地分配工作，同年 12 月主持制定了《井冈山土地法》，对没收土地的对象、分配标准、土地所有权等进行了初步探索。其中规定“没收一切土地归苏维埃政府所有”“以人口为标准，男女老幼平均分配”“以乡为单位分配”等。1929 年 4 月毛泽东主持制定了《兴国土地法》，把“没收一切土地”改为“没收一切公共土地及地主阶级的土地”，把“分配农民个别耕种”改为“分给无田地及少田地的农民耕种使用”。1930 年 2 月毛泽东主持领导颁布了《赣西南苏维埃政府土地法》，规定没收一切豪绅地主阶级及祠堂、庙宇、会社的田地、山林、池塘、房屋归苏维埃所有，分配农民个别耕地，分配农民共同耕种，苏维埃政府组织规模农场耕种等。1931 年 11 月在瑞金召开的中华苏维埃第一次全国代表大会上，通过了《中华苏维埃共和国土地法》，规定平分一切土地，没收地主、豪绅、官僚及其他大私有主的土地，一切祠堂、庙宇及其他公共土地，苏维埃政府必须力求无条件地交给农民等。

在第二次国内革命战争时期，“打土豪，分田地”不仅是中国共产党领导的工农红军提出的口号，还是革命行动的核心内容，满足了农民对拥有土地的愿望和要求，带来了苏区社会翻天覆地的变化。正是因为如此，第二次国内革命战争才被称为土地革命。中央苏区土地政策，从“打土豪，分田地”口号开始，先后经历《井冈山土地法》《兴国土地法》《赣西南苏维埃政府土地法》《中华苏维埃共和国土地

① 刘文华．努力把制度优势转化为治理效能：中央苏区土地制度的探索实践[J]．中国党政干部论坛，2020(6)：91-94.

法》，是一个不断发展和渐进深化的过程，是中国共产党在近代开展的第一次土地改革，更是一次深刻的土地革命。

（四）抗日战争（中国共产党的土地政策）

1931年“九一八事变”爆发，标志着我国抗日战争开始。1937年“七七事变”爆发，标志着我国进入全面抗战时期，中日之间的民族矛盾取代国内阶级矛盾上升为中国社会的主要矛盾。毛泽东在1937年指出：中日矛盾变动了国内的阶级关系，使资产阶级甚至军阀都遇到了存亡的问题，在他们及其政党内部逐渐地发生了改变政治态度的过程。这就在中国共产党和中国人民面前提出了建立抗日民族统一战线的任务。我们的统一战线是包括资产阶级及一切同意保卫祖国的人们的，是举国一致对外的。① 在1938年党的六届六中全会上，他指出：用长期合作支持长期战争，就是说使阶级斗争服从于今天抗日的民族斗争，这是统一战线的根本原则。同时他还强调了民族斗争与阶级斗争的一致性②。在1940年他指出：抗日战争胜利的基本条件，是抗日统一战线的扩大和巩固③。在1941年他指出：统一战线政策就是阶级政策，二者不可分割，这一点不弄清楚，很多问题是弄不清楚的④。

为了形成抗日民族统一战线，团结一切可以团结的力量来驱逐日寇，中国共产党对土地革命时期的土地政策进行了重大调整，由没收地主土地分配给农民所有转变为地主减租减息、农民交租交息的政策。减租减息政策简约易行，效率优先，以调整经济关系为突破口，

---

① 毛泽东．毛泽东选集（第一卷）[M]．北京：人民出版社，1991：253.

② 同上书：538-539.

③ 同上书：745.

④ 同上书：785.

循序渐进、平和务实地变革旧的土地所有制；减租减息政策在抗日战争根据地得到了成功的实践，对于促进和巩固抗日民族统一战线，取得抗日战争的最后胜利有着极其重要的作用①。

1942 年 1 月 28 日，中共中央通过了《关于抗日根据地土地政策的决定》。2 月 4 日又下发了《关于如何执行土地政策决定的指示》，该指示要求：实行减租减息之后，又实行交租交息，于保障农民的人权、政权、地权、财权之后，又须保障地主的人权、政权、地权、财权，借以联合地主阶级一致抗日。实行"地主减租减息"，改善了农民的生活条件，实行"农民交租交息"，照顾了地主富农的利益，同时实行"有钱出钱，有力出力"的合理负担政策，开始打破农民基层政权由地主富农霸占的局面。

中国共产党抗战时期的土地政策是抗日民族统一战线的土地政策，保留了地主土地私有制，但是限制了地主阶级对农民的剥削，对于富农则削弱其封建式剥削的部分。在抗日民族统一战线的土地政策引领下，各解放区掀起大规模的减租减息的群众运动，不仅团结了各阶层人民，提高了农民和各阶级抗日和生产的积极性，而且在改变根据地农村社会的经济关系、生产方式、思想观念等方面也起到了积极的、直接的推动作用。

（五）解放战争（中国共产党的土地政策）

抗战胜利后，解放区农民对拥有土地的渴望愈发强烈，对土地提出了新的要求。中国共产党曾经设想以有偿征购地主土地的和平方式进行土地改革，实现"耕者有其田"的理想，并在一定范围内进行了初步的尝试。这个设想同国共两党合作、和平民主建国的大方向是一

① 林筱璟，张敏．抗日战争时期中国共产党的土地政策[J]．海南师范大学学报（社会科学版），2011，24(5)：82-85.

致的。由于国民党破坏和平谈判，发动全面内战，中国没有走上和平发展的道路，有偿征购地主土地也没有得到普遍的实施。1947 年 5 月，中国共产党完全放弃了有偿征购地主土地的设想，而转向以没收地主土地平均分配给农民的政策①。

随着解放战争转入人民解放军战略进攻阶段，解放区更加普遍、深入地开展土地制度改革运动。1947 年中共中央工作委员会通过了《中国土地法大纲（草案）》（下文简称《大纲》），并颁布实行。《大纲》明确规定：废除封建性及半封建性剥削的土地制度，实行耕者有其田的土地制度，废除一切地主的土地所有权，废除一切祠堂、庙宇、寺院、学校、机关及团体的土地所有权，废除一切乡村中在土地改革以前的封建债务。《大纲》规定了彻底平分土地的基本原则，即乡村中一切地主的土地及公地，由乡村农会接收，连同乡村中其他一切土地，按乡村全部人口，不分男女老幼，统一平均分配，在土地数量上抽多补少，质量上抽肥补瘦，使全乡村人民均获得同等的土地，并归各人所有。《大纲》还规定：乡村农民大会及其选出的委员会，乡村无地少地的农民所组织的贫农团大会及其选出的委员会，区、县、省等级农民代表大会及其选出的委员会为改革土地制度的合法执行机关。②

轰轰烈烈的土地改革运动，改变了农村旧有的生产关系，使农村各阶层占有的土地大体平均，贫雇农基本获得相当于平均水平的土地和其他生产生活资料。广大农民分到了土地，在政治上、经济上获得解放，极大地调动了生产积极性，为了保卫解放战争胜利果

---

① 彭厚文. 抗战胜利后中共尝试有偿征购地主土地[EB/OL]. (2013-03-19)[2021-08-04]. http://dangshi.people.com.cn/n/2013/0319/c85037-20832837-3.html.

② 新华网. 1947 年全国土地会议[EB/OL]. (2012-06-11)[2021-08-04]. http://fuwu.12371.cn/2012/06/11/ARTI1339403523017813.shtml.

实，踊跃参军积极支援前线和子弟兵，为人民解放战争提供了源源不断的人力、物力支持，农民的支持成为解放战争迅速取得胜利的可靠保证。

白璧微瑕，《大纲》规定的将一切土地平均分配的办法，侵犯中农利益，因此后来在新的解放区和全国范围内进行土改时即加以改变①。土改运动让占社会主体的农民绝大多数受益，极大地发展了农村生产力。土改运动使生活在社会底层、政治上毫无地位可言的贫雇农，一夜之间成了乡村的主人，昔日被蹂躏的血肉之躯在民主革命的浪潮中完成了解放，重塑了乡村社会的结构与秩序②。土改运动对中国社会产生了深远影响，让中国社会实现了高水平的平等与持久的稳定，为新中国现代化建设奠定了重要基础。

三、我国现代土地关系调整

一般来说，我国现代指的是新中国成立之后到当今的时间跨度。我国现代土地关系的调整，包括两个大的方面。一是城市土地实行国家所有③。1982 年《中华人民共和国宪法》确立了城市土地国有、农村土地集体所有的土地所有制，标志着城市土地国有化进程的完成。二是农村土地实行村民集体所有。本书所述的我国现代土地关系调整指的是农村土地。

《中华人民共和国农村土地承包法》（简称《农村土地承包法》）将农村土地界定为：农民集体所有和国家所有依法由农民集体使用的耕地、林地、草地，以及其他依法用于农业的土地。《中华人民共和

① 张燕.《中国土地法大纲》的制定和实施[N]. 周口晚报,2011-06-14(02).

② 崔一楠,陶利江. 人之再造:土改运动中的身体政治——基于川西北地区的考察[J]. 西南大学学报(社会科学版),2016,42(6):33-38.

③ 新中国成立后,国家采取接管、没收、赎买、征用和法律宣布等方式,逐步实行城市土地的国家所有制。

国土地管理法》（简称《土地管理法》）将农业用地界定为直接或间接为农业生产所利用的土地，包括耕地、林地、草地、农田水利用地、养殖水面等，简称农用地。《农村土地承包法》所界定的农村土地实际上指的是农业用地，即农地，而农村土地还应包括农村集体建设用地（简称农村建设用地）。本书所说农村土地，没有特殊说明的情况下既包括农业用地（或称农用地、农地），也包括农村集体建设用地，所论述的土地关系调整主要指的是这些土地。

从农地经营管理的形式来看，我国现代土地关系的调整经历了从分散使用到集中使用，再到分散使用三个阶段。每个阶段的土地关系调整均是根据经济社会发展需要做出的根本性制度安排，对经济社会发展产生了重大影响，保障和推进了我国社会主义建设。

（一）土地关系调整阶段划分

从土地的所有权来看，我国实行的是社会主义公有制，包括全民所有制与集体所有制两种形式，农村土地属于集体所有制。陆文把新中国农村土地改革划分为四大历程：①1949—1956 年，新中国成立之初，封建土地所有制改造为农民土地所有制；②1956—1978 年，农民土地所有制改造为集体所有；③1978—2008 年，实行家庭联产承包责任制，让土地所有权与使用权分离；④2008 年 10 月，中共十七届三中全会通过了《中共中央关于推进农村改革发展若干重大问题的决定》，以此为标志的“新土改”，允许土地流转①。从土地的经营管理与实际使用的形式来看，土地关系调整是从分散经营使用到集中经营使用，再到分散经营使用的过程，目前正处于再次走向规模化利用的进程之中。

① 陆文．新中国农村土地制度的改革历程[J]．党政干部学刊，2011(7)：49-50.

1. 1949—1956 年的分散经营使用阶段

1949 年新中国成立后，继续执行 1947 年制定的《中国土地法大纲》，直至 1950 年颁布了《中华人民共和国土地改革法》，全国解放区普遍实行了土地改革，废除了两千多年的封建土地所有制，实现分田到户，农民自主经营，成为土地的主人；彻底根除了封建制度的根基，巩固了人民民主专政政权。这场彻底的地权革命，进一步巩固了土改运动的成果，砸碎了阻碍生产力发展的桎梏，极大地解放和发展了农村生产力。这种土地私有创新模式促使农民以较高的热情积极主动地投入生产，以家庭为单位的小农生产取得显著效果，从而为新中国成立初期的经济复苏做出了巨大贡献①。

1949—1956 年，广大农村土地属于一家一户为单位的分散经营使用方式，农业属于个体农民经济（小农经济）形态。

2. 1956—1978 年的集中经营使用阶段

1953 年国家开始进行农业合作化改造（也称农业社会主义改造），将土地的家庭分散经营使用转向集体集中经营使用，把小农经济逐步改造成为社会主义的合作或联合经济。1956 年，农业社会主义改造在经历了农业劳动互助组（简称互助组）、初级农业生产合作社（简称初级社）、高级农业生产合作社（简称高级社）三阶段后基本完成。到 1956 年年底，参加农业合作社的农户已占全国总农户的 96.3%，其中参加高级社的农户占全国总农户的 87.8%，从而基本完成了农业的社会主义改造②，实现了土地由农民个体所有到社会主义集体所有的转变。

---

① 张莉，李舒雯，杨轶轲．新中国 70 年城市化与土地制度变迁[J]．宏观质量研究，2019，7(2)：80-102.

② 许永杰．我国农业初级合作化高潮是历史发展的必然：与罗郁聪等同志商榷[J]．党史资料与研究，1983(1)：36-46.

随着初级合作社向高级合作社发展，合作社统一部署农业生产，统一分配农业收入。全民所有制和集体所有制在国民经济中占据绝对优势地位，代表着社会主义公有制完全建立。1958 年人民公社制度应运而生，人民公社统一经营利用土地、组织农业生产。人民公社一般有公社（公社管理委员会）、大队（管理区）、生产队三级，生产队相当于原高级农业生产合作社的规模。1959 年中共中央《关于人民公社管理体制的若干规定（草案）》提出，生产队（或管理区）的所有制目前还是人民公社的主要基础，是人民公社的基本核算单位（指生产经营核算单位）。1962 年中共中央发出《关于改变农村人民公社基本核算单位问题的指示》，决定将基本核算单位下放到生产队。人民公社不仅是农业生产组织机构，实际上还是国家行政权力和社会权力高度统一的基层政权形式。

学界对于农业合作化改造的评价一直存在很大分歧。有的学者认为：社会国情是一个国家诸因素的综合，绝不只是生产力发展水平的高低。20 世纪 50 年代进行的农业社会主义改造符合我国社会发展的客观要求，促进了农业生产力的发展，实践证明它符合我国当时的国情。① 在农业合作化后，我国农业的发展就有条件对土地的利用进行合理规划，逐步进行大规模的水利灌溉、大规模的农田基本建设，逐步推广机械耕作、施肥、杀虫等农业科学技术，从而使我国农业生产条件大为改观。如果没有农业合作化，仍然只在原来的小块土地上做文章，这些都是难以想象的。② 有的学者认为：本来需要 15 年左右时间实现的农业社会主义改造，在短短三五年内就完成了。随后又在

---

① 房成祥．论农业社会主义改造与国情[J]．陕西师大学报(哲学社会科学版)，1991,20(3):12-18.

② 中国共产党历史网．农业社会主义改造的高潮[EB/OL]．(2017-09-01)[2021-08-04]．http://www.dswxyjy.org.cn/n1/2017/0901/c244520-29509841.html.

1958 年“大跃进”年代，全国农村进入以“一大二公”为特征的人民公社。从此，农业集体化长期囿于凝固的模式之中。①

笔者认为：正是因为农业合作化改造，中国的土地实现了社会主义公有化。农业合作化改造是农业集体化的道路，有着当时国家整体经济社会发展需要的特定时代背景，虽然克服了小农经济分散经营使用土地的弊端，但是与经济社会发展水平相比有些超前，并且制度设计存在缺陷，高度集中的土地经营使用方式、与之相配套的农业生产计划管理体制忽视了农民生产的能动性，挫伤了农民的生产积极性。即便如此，我们也不能否定农业合作化改造对我国农业发展的重大功绩及其对当前解决“三农”问题的借鉴价值。

3. 1978 年至今的分散经营使用阶段

中国的改革发启于农村土地制度改革。1978 年 11 月安徽凤阳县小岗村 18 位农民在一份保证书上摁下了鲜红的手印，开始搞“大包干”(指土地经营包干到户)，这是农村土地改革的创举，点燃了农村改革之火。1978 年 12 月党的十一届三中全会召开，开启了农村改革的新纪元。党的十一届三中全会从思想上高度重视农民问题，从政策上制定、通过了一系列有利于农业发展的措施，在实践中开始默许、支持农民的伟大创造，从而推动了中国农村改革的启动②。1980 年中共中央 75 号文件指出：在那些边远山区和贫困落后地区……群众对集体丧失信心，因而要求包产到户的应当支持群众的要求。从此，农村土地改革正式打开了闸门，“包产到户”“包干到户”在全国推开。1981 年党的十一届六中全会充分肯定了联产计酬责任制，随后 5 年的中央一号文件都强调稳定和完善家庭联产承包责任制。1986 年年初

---

① 虞宝棠. 我国农业合作化运动的反思[J]. 历史教学问题,1990(6):13-18.

② 储著源,吴玉才. 党的十一届三中全会与中国农村改革的启动[J]. 安徽农学通报,2010,16(9):1,33.

全国99.6%的农户实行了“大包干”。

家庭联产承包责任制有“包产到户”和“包干到户”两种承包形式，彻底打破了以生产队及生产大队为单位的“大锅饭”体制，在坚持农村土地公有制基础上，改变土地经营管理方式，实行分户使用，自负盈亏，是农村土地制度的重大改革。随着家庭联产承包责任制在全国的普遍推开，1983年中共中央、国务院发出《关于实行政社分开 建立乡政府的通知》，废除了人民公社体制，“一大二公”和“政社合一”的人民公社在1984年解体。

家庭联产承包责任制从根本上体现了农民与生产资料（主要是土地）的直接结合，满足了农民自主安排农业生产的诉求，充分调动了农民的生产积极性，显著提高了农业生产率，有力地促进了我国农业发展，使得国民经济得以快速恢复，并提高了广大农民的生活水平。1978—1985年，我国粮食产量连年攀升，达到新中国成立后的最高峰，农村经济社会发展取得重大进步。

时至今日，家庭联产承包责任制依旧是维护农村经济繁荣与社会稳定的基本制度安排。1991年党的十三届八中全会提出：把以家庭联产承包为主的责任制、统分结合的双层经营体制，作为我国乡村集体经济组织的一项基本制度长期稳定下来。1993年中共中央、国务院《关于当前农业和农村经济发展的若干政策措施》提出：在原定的耕地承包期到期之后，再延长30年不变。1997年中共中央办公厅、国务院办公厅《关于进一步稳定和完善农村土地承包关系的通知》提出：在第一轮土地承包到期后，土地承包期再延长30年。1998年党的十五届三中全会决定指出：长期稳定以家庭承包经营为基础、统分结合的双层经营体制。2008年党的十七届三中全会决定强调：现有土地承包关系要保持稳定并长久不变。

家庭联产承包责任制的本质特点是农村土地所有权、承包经营权分离，在土地所有权集体所有的前提下，承包经营权归属农民家庭。从土地所有权来看，家庭联产承包责任制属于土地公有制，与传统的小农经济有着本质的区别；从土地经营使用形式来看，家庭联产承包责任制没有摆脱小农经济模式，属于土地分散经营形态。

——关于土地流转与规模化经营

20 世纪 80 年代末，分散的土地经营使用方式对农业现代化进程、农村生产力发展的束缚作用逐渐显现，之后越发明显。土地规模化经营使用是发展现代农业的必由之路，如何实现土地规模化经营使用成为重大课题。

早在 20 世纪 80 年代，在联产承包责任制全面实行的情况下，就出现了少数农民把责任田转包给别人耕种的现象，这应该是农村土地流转（即土地经营权流转）的最初形态，80 年代末土地流转加速。

1992 年邓小平发表南方谈话，同年党的十四大提出建立社会主义市场经济体制。随着我国社会主义市场经济的发展，农村剩余劳动力向城市转移，农民与土地的实际占有和经营的关系发生了变化，土地自由流转的需求更加迫切①。1995 年国务院批转农业部《关于稳定和完善土地承包关系的意见》（1994 年 12 月 30 日），该意见提出：建立土地承包经营权流转机制。此后，国家对土地流转政策不断调整和优化。

土地流转是实现土地规模化经营的主要方式，对于农业农村现代化有着极为重要的作用。2014 年中共中央办公厅、国务院办公厅《关于引导农村土地经营权有序流转　发展农业适度规模经营的意见》指出：实践证明，土地流转和适度规模经营是发展现代农业的必由之路，有利于优化土地资源配置和提高劳动生产率，有利于保障粮食安

① 费红梅，刘文明，王立，等．农户土地流出意愿及其影响因素分析[J]．东北农业科学，2017，42(6)：69-72.

全和主要农产品供给，有利于促进农业技术推广应用和农业增效、农民增收。

（二）土地关系调整保证和推进经济社会发展

中国共产党领导中国人民经过28年艰苦卓绝的斗争建立了新中国，中国人民真正地站了起来。新民主主义革命取得胜利的最重要原因是赢得了广大农民的支持和拥护，赢得广大农民的支持和拥护的最重要原因是土地制度改革。可以说，没有土地制度改革，“农村包围城市，武装夺取政权”就不会成功，土地制度改革是建立新中国的必由之路。新中国成立后，土地改革对保证和推进经济社会发展依旧发挥了重大关键作用。

1. 彻底解决了中国人的温饱问题

民以食为天。温饱问题困扰了中国人几千年，但是中国人解决温饱问题是在新中国成立之后，彻底解决温饱问题是在改革开放之后。没有改革开放，更准确地说，没有家庭联产承包责任制，就没有中国人温饱问题的彻底解决。家庭联产承包责任制不仅使中国很快解决了十几亿人口的温饱问题，同时还解决了大量农业人口的就业问题，推动和维护了广大农村的发展与稳定，也为其他领域的改革开放与建设奠定了坚实的基础。当然，我们在充分肯定改革开放后的土地制度改革对解决温饱问题——粮食生产的巨大作用的同时，还要充分肯定科技的巨大力量：品种改良与推广、化肥农药的使用。

2. 有力推进了我国工业化、城镇化（城市化）进程

新中国成立后，在中国共产党领导全国人民从站起来到富起来的伟大历程中，土地制度改革有力地推进了我国工业化、城镇化进程。一个国家的工业化需要两个基本条件：一是工业资本积累的完成，二是大量剩余劳动力的存在。只有农业经济得到很大的发展，才能从根本上解决工业化建设所需要的原料、资金、劳动力和市场等问题。土地改革是发展农业经济的主要手段之一，土地改革可以增加农业贡献，促进工业化、城镇化进程，土地产权明晰，就会有大量的农民投身于工商业，工商业的发展速度就会加快；反过来，工业的足够发展可以吸纳剩余劳动力，使农产品和剩余劳动力得以顺利转移①。农村土地制度改革深刻影响着我国的城镇化进程，大量农村土地转为城市建设用地，满足城市扩张与人口向城市迁移的需要。1978 年开启的农村土地制度改革，释放出大量农村富余劳动力，大量农民在农村从事工业和其他非农产业，兴办乡镇企业，随着乡镇企业的快速发展，对供电、供水、供气、交通、通信、金融、信息、流通等提出了集中供给的要求，农民用自己的积累开展了造城运动，一大批小城镇迅速崛起，乡镇企业向小城镇集中，约有 1.5 亿农民由农民变成工人、商人、城市居民，有力地促进了我国农村城市化的进程②。

3. 对化解重大危机发挥了巨大作用

土地制度改革在推进我国工业化、城镇化（城市化）进程中，为经济社会发展创造了稳定的环境，对化解重大危机也发挥了巨大作用。比如：

——有力地支持了新中国的立国之战：抗美援朝。土地改革对抗美援朝运动产生了重大而深刻的影响，不仅加强了抗美援朝思想教育、诉苦和反帝集会游行等方面的民众动员，而且推动了抗美援朝爱国公约、武器捐献和参军优抚等任务的完成，还强化了农民的阶级斗争和民族主义观念，为抗美援朝运动展开普及和深入持久提供了坚实

---

① 杨民，杨献东．土地改革与工业化的相互作用研究[J]．社会科学，2005(11)：36-41.

② 林凌．中国农民对城市化的贡献[EB/OL]．(2006-01-17)[2021-08-04]．https://www.gmw.cn/01gmrb/2006-01/17/content_362648.htm.

基础和良好环境①。抗美援朝战争是新中国的立国之战，为新中国打出了几十年的和平环境，没有和平环境就没有后来中华民族的强势崛起。习近平总书记说：经此一战，中国人民粉碎了侵略者陈兵国门，进而将新中国扼杀在摇篮之中的图谋，可谓“打得一拳开，免得百拳来”，帝国主义再也不敢做出武力进犯新中国的尝试，新中国真正站稳了脚跟。这一战，拼来了山河无恙、家国安宁……②

——有力地化解了新中国成立之初的通货膨胀。1948 年国民党政府实行币制改革，以金圆券取代法币，滥发导致恶性通货膨胀，为新中国初建时期恢复经济发展带来极大的恶劣影响。1948 年中国共产党领导的人民政府就开始构建新的货币（人民币）体系，为了支持大规模的人民解放战争，1949—1950 年发行人民币过多，通货膨胀严重，引起市场投机，物价飞涨。通货膨胀的根源是物资供应不足，直接原因是市场投机行为。人民政府采取了压缩需求、减少货币发行、打击投机、调动物资、增加供给等一系列措施，其中根本性的措施是发展社会生产，增加物资供应。正是因为土地制度改革，充分激发了广大农民的生产积极性，1950—1951 年粮食生产连年丰收，国营公司存粮充足，保证了市场供应。为了应对市场棉纱不足的状况，中央财经委员会于 1951 年 1 月公布了“统购棉纱的决定”，国营公司根据照顾自纺自织、代纺代织的原则制定统购价格，并适当提高棉纺工缴，价格也得到了有效控制③。这当然也是以农业生产、农民生产积极性

① 江光亮．新中国成立初期土地改革对抗美援朝的影响：以江西为例[J]．江西社会科学，2015，35(5)：151-156.

② 习近平．在纪念中国人民志愿军抗美援朝出国作战 70 周年大会上的讲话[EB/OL]．(2020-10-23)[2021-08-04]．http://www.xinhuanet.com/politics/2020-10/23/c_1126647316.htm.

③ 董志凯．新中国建立初期对通货膨胀的治理及启示[J]．河北学刊，2011，31(5)：126-130.

的提升为基础，而农民生产积极性的提升动力主要来自土地制度改革。

第二节 调整土地关系路径探索

一、土地关系调整的必要性

习近平总书记2016年在安徽小岗村调研时指出，我国农村的改革是从调整农民和土地关系开启的，新形势下进一步处理好农民和土地关系，仍然是农村改革的主线①。古往今来，农民和土地的关系一直是关系到社会稳定与发展的根本性问题。进入新时代，农民和土地关系与乡村产业发展、农民职业化、村庄城镇化、农业现代化都有着极为密切的关系，依旧是影响乡村稳定与发展的重大问题，所以土地关系调整是实施乡村振兴战略的关键环节，“三农化一农”将土地关系调整作为彻底解决“三农”问题的切入点。

（一）土地关系调整关系到乡村产业振兴

习近平总书记指出：产业兴旺，是解决农村一切问题的前提②。没有产业兴旺，就谈不上乡村振兴其他战略目标的实现。乡村要做到百业兴旺，土地是基础和关键。种植业以土地为基础，提升效益需要农地经营规模化；养殖业、工业以种植业为基础，以发挥土地承载功

① 姜大明．处理好农民和土地关系 促进“三农”工作健康发展[N]．人民日报，2016-06-08(010)．

② 新华社．习近平总书记对“三农”工作的三次指引[EB/OL]．(2020-12-31)[2021-08-04]．http://www.xinhuanet.com/2020-12/31/c_1126929351.htm．

能、材料功能为条件；第三产业与第一、第二产业紧密相关，旅游、休闲等第三产业也需要利用土地。一方面，乡村产业发展需要走“三产”融合的道路，对土地尤其是建设用地的需求增长是必然的，并且土地是乡村产业组团抱团发展最重要的黏合剂；另一方面，土地资源是有限的，禁不住浪费、无序开发和消耗，因此要实现乡村产业兴旺，就要把土地聚集起来，走规模化、集约化经营的高效利用之路，量身定制适合区域特色的主导产业，构建符合本地资源禀赋的产业体系。小岗村原第一书记①沈浩在日记中写道：按照当前形势，靠一家一户的种田是不可能有希望的……②

（二）土地关系调整关系到农民职业化进程

解决农民问题，需要推进以农民职业化为导向的农村土地制度改革③，调整土地关系可以加速农民职业化进程。通过合理的土地流转，引导农民从自己的承包地中走出来，从土地上解放出来，将农户分散经营的土地聚集起来，形成土地规模化生产经营、社会化大生产方式，不仅是高效率生产的需要，也是农民职业化的载体，更是农民职业化的关键。一方面，农业经营规模化才能提高土地利用率，加之农业机械化、信息化，将进一步推动农民转型分化进程；另一方面，规模化经营才能大大提高农业劳动力在农业内部的流动性，在农业规模化、社会化大生产过程中，农民才能真正实现职业化。

---

① 第一书记：是指从各级党政机关、国有企业、事业单位的工作人员中选派到村担任党组织负责人的党员。

② 徐俊忠．深刻领会习近平同志关于深化农村土地制度改革的重要论述[J]．红旗文稿，2017(15)：21-24.

③ 王雅军，张波．“农民职业化”与农村土地制度改革[J]．改革，2019(5)：126-133.

（三）土地关系调整关系到村庄城镇化进程

集体建设用地集约化经营会释放出大量土地，一方面增加耕地面积，另一方面加速村庄城镇化进程。深化农村土地制度改革，将会为中国村庄城镇化提供重要的制度保障。职业农民是未来农业生产的主体，也是未来农村居民的主体。村庄社区化、现代化将使农村居民的生活方式发生根本性变革，从而推进"人"的现代化。城镇化与土地流转既互相促进，又互相制约，土地流转为城镇化创造良好的空间支撑和人力资源，城镇化为土地流转提供经济和技术支撑①。

（四）土地关系调整关系到农业现代化进程

农业现代化的机械化、产业化、信息化、技术科学化必须建立在一定规模的土地经营利用基础之上。当前，以"分田到户"为基本形式的农地耕种状态，已经无法承载起农业现代化、农村可持续发展，以及农民在政治、经济、社会和文化等方面的发展需求，分散的土地经营使用方式已经严重制约了农业产出效益的提升、农业高新技术的推广应用。因为农村土地过于分散与碎片化，既影响种植，又影响经营和管理，加上农村大量土地撂荒，农民候鸟般地漂流于城乡之间，造成大量的留守儿童、留守妇女和留守老人，以及农村的凋敝等问题，成为阻碍国家现代化发展的突出短板。② 邓小平同志指出：要提高机械化程度，利用科学技术发展成果，一家一户是做不到的。特别是高科技成果的应用，有的要超过村的界线，甚至超过区的界线。仅

① 陶玙．让城镇化与土地流转相互促进[EB/OL].(2016-03-02)[2021-08-04]. http://www.gov.cn/xinwen/2016-03/02/content_5047946.htm.

② 徐俊忠．深刻领会习近平同志关于深化农村土地制度改革的重要论述[J]．红旗文稿,2017(15):21-24.

靠双手劳动，仅是一家一户的耕作，不向集体化集约化经济发展，农业现代化的实现是不可能的。就是过一百年二百年，最终还是要走这条路。① 当前，分散的土地经营方式制约了农业产出效益的提升、农业高新技术的推广应用，这就需要进一步调整土地关系，根据农业生产力发展水平探索土地规模化经营程度和实现方式。

二、新时代调整土地关系应遵循的原则

2014 年习近平总书记在中央农村工作会议上指出：土地制度改革怎么改都不能把农村集体经济组织给改垮了，不能把耕地给改少了，不能把粮食给改滑坡了，不能把农民的利益损害了②。这是新时代调整土地关系的最高指导思想。具体来说，需要遵守以下原则：

（一）“三不”底线

2014 年中央全面深化改革领导小组第七次会议审议了《关于农村土地征收、集体经营性建设用地入市、宅基地制度改革试点工作的意见》，提出土地制度改革的三条底线：坚持土地公有制性质不改变、耕地红线不突破、农民利益不受损③，简称“三不”底线 或“三不”原则。其中“土地公有制性质不改变”是关系到我国社会主义性质的根本性问题；“耕地红线不突破”强化了农用地的用途，根本目的是保护国家粮食安全；“农民利益不受损”是基本原则，核心是维护农民土地权益。坚持土地公有制性质不改变是改革的政治底线，坚持耕地红线不突破是改革的用途管制底线，坚持农民利

---

① 中共中央文献研究室．邓小平年谱［M］．北京：中央文献出版社，2004：1349-1350.

② 中国政府网．我国土地制度改革须遵守四条原则［EB/OL］．(2014-01-22)［2021-08-04］．http://www.gov.cn/govweb/wszb/zhibo607/content_2572679.htm.

③ 新华社．习近平：农村土地制度改革坚持三条底线［EB/OL］．(2014-12-02)［2021-08-04］．http://politics.people.com.cn/n/2014/1202/c70731-26135048.html.

益不受损是改革的价值底线。①

（二）农民主体

社会实践主体的自觉意识和必要的心理能力是任何社会实践成功的前提条件②。农民是农村改革与发展的实践主体，20 世纪 70 年代末农村土地制度改革取得巨大成功，80 年代农村乡镇企业迅猛发展，最重要的原因就是充分尊重了农民意愿与首创精神，调动了农民的积极性。40 年来，我国农村改革的许多举措都是由农民创造的。比如，农村家庭联产承包责任制的发明权是农民的；乡镇企业也是农民创造的；土地股份合作制、适度规模经营、农村承包地“三权分置”以及外向型农业和生态农业等，也离不开农民在实践中的探索创造。③ 农民与土地的感情最深，对土地的依赖心理最强。深化农村土地制度，没有农民的理解与支持是行不通的，或者是很难推行的，也不符合我们党治国理政的要义。因此，必须坚持尊重农民主体地位的原则，调动农民积极性，才能更好地推进农村改革与发展。

（三）规模经营

实现土地的规模化、集约化利用是农村土地关系调整的目的和方向。农地规模化利用、农业规模经营是农业转型发展的必然趋势。政府应积极引导流转出的农村土地实行农业规模经营，积极推进和培植农村土地合作社和种植大户的形成，创造规模经营的实现形式。在实践中应与各地资源禀赋、经济水平、要素构成和政策环境等实际情况

① 宋志红．农村土地制度改革必须坚守底线意识和法治思维[J]．中国国土资源经济，2015，28(4)：8-11，16.

② 陈邦勋．让农民成为农村改革和发展的主体[J]．湖北社会科学，1993(4)：14-15.

③ 万宝瑞．我国农村改革的光辉历程与基本经验[J]．农业经济问题，2018(10)：4-8.

相结合，要在确保粮食安全、农民社会权益和兼顾公平效率的基础上有序推进，促进农业生产要素规模化、农业经营环节规模化、农业社会化服务规模化和农业产业融合规模化，形成因地制宜、分类施策的多层次、多形式和动态演变的农业适度规模经营格局①。

（四）依法创新

全面依法治国是坚持和发展中国特色社会主义的本质要求和重要保障，在农村土地制度改革过程中必须坚持依法创新。在农村土地制度改革过程中要按照《土地管理法》《农村土地承包法》《物权法》《农民专业合作社法》《农村土地承包经营权流转管理办法》等法律法规和有关政策要求，确定农村土地使用产权，落实好农民对土地等集体资源资产的占有权和收益分配权以及村集体的各类资源资产产权。既要尊重地方和农民的创新，又要严守底线，确保红线不突破，将改革试点纳入法治轨道，引导农村土地有序流转。过去土地制度改革的一个主要特点是先试点，在总结经验之后上升为法律。中央要求，今后凡属重大改革都要于法有据。在这种背景下，必须发挥法治对土地制度改革的引领和推动作用，要先立法、后改革。即便是先行先试，也要得到法律授权，按照法律程序进行，确保土地制度改革纳入法治化轨道。②

（五）市场调节

党的十六大报告指出：在更大程度上发挥市场在资源配置中的基

① 赵颖文，吕火明，刘宗敏．关于推进我国农业适度规模经营的几点思考[J]．农业现代化研究，2017，38(6)：938-945.

② 韩俊．把农村土地制度改革纳入法治化轨道[J]．中国党政干部论坛，2014(9)：24-26.

础性作用，健全统一、开放、竞争、有序的现代市场体系[①]。农村土地流转市场化，完成土地所有权商品化运作，符合马克思地租理论，能进一步发挥土地的效能和土地利用潜能，激发农业的整体发展活力；构建统一、有序、开放的农村土地流转市场，是激发土地要素市场活力、发挥市场机制效能的最佳方式，也是进一步推动农村土地流转市场化的根本要求[②]。要按照市场经济规律研究土地流转问题，探索市场经济条件下土地流转的规律和发展趋势，聚焦如何激活农村土地要素和土地市场。要处理好市场这只"看不见的手"和政府这只"看得见的手"的关系，使市场在优化配置土地资源中发挥决定性作用。政府要提高公共服务水平，搭建流转平台，优化和监管市场运作，同时建立科学的土地流转价格形成和指导机制，组织专业人士对不同土地进行分等定级、科学评估，确定土地流转价格。由于我国土地流转市场尚处于起步阶段，为减少土地流转中的投机炒作，推动土地流转市场运行的公平、公正、有序运行，土地管理部门有必要建立相应的流转价格公示制度[③]。

三、对土地关系调整的实践探索

改革开放后，我国农村土地关系调整在实践中主要以土地使用权（经营权）流转的形式进行，泛称土地流转。土地使用权（经营权）流转主要分为农用地经营权流转和集体建设用地流转，平时人们所说的土地流转侧重指的是农用地经营权流转。张毅等认为，狭义的土地流转是物权性质的农地流转，是原承包人依法将承包经营权转移给他

---

① 唐在富，康玺．改革开放四十年政府与市场关系调整历程与展望：基于财政视角的考察[J]．财政科学，2018(8)：41-45.

② 周顺栋，赵桂英．农村土地流转市场化如何破题[J]．人民论坛，2016(31)：114-115.

③ 焦国栋．农村土地流转应发挥好市场和政府的作用[N]．光明日报，2014-09-20(005).

人的行为①。土地流转与土地所有制形式变更是两个不同的概念，将集体所有的土地通过征收补偿的方式转变为国有土地（一般转变为工业或城市建设用地）是土地所有制形式的变更，不属于土地流转范畴。

（一）改革开放后土地关系调整历程

1. 农用地（承包地）经营权流转

早在20世纪80年代，农村以“包干到户”为主要形式的联产承包责任制已经全面实行的情况下，就出现了少数土地流转现象。当时国家政策中没有承包地经营权的提法，更没有承包地“三权分置”的概念，但是其实质是经营权的流转，不是承包地所有权变更。1984年刘尚铎、赵俊臣撰文认为：转包责任田是商品生产发展的必然，但是农户转包经营责任田自发者为多，因而在转包的时间、方式、范围、程度、报酬等问题上，各地做法不尽相同，问题也较多②。

20世纪80年代末，随着农村生产力水平的明显提高，工业化、城镇化（城市化）进程加快，大量富余的农村劳动力为了增加收入开始走进乡镇企业、走进城市务工或者经商，传统典型农民迅速向“半工半耕”及“半耕半商”的非典型农民转变，农地流转随之加速。1995年农业部发布的《关于稳定和完善土地承包关系的意见》（1994年12月30日）中提出“建立土地承包经营权流转机制”，这是“土地承包经营权流转”第一次以国家政策文件的形式出现。2002年通过的《土地承包法》提出：土地流转可以采取转包、出租、互换、转让等方式，将承包经营权的土地交由他人经营。2008年党的十七届三中全会提出，允许农民以转包、出租、互换、转让、股份合作等形

① 张毅，张红，毕宝德．农地的“三权分置”及改革问题：政策轨迹、文本分析与产权重构[J]．中国软科学，2016(3)：13-23.

② 刘尚铎，赵俊臣．对农户责任田转包经营的探讨[J]．经济问题探索，1984(9)：26-29.

式流转土地承包经营权，发展多种形式的适度规模经营；各级政府要调动一切积极性支持农村土地流转[①]。

2014 年中央全面深化改革领导小组第七次会议审议了《关于农村土地征收、集体经营性建设用地入市、宅基地制度改革试点工作的意见》，会上提出了承包地“三权分置”，即承包地的所有权、承包权、经营权三权分置，旨在坚持土地公有制基础上，落实所有权，稳定承包权，放活经营权，维护各方主体的权益，促进土地资源合理利用，推动现代农业发展。2014 年中共中央和国务院办公厅印发的《关于引导农村土地经营权有序流转　发展农业适度规模经营的意见》提出：大力发展土地流转和适度规模经营。2021 年农业农村部颁布实施《农村土地经营权流转管理办法》，明确了对工商企业等社会资本通过流转取得土地经营权的审查审核具体规定，强化了耕地保护。

2. **集体建设用地使用权流转**

20 世纪 80 年代，农村乡镇企业迅速发展，大量耕地被用来发展工业。乡镇企业发展需要用地，耕地也必须保护，那么就要从农村集体建设用地“做文章”。1988 年修订的《土地管理法》明确规定：国有土地和集体所有的土地的使用权可以依法转让，同年国务院颁发的《关于沿海地区发展外向型经济的若干补充规定》为沿海地区利用集体建设用地发展乡镇企业提供了政策基础。20 世纪 90 年代，江苏苏州、浙江湖州、福建古田等地在原国土资源部同意或默许下自发探索，允许集体建设用地保留集体土地所有权进行流转[②]。

鉴于在农村土地流转过程中，一些地方乱占耕地、违法批地、浪

① 人民网－人民日报．中共中央关于推进农村改革发展若干重大问题的决定[EB/OL]．(2008-10-20)[2021-08-04]．http://cpc.people.com.cn/GB/64093/64094/8194418.html.

② 宁婷．图解我国集体建设用地入市流转探索历程[EB/OL]．(2019-04-10)[2021-08-04]．https://www.zdpg.com.cn/html/306895824.html.

费土地，造成耕地面积锐减，严重影响了粮食生产和农业发展，也影响了整个国民经济的发展和社会的稳定，1997 年中共中央、国务院发出《关于进一步加强农村集体土地管理　切实保护耕地的通知》，明确要求：对农地和非农地实行严格的用途管制，各项建设用地都必须严格按照法定权限和程序报批。1998 年修订颁布的《土地管理法》对集体建设用地利用与管理进行了规定，对集体建设用地流转进行了严格限制，仅部分地区试点探索。

2004 年国务院颁布的《关于深化改革　严格土地管理的决定》提出，农民集体所有建设用地使用权可以依法流转，强调在符合规划的前提下，村庄、集镇、建制镇中的集体建设用地使用权可以依法流转。同时，在广东、浙江、江苏、上海、安徽、天津等地的农村，建设用地使用权流转开始了局部或区域试验。

2008 年党的十七届三中全会提出，要逐步建立城乡统一的建设用地市场。2013 年党的十八届三中全会报告指出：要在符合规划和用途管制前提下，允许农村集体经营性建设用地出让、租赁、入股，实行与国有土地同等入市，同价同权。2015 年中共中央和国务院办公厅印发的《关于农村土地征收、集体经营性建设用地入市、宅基地制度改革试点工作的意见》提出：建立农村集体经营性建设用地入市制度，改革完善农村宅基地制度。2015 年开启新一轮集体建设用地入市流转试点，随后财政部、原国土资源部、银监会出台系列政策，配套制度不断完善，2017 年、2018 年连续两次延长试点期限。

2018 年中央一号文件对农村土地制度改革进行了部署，其中宅基地制度改革被认为最具突破性，因为这是中央在正式文件中首次提出探索宅基地所有权、资格权、使用权“三权分置”。

2019 年新修订的《土地管理法》破除了集体经营性建设用地进入市场的法律障碍，结束了多年来集体建设用地不能与国有建设用地同权同价同等入市的二元体制。本次修订删除了原法中“任何单位和个人进行建设，需要使用土地的，必须依法申请使用国有土地”的规定，允许集体经营性建设用地在符合规划、依法登记，并经本集体经济组织三分之二以上成员或者村民代表同意的条件下，通过出让、出租等方式交由集体经济组织以外的单位或者个人直接使用；同时，使用者取得集体经营性建设用地使用权后还可以转让、互换或者抵押。此外，本次修订在改革土地征收制度、完善宅基地制度等方面也有重大突破。2019 年中央一号文件提出：允许在县域内开展全域乡村闲置校舍、厂房、废弃地等整治，盘活建设用地，重点用于支持乡村新产业、新业态和返乡下乡创业[①]。

（二）农用地流转的主要方式

在我国公有制土地制度下，农民没有土地所有权，只拥有使用权（经营权），因此农地流转的实质为农地经营权流转。农地经营权流转存在出租（转包）、托管、互换、转让、股份合作、抵押等形式。

1. 出租（转包）

土地出租（转包）是指承包方将部分或者全部土地经营权租赁给他人从事农业生产经营。出租（转包）后，承包方与发包方的承包关系不变，双方享有的权利和承担的义务不变。出租（转包）期限在不超过土地承包合同的剩余期限内可以由双方协商确定。承包方将土地经营权进行出租（转包），应当与受让方在协商一致的基础上签订书面流转合同，并向发包方备案。承包方将土地交由他人代耕不超过一年的，可以不签订书面合同。

土地出租（转包）具有两个重要特点：第一，出租（转包）不

① 邵海鹏．盘活农村建设用地背后：乡村新产业倒逼土地制度改革[EB/OL]．(2019-02-22)[2021-08-04]．http://finance.sina.com.cn/roll/2019-02-22/doc-ihqfskcp7411021.shtml.

影响土地的原承包关系，承包方与发包方享有的权利和承担的义务不变；第二，由于土地出租（转包）并不影响原承包关系，其进行也就无须经过发包人许可，只需要向发包人备案即可，程序比较简单。

2. **托管**

土地托管是在依法、自愿、有偿的前提下，农民以市场方式向托管方主体购买所需的生产服务，在不改变土地承包经营权的前提下，实现土地的集约化、规模化、专业化生产①。托管主体包括：种粮大户、专业合作社、龙头企业、供销合作社等。目前土地托管的模式包括三种。①全程托管。托管方在收取农户的一定托管费用之后，为农户提供耕、种、收、管、售等一系列服务。②劳务托管。农户将农业生产过程中的全部劳务项目委托给托管方进行承担，农户则需要负责种子、化肥、农药及水电等各项农资投入。③订单托管。农户将农业生产过程中某个时段的劳务项目委托给托管方，托管方按劳务项目获得报酬。土地托管不改变农户的土地承包权、收益权和国家惠农政策享有权。

在实践中，自 2009 年山东济南平阴 13 位农民组建全国首家土地托管合作社以来，土地托管合作社作为土地流转的托管合作组织，已经取得较好效果并获得部分地方政府的积极推广。土地托管合作社分为半托、全托和入股三种合作模式。其中，半托模式是针对农民因家庭劳动力不足或缺少技术而采取的托管服务，合作社提供劳务、技术、农资、收获、销售等十几项服务；全托模式是农民将土地委托合作社全权管理，合作社与农民签订土地流转合同，每年给农民分红；入股模式为合作社最高级形式，是农民以土地、现金或大型农业机械入股，参与合作社经营，利益共享、风险共担②。

① 王传雄．推进农村土地托管的有效途径探讨[J]．四川林勘设计，2019(4)：46-47.

② 齐鲁晚报数字版．13 农民组建土地托管合作社[EB/OL]．(2010-09-25)[2021-08-04]．https://epaper.qlwb.com.cn/html/2010-09/25/content_20726.htm.

3. **互换**

土地互换主要是指因耕作需要或土地相互毗邻的承包人为了便于耕作和田间管理等，彼此交换承包地并发生土地法律关系变更的行为，即土地承包权人失去原承包地上承包经营权的同时获取新承包地的承包经营权[①]。土地互换只能够在本集体经济组织成员之间进行，如果是村内发包，只能是村民与村民之间进行互换，不能和外村人互换；如果是在村里面的小组内发包，只能是在小组范围内进行互换，不能和小组外的人互换。由于土地互换后土地承包经营合同需要进行变更，互换时必须要取得发包方的同意，才具有法律效力；如果发包方不同意，互换无法实现。互换后，互换土地的承包权、经营权和原土地承包合同约定的权利、义务随之相互转移[②]。

4. **转让**

土地承包经营权的转让指的是原土地承包方把自身拥有的土地承包经营权有偿转让给受让方，并退出原有土地承包关系的行为。土地承包经营权的转让是最为彻底的土地承包经营权流转方式，转让后，原土地承包经营关系即终止，受让方获取原土地承包方享有的土地承包经营权，同时和土地发包方（村集体）生成新的土地承包关系。采取转让方式流转的，应当经发包方同意。

5. **股份合作**

土地股份合作也称“股田制”，是指在坚持承包户自愿的基础上，将承包土地经营权作价入股组成股份公司或者合作社等，联合从事农业合作生产经营。在土地入股过程中，实行农村土地经营的双向选择

---

① 王岩．“三权分置”背景下农地经营权流转方式选择与抵押权的实现[J]．郑州轻工业学院院报(社会科学版),2020,21(6):62-69.

② 史卫民．农地流转方式的比较分析与法律完善[J]．广西社会科学,2011(9):68-71.

（农民将土地入股给公司后，既可继续参与土地经营，也可不参与土地经营），农民凭借土地承包权可拥有公司股份，并可按股分红。该形式的最大优点在于产权清晰、利益直接，以价值形态形式把农户的土地承包经营权长期确定下来，农民既是公司经营的参与者，也是利益的所有者，是当前农村土地流转机制的新突破。

6. 抵押

土地承包经营权抵押是指土地承包经营权人在不转移土地占有的情况下，将土地承包经营权作为债权的担保，当债务人不履行债务时，债权人有权依法处置该土地承包经营权，并就处分所得的价款优先受偿的一种方式①。按照有关法律规定，耕地、宅基地、自留地、自留山等集体所有的土地使用权不得抵押，但以招标、拍卖、公开协商等方式取得的荒地等土地承包经营权，经发包方同意，则可以进行抵押。

土地承包经营权抵押的好处有：第一，可以让农民获取农业生产经营发展迫切需要的资金，缓解农民的迫切需求；第二，在实现融资需求的同时，不会让农民丧失承包经营权。所以，从某种意义上讲，土地承包经营权的抵押是一种促进农业经济发展、能够在抵押人和抵押权人之间实现“双赢”的制度。

（三）土地关系调整的现状及存在的主要问题

1. 土地关系调整的现状

从开始出现承包地流转现象以来，农地经营权流转一直处于扩大的状态。据陈锡文等的文章，1998 年参与流转的土地占全国农地总面积的比例只有 2% ~3%②。2003 年农户承包地流转总面积 5 400 万

① 史卫民．农地流转方式的比较分析与法律完善[J]．广西社会科学,2011(9):68-71.

② 陈锡文,韩俊．如何推进农民土地使用权合理流转[J]．中国改革(农村版),2002(3):37-39.

亩，占农户承包地总面积的5%[①]。截至2016年上半年，中国承包耕地面积达到4.6亿亩，超过中国耕地承包总面积的30%。尤其在东南沿海经济较为发达的地区，农村土地流转比例更高，超过50%。[②]时过一年，2017年全国土地流转面积已占家庭承包耕地总面积的35%左右[③]。我国农用地流转在地区间表现出不均衡性。2018年土地流转率超过50%的省份有5个，超过全国平均水平的有12个省份，处于平均水平之下的省份有16个[④]。

改革开放以后，农村集体建设用地经过自发、无序的流转之后，至20世纪90年代中期开始步入规范化发展的轨道[⑤]。1998年修订的《土地管理法》虽然对集体建设用地流转发挥了很大的限制作用，但是颁布之后的较长时期内，集体建设用地流转的情况还是时有发生，在沿海经济发达、对土地需求旺盛的地区依旧大量存在。基于农村土地制度改革的经验和现实情况、农村经济社会发展趋势，2013年党的十八届三中全会为集体建设用地使用权流转确定了方向，做出了新的部署。

2. 土地关系调整存在的主要问题

在农用地流转过程中出现一些问题，归纳起来主要有：土地流转程序及合同不规范，登记备案不到位，流转后的纠纷时有发生；流转

---

① 刘春明．对《农村土地承包经营权流转管理办法》有关问题的说明[J]．农村经营管理,2005(4):9-10.

② 罗玉辉．“三权分置”下中国农村土地流转的现状、问题与对策研究[J]．兰州学刊,2019(2):166-180.

③ 中国网财经．韩长赋:全国土地流转面积约占家庭承包耕地总面积35%[EB/OL].(2017-03-07)[2021-08-04].http://finance.china.com.cn/news/special/2017lh/20170307/4126333.shtml.

④ 魏来．农地规模经营与农村治理转型:现实图景、关联机制与治理回应[J]．中国农村研究,2018(1):157-204.

⑤ 常城．解放后我国农村集体建设用地流转的3次变革[J]．安徽农业科学,2012,40(11):6909-6911.

服务体系不完善，流转平台不完善，影响土地流转成效；违背农民自愿原则，强行流转；国家惠农政策落实到位后，土地收益增加，农民借合同不规范之由索回土地经营权；流转补偿或租金不到位，或不及时兑现，农民利益受损；部分农民恋土观念强，或对土地流转的效益期望值偏高，或担心“失地”后生活无法保障，或对流转政策心存疑虑，导致土地流转的意愿或心理动力弱；大规模土地流转难以成功，影响农业项目实施；流转土地被擅自改变农用性质，用途被私自变更；土地流转风险保障机制不健全等。

在集体建设用地流转过程中存在的主要问题是：农村集体建设用地流转长期受到体制和机制的制约，流转方式单一、僵化；土地流转制度不完善，产权主体不明确；土地流转价格评估机制不健全，缺少专门的流转市场；农民缺少对土地流转的知情权、参与权和监督权，权利得不到充分保障，收益分配不公；“小产权房”从产生到现在，牵扯到的法律与经济等问题还没有好的解决方法；宅地基“三权分置”还有待于探索有效实现形式等。

四、农村土地“三权分置”实现形式思考

当前农村土地关系调整的重要任务是探索农村土地“三权分置”的运行机制和实现方式，最大限度地提高农村土地流转收益和产出效益，让农民获得财产性收入并减弱对土地的依赖心理，实现农村土地的规模化集约化高效利用。其中的关键和重点是：优化农用地经营权流转方式，寻求盘活宅基地使用权的有效方式。

（一）优化农用地经营权流转

农用地被承包分田到户后，村集体无权强制对承包地统一收回和集中开发。按照平等自愿有偿的原则，专业大户、农业龙头企业等经

营主体要想把一家一户分散的承包地集中起来经营，需要一家一户去谈判，众口难调，加上农民的不信任感，导致效率低下；一些农民法律意识淡薄、随意毁约，加之流转程序、合同的不规范等，导致土地流转后纠纷时有发生。这是当前农用地发展规模化经营普遍面对的最大困难，也是农业产业对社会资本吸引力不强、社会资本难下乡的最重要原因之一。现有土地流转方式已经比较多样，重点是如何发挥更好的效果。笔者在此提出地资券（简称地券）模式，以优化土地流转方式。

1. 地券与其运转平台（地券中心）

在政府主导下，以土地分等定级为基础，运用科学的土地资源价值化评价手段，辅之以相关国土空间资源的价值量化评价手段，将农户的承包地经营权票证化——设计地券，作为土地经营权及其流转的凭证。地券的本质属性是承包地的经营权，是市场运作和法律认可的附有价值的土地指标，还是农民获取土地增值收益的凭据。

地券的制作与发放要以土地承包经营权确权为前置条件，应该包括土地位置面积信息、土地质量信息、相关空间资源价值信息等，由政府监管制作。地券的使用必须坚持农民自愿的原则。

地券的设计要创新土地与国土空间资源价值的评价评估方法，将以往单纯的土地价值评价评估与相关的空间资源价值评价评估结合在一起，建立价值量化与价格可比折算体系，这样就能通过地券实现区域资源的资产化，为农村土地资源上市创造条件，促进农村“三变”改革，即资源变资产、资金变股金、农民变股东。

在政府的监管下，建立一定区域内的地券运营与管理中心（或平台），简称地券中心，负责地券的登记和印制发行、流转土地的协调调度等运行管理工作；建立经营主体、农民、政府三方责权利联结机制，为经营主体提供一定规模土地，并规范监管其土地经营行为（图

3-2-1)。地券中心从经营主体用地缴纳的保证金的利息中获取运行经费，还可以抽取土地经营的一部分增值收益用于运行保障。与土地托管中的托管主体不同的是：地券中心是政府与经营主体之外的第三方，是土地经营权流转的平台与中介机构（或组织）。

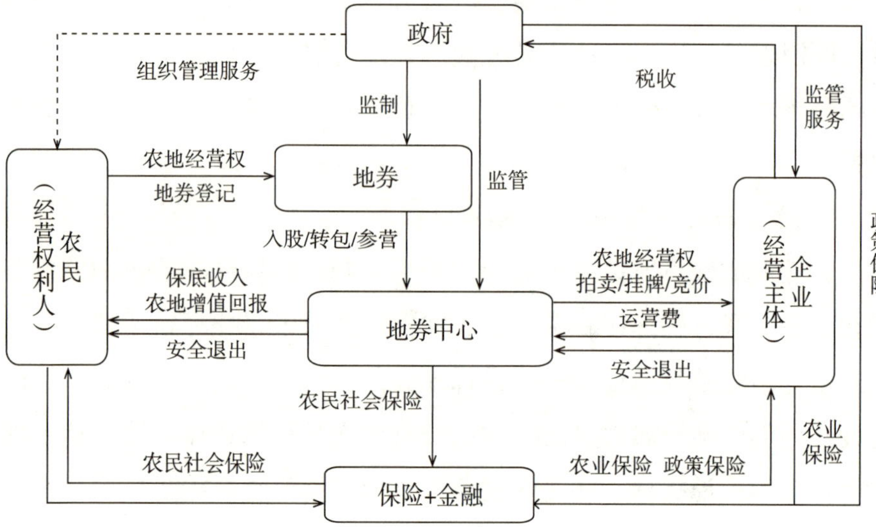

图 3-2-1　地券运行示意图

农民可以采取入股、转包的方式将地券（即承包地经营权）交付给地券中心；地券中心统一登记和收购，然后统一交易给经营主体，交易可以通过拍卖、竞价等方式。地券中心可以通过区块链和众筹融资方式吸收社会资本。农民可以凭地券在地券使用区内通过折价方式参与生产经营，但是需要按照经营主体的标准和要求进行生产经营；地券中心要保证农民凭地券参与生产经营的权利，并保证能获得地券升值的增值收益。

2. **地券运行保障机制**

地券运行涉及农民、经营主体与政府的权责，涉及市场化运营等多方面利益的社会安全风险防范，这就需要建立必要的运行保障机制，包括保险机制、监督机制、退出机制和法律责任机制等，确保农民得实惠、经营主体与融资人得效益、政府得民心，只有这样才能消除农民、经营主体、融资人的顾虑。其中最为重要的是必须保证农民在承包地的经营权流转过程中有保底收入。

（二）盘活宅基地使用权

根据中国社会科学院等单位发布的《农村绿皮书：中国农村经济形势分析与预测（2018—2019）》，2018 年农村宅基地空置率为 10.7%，调查样本村庄空房率最高达七成①。另据测算，全国约有 360 万亩农村宅基地空置。农村宅基地及民居闲置率高，是一种严重的资源浪费。盘活农村闲置宅基地不仅可以为村民增加财产性收入，还可以催生乡村新业态，促进农业供给侧结构性改革。

探索宅基地“三权分置”的有效实现形式，其核心是激活宅基地使用权，目标就是要让闲置宅基地及民房得到充分利用，提高集体建设用地的集约化利用水平，并增加农民的财产性收入。在 2018 年党中央提出探索宅基地“三权分置”之前，一些地方已经开始对宅基地“三权分置”进行试点。据报道，2015 年义乌在全国率先开展宅基地“三权分置”探索，在坚持集体所有权和固化宅基地分配资格权的基础上，通过宅基地有偿选位、宅基地落地权益有偿调剂、农房出租、宅基地使用权转让、农房抵押等多种方式实现宅基地和农房的市场化配置，为优化村庄用地布局、盘活闲置宅基地及农房后用于乡村产业发展提供了制度供给②。2018 年党中央明确提出探索宅基地“三权分

① 张涵.《农村绿皮书：中国农村经济形势分析与预测（2017—2018）》在京发布[J]. 中国国情国力，2018(5)：79.

② 张黎明. 农村土地制度改革的地方探索[EB/OL]. (2019-08-29)[2021-08-04]. https://zjnews.zjol.com.cn/zjnews/201908/t20190829_10903966.shtml.

置”以后，各地更加积极地探索盘活宅基地的方式方法，但是还没有创造出具有普遍意义的可复制模式，处于边探索边实践之中。学界也对此提出了很多对策，但是这些对策落实到实践中的不多。

基于一些地区共享民宿与共享农庄的实践，笔者认为，不妨运用共享经济的思维，采用宅基地共享的方式在适宜的地区寻求突破。

1. 关于共享经济

对于共享经济，目前还没有一个统一的权威概念。有的学者认为：共享经济，作为一种创新型商业模式，最初源于社会中的“公众协作消费”现象；该现象与传统上通过拥有对物的所有权来使用物并取得相关收益不同，其本质在于通过对闲置资源的二次分配，起到对社会资源充分利用的效果①。有的学者认为，在互联网广泛应用后，共享经济是一种基于互联网平台的提高闲置资源再利用效率的新资源配置方式②。随着社会分工和市场交易的出现，共享形式由所有权共享转变成使用权共享③。

综合各家学者对共享经济的解释，笔者认为：共享经济是围绕闲置资源（或商品）发生的临时使用权有偿转让行为，这种行为让闲置资源利用效率提高了，并让所有者和接受转让者（供给方和需求方）双方都受益，而闲置资源的所有权不变。互联网、大数据等信息技术手段使得这种双向收益的转让行为更为便捷，并形成了一定的规模，因为有了一定的规模才称之为“经济”。共享经济行为与租赁行为有很多相同点，不同之处在于共享经济行为围绕闲置资源发生，而租赁行为是纯粹的商业运作。共享经济的本质是转让闲置资源使用权并使

---

① 郑佳．共享经济的自治与规制[EB/OL].(2019-01-30)[2021-08-04].http://news.cssn.cn/zx/bwyc/201901/t20190130_4819881.shtml.

② 郑联盛．共享经济：本质、机制、模式与风险[J]．国际经济评论，2017(6):45-69,5.

③ 董成惠．共享经济：理论与现实[J]．广东财经大学学报，2016,31(5):4-15.

转让双方受益。

当前，在共享模式下，资源的快速流动和高效配置促使共享经济广泛应用于各个领域中，包括交通出行、旅游住宿、物流、零售以及金融等，然而不同领域共享经济的运作模式有所不同，而且在大部分领域中共享经济尚未成熟①。

2. 宅基地共享之共享民宿及共享村落

我国农村宅基地是村民的基本居住保障，其本质属性是使用权，因为其所有权归村集体，村民只是对宅基地上的房屋等附着物拥有所有权。长期以来，宅基地使用权流转存在出租、转让、交换、抵押、赠予、继承等多种形式。因为出租不涉及宅基地所有权，所以是最为普遍的流转形式，其他的形式或多或少牵扯到宅基地所有权，所以相对较少，实现起来也较为困难，还经常出现纠纷。

对于宅基地的出售，国家严令禁止。2019 年中央农村工作领导小组办公室、农业农村部发布的《关于进一步加强农村宅基地管理的通知》要求：农村村民一户只能拥有一处宅基地，其宅基地的面积不得超过省、自治区、直辖市规定的标准。严禁城镇居民到农村购买宅基地，严禁下乡利用农村宅基地建设别墅大院和私人会馆。严禁借流转之名违法违规圈占、买卖宅基地。

基于上述要求，盘活宅基地使用权确实困难。采用共享经济思维，走宅基地使用权共享的路子不失为一个好办法。宅基地管理制度改革为乡村民宿发展提供了新机遇，而且在实践中共享民宿发展势头很好。陕西省、北京市已经开始试点共享村落②，目的是将整村（甚

① 陈章旺，杨宇萍．基于社会网络的共享经济研究结构及趋势分析[J]．南京航空航天大学学报（社会科学版），2020，22（1）：45-52.

② 晁向荣．“共享村落”引领中国乡村转型发展[EB/OL]．（2019-04-12）[2021-08-04]．http://country.cnr.cn/mantan/20190412/t20190412_524575879.shtml.

至连片的几个村）的闲置宅基地和民房整体性盘活，形成民宿共享的规模化优势，不仅村民获益，村集体也获益。共享民宿与共享村落看似宅基地和民房出租，但是具有明显的共享经济特点，因为盘活的主要是闲置或半闲置的宅基地与民房。

国家信息中心分享经济研究中心发布的《中国共享住宿发展报告2020》显示：2019年我国共享住宿市场交易规模约为225亿元，参与人数达到2亿人，房客人数约1.9亿人；农村许多地区都在深入推进用地方式改革，积极引导农村闲置住宅、废弃矿山、旧厂房等发展乡村民宿等新业态，乡村建设将为共享住宿平台带来重要机遇[①]。

虽然宅基地使用权共享有着很好的发展前景，但是其发展还处于初级阶段，并且发展共享民宿或共享村落要因地制宜，不是所有的村庄都适合。一般共享民宿发展比较好的村庄，其自然生态环境、公共服务、乡风民俗、基础设施、居住、交通等条件较好。但是，我国很多农村存在基础设施相对较差、互联网平台不完善、医疗卫生条件不好、休闲与农事体验活动少等问题。尤其要注意的是：我国地域广阔，地区间自然禀赋、人文环境与社会条件差别很大，产业布局与经济发展结构也不同，村庄在各个方面更是千差万别，很多村庄并不具备发展共享民宿的优势，所以不能“跟风”，更不能盲从。

共享民宿如果经营分散，且与休闲农业等乡村新业态结合不紧密，就很难形成规模效益。与共享民宿比较，共享村落的建设与发展对乡村建设用地集约化利用、产业组团发展、古村落保护、壮大集体经济、吸引资本下乡且促进城乡融合等方面的价值更高。

发展共享民宿与共享村落的主要对策：一是地方政府立足本地自然与社会人文资源禀赋，加强顶层设计，把共享民宿与共享村落纳入

---

① 中华人民共和国信息产业部. 疫情冲击下的共享住宿：《中国共享住宿发展报告2020》[EB/OL]. (2020-07-24)[2021-09-03]. http://www.sic.gov.cn/News/568/10554.htm.

本地区产业发展规划；二是政府或村集体通过引入企业，或社会融资，或村民集资的方式，改善基础设施与公共服务，搭建且优化互联网等信息共享平台，改造村容村貌，提升民宿水平，建设休闲农业等设施，切记保护好传统古村落，守护好乡土文化特色；三是引导共享民宿与共享村落走联合经营、产业集聚升级之路，并加强与其他产业的协调与整合，打造地域性品牌；四是引入的社会资本（企业）与民宿经营主体最好统一为一体，对分散的共享民宿或共享村落进行联合经营与规范化经营；五是建立健全村集体、投资企业、村民与游客（房客）、融资人的利益共享机制及相配套的收益保障机制。

第四章 乡村土地多功能利用

第一节 土地功能与土地多功能利用

一、土地与土地功能

土地是人类社会发展的根本，是人类赖以生存和发展的基础，是人类最基本的生产资料。中国最广袤的土地在乡村，土地是乡村最大的资源。因此对于土地、土地功能及其功能利用的研究对于实施乡村振兴战略有着重大实践指导意义。

土地具有综合性、复杂性、实践性等特点，虽然不同学科对其概念的解释存在很多共识与共性，但是都具有自己学科的特殊规定性，带有明显的学科视角特征，存在不小区别。土地功能是土地系统的本质属性，是系统各要素相互作用、协同所形成的一种与生俱来的能力，是土地系统的属性和状态。土地能够为人类提供生存发展的空间和物质，具有多种功能①②。土地功能利用以土地功能为基础条件，

---

① 李广东，方创琳．城市生态—生产—生活空间功能定量识别与分析[J]．地理学报，2016，71(1)：49-65.

② 孙丕苓，许月卿，刘庆果，等．环京津贫困带土地利用多功能性的县域尺度时空分异及影响因素[J]．农业工程学报，2017，33(15)：283-292.

是人类为获取所需的土地系统产出、对土地进行劳动投入的过程，该过程具有主观目的性。土地多功能利用的概念强化了土地利用过程中的土地多功能性。

（一）土地的概念

经济学家们认为土地即自然。比如伊利和莫尔豪斯曾指出：土地不仅限于土地的表面，还包括地面上下的东西，它包含一切天然资源——森林、矿藏、水源等在内[①]。政治学家们认为，土地是立国的要素，主要是指国家领土范围内的所有疆域。系统论学家们认为，土地是由生物和非生物共同组成的耕地、林地、牧地、水地、湿地、工矿地、旅游地和特种用地等子系统组成的大系统。地理学家们认为，土地是包括人类活动影响在内的自然地域综合体，由地理环境中互相联系的各自然地理成分所组成。近些年来，地理学家们关于土地的认识和研究重心逐渐向“人地关系地域系统”转移。冯广京认为，多数人提出的土地的概念是从土地本身的自然属性和经济属性的角度展开的，因而土地系统与土地利用系统相近，不能形成土地科学学科视角下“土地系统”的准确认识，势必会导致土地科学学科与地理学等相关学科的混淆[②]。刘黎明认为，土地是由地球陆地表面一定立体空间内的气候、土壤、基础地质、地形地貌、水文及植被等自然要素构成的自然地理综合体，同时包含着人类活动对其改造和利用的结果[③]。这是得到较多学者认可的土地概念。

土地是各种要素及其相互关系的集合，是具体有一定的边界和结

① 伊利，莫尔豪斯．土地经济学原理[M]．滕维藻，译．北京：商务印书馆，1982：13.

② 冯广京．土地科学学科独立性及学科体系研究框架[M]．北京：中国社会科学出版社，2015：12.

③ 刘黎明．土地资源学[M]．4版．北京：中国农业大学出版社，2004：4-5.

构的立体系统。朱德举提出：土地的范围大致从土壤的母质层通过地表直达植被冠层以上有限的距离内；该范围是各种自然的物理、化学、生命过程及人类的社会经济活动所处的场所，可被称为土地的“活动层”。该活动层在平面上的扩展，便成为一个立体的三维空间实体，存在于一定的区域。从土地的横向分布来说，一般认为土地是地球表层的一定地段的特定部分，但长期以来人们对此的认识与解释并不一致，主要有四种观点：①土地即土壤，指地球表面疏松的、有肥力的、可以生长植物的表层部分；②土地即地球表面，地球的陆地部分和海洋部分都包括在内；③土地即地球的纯陆地部分，并不包括陆地的水面；④土地即陆地及其水面，指地球表面除海洋之外，包括突出于海洋面上的陆地（如海洋岛屿）及江河、溪流、湖泊、水库和池塘等陆地水面[①]。

结合各家学者对土地的认识，本书将土地概念界定为：土地是由地球陆地表面一定立体空间内的气候、土壤、基础地质、水文及植被等自然要素互相作用、互相依赖组合而成的具有特定结构和功能的自然地理综合体，同时还包含着人类活动对其改造和利用的结果，因此它又是一个自然经济综合体。土地具有一定立体空间，它可被分为地上层、地表层和地下层，包括地貌、土壤、植被的全部，以及直接影响生物生长的地表水、浅层地下水、表层岩石和与地表产生直接水热交换的气候要素，是岩石圈、水圈、土壤圈、生物圈和大气圈的复合界面；一般以对流层的顶层为上界，以岩石圈的上部为下界。

（二）土地功能

土地功能的思想由来已久，土地功能一般论述为土地为人类提供

① 朱德举．土地科学导论[M]．北京:中国农业科技出版社,1995:3.

产品和服务的能力[①②]。2002 年 De Groot, Wilson 和 Boumans 从系统为人类服务的角度出发，从结构、过程、功能、服务、价值、决策和管理等方面构建了“土地生态系统框架”，并将土地生态系统划分为生产功能、调节功能、栖息功能和信息功能四大类 23 项[③]。此框架的提出在国际上引起很大反响。在 De Groot 等提出的生态系统框架的基础上，“千年生态系统评估框架”在 2005 年被提出，框架中将系统服务功能分为支撑、调节、文化和供给四个方面[④]，“千年生态系统评估框架”的问世进一步推动了土地功能的研究。

在国内，对于土地功能的研究，起初把人类需求作为研究视角，将土地视为土地功能的主要载体。1984 年，王超认为土地功能是土地在内外联系及其与人类活动相互作用过程中表现出来的某些性状和能力，包括物质和能量交换与平衡的自我调节功能以及社会经济利用功能[⑤]。孟昭杰认为，土地功能是土地系统同外界环境相互作用时所具有的反应能力，土地系统的结构和功能是对立统一、相互联系、相互制约的，土地结构决定了土地功能，并将土地功能与土地利用类型结构进行了对应分析，依据结构和功能相对应的思想，将土地功能划分为能量转化功能、生产功能、负载功能、仓储功能、消费功能和保

① Kienast F, Bolliger J, Potschin M, et al. Assessing landscape functions with broad-scale environmental data: insights gained from a prototype development for Europe[J]. Environmental Management, 2009, 44(6):1099-1120.

② Verburg P H, Overmars K P. Combining top-down and bottom-up dynamics in land use modeling: exploring the future of abandoned farmlands in Europe with the Dyna-CLUE model [J]. Landscape Ecology, 2009, 24(9):1167-1181.

③ De Groot R S, Wilson A, Boumans R J. A typology for the classification, description and valuation of ecosystem functions, goods and services-Science Direct[J]. Ecological Economics, 2002, 41(3): 393-408.

④ Toth F L. Ecosystems and human well-being: a framework for assessment[J]. Physics Teacher, 2003, 34(9):534.

⑤ 王超．试论土地的结构与功能[J]. 中原地理研究，1984(2):12-21.

护功能①。杨威将土地功能定义为人类利用土地活动中所产生的人类需求的产品和服务，认为土地功能的类型应该包括土地本身的功能和人类通过活动对土地进行影响或改造之后所获得的功能，其内涵是土地的自然属性（如地质、地貌、气候、水文、土壤、植被等）和社会属性（如权籍、政治、财富等）被人类主动或被动利用后获得的所有服务和产品或产生的有利影响②。

土地是由成百上千个要素构成的多功能体，土地功能取决于全部组成要素的综合作用，而不同于、不从属于任何一个单独的要素。土地功能是土地系统的本质属性，是土地自身所固有的能力，这种能力在与环境作用过程中满足了人类生存与发展的需求，那么土地的其他方面，如经济、社会、法律等功能类型是以土地功能为基础，加入人类活动和主观意识的派生系统的功能。

笔者认为：土地的功能取决于土地系统的气候、水文、地质、土壤和生物等全部组成要素的综合作用，对于土地功能的研究，要利用系统论基本观点来分析这些要素间的联系方式、组织秩序及其表现形式，即要基于土地结构去探究土地功能。土地功能深藏于系统内部，需要借助土地和环境产生作用来推断，以逐步认识土地的功能。根据现阶段土地产生的作用，我们可以推测出土地具有空间功能、生产功能、生态功能、景观功能、支撑功能、材料功能、历史记载功能七个基本功能。随着科学技术的发展以及人类生存需求、生产需求和发展需求的变化，我们对土地功能的认识也在不断深化和丰富。

——关于“土地利用功能”

一般情况下，土地利用功能和土地功能处于混用的状态。随着可持续理念的提出和发展，人类需求和活动逐渐被视为土地系统的组成

① 孟昭杰．土地系统的功能和运行初探[J]．国土与自然资源研究，1992(4)：17-19.
② 杨威．土地功能分类及评价体系研究[D]．长沙：湖南农业大学，2017.

部分，将土地功能和土地利用功能画上了等号[①②③]。Verburg 和 Overmars 指出，土地功能也称为土地利用功能或土地系统功能，是土地提供产品和服务的能力，它与土地利用和覆被之间存在着密切而复杂的联系[④]。周子英认为，土地利用功能是土地利用系统结构合理性的综合体现；土地利用系统是一个综合的概念，不同于简单的土地覆盖，亦不等同于自然生态系统，其鲜明的特征是把“人”在土地利用过程中形成的社会经济活动要素与生态系统看作一个相互影响、彼此联系的整体；土地利用功能就是指土地系统直接或间接提供人类福利（包括生产、生活资料以及社会生活）的能力[⑤]。

一些学者将土地利用功能与土地功能进行了区分。比如，甄霖等将土地利用功能定义为土地利用提供私人的和公共的产品与服务的能力，强调了土地利用的主体性[⑥]。黄安等认为，土地利用功能的本质与生态空间宜居性的本质一致，均是从土地能够为人类提供产品和服务的角度出发，展现的是土地能够满足人类需求的能力，如满足人类居住、生活、精神文化等需求的特性[⑦]。刘超等对土地功能和土地利

① 张晓琳,金晓斌,范业婷,等.1995—2015 年江苏省土地利用功能转型特征及其协调性分析[J].自然资源学报,2019,34(4):689-706.

② 黄安,许月卿,郝晋珉,等.土地利用多功能性评价研究进展与展望[J].中国土地科学,2017,31(4):88-97.

③ 张晓平,朱道林,许祖学.西藏土地利用多功能性评价[J].农业工程学报,2014,30(6):185-194.

④ Verburg P H, Overmars K P. Combining top-down and bottom-up dynamics in land use modeling: exploring the future of abandoned farmlands in Europe with the Dyna-CLUE model [J]. Landscape Ecology, 2009, 24(9):1167-1181.

⑤ 周子英.土地利用及其功能变化研究:以湖南省醴陵市为例[D].长沙:湖南农业大学,2012.

⑥ 甄霖,曹淑艳,魏云洁,等.土地空间多功能利用:理论框架及实证研究[J].资源科学,2009,31(4):544-551.

⑦ 黄安,许月卿,刘超,等.基于土地利用多功能性的县域乡村生活空间宜居性评价[J].农业工程学报,2018,34(8):252-261,304.

用功能进行了区别，认为土地利用功能强调的是以人类土地利用为主体的土地利用系统，重点描述人类从土地利用过程中所获取的服务和需求，因此土地利用功能不同于土地功能①。段建南等认为，土地利用功能分为两部分，一是土地自身具备的功能，二是人类直接或间接利用土地所产生的功能②。

随着人类活动渗透于地球各处，真正意义上的“未利用土地”并不多，原始森林或“未利用土地”也属于人类利用土地的一种安排，同样在为人类生存与发展提供生态调节等功能，属于间接利用的范畴③，那么，对土地功能与土地利用功能两个概念进行严格区分已经没有太大意义。

二、土地多功能利用

在《资本论》中马克思认同并引用了威廉·配第的观点：劳动是财富之父，土地是财富之母。土地是资源，属于物质材料，也是生产资料，当然本身就是财富。人的劳动和物质资料相结合能创造出新的财富，人类通过利用土地功能可以创造出各种产品（即土地功能产品），满足人类各种需要，所以能够增加财富。为了使其激发出无限的功能价值，就必须突破单一视角的土地利用方式，充分挖掘土地多种功能的自然潜力，综合协调与均衡发展生产、生活和生态空间。土地多功能利用能够创新土地多种利用方式，实现土地资源的合理配

① 刘超，许月卿，孙丕苓，等．土地利用多功能性研究进展与展望[J]．地理科学进展，2016，35(9)：1087-1099.

② 段建南，刘思涵，李萍，等．土地功能研究进展与方向的思考[J]．中国土地科学，2020，34(1)：8-16.

③ 周子英．土地利用及其功能变化研究：以湖南省醴陵市为例[D]．长沙：湖南农业大学，2012.

置，有助于区域的可持续发展以及乡村振兴战略目标的实现。[1] 土地多功能利用不仅是土地高效利用的迫切要求，还能够更好地协调人地关系，合理配置国土空间资源。

（一）土地多功能利用研究

多种功能性是土地具有的本质属性，是土地系统属性的综合体现。土地利用是指人类为获取所需产品或服务而进行的有目的的、主观能动的土地资源开发、利用方式[2]。人类必须通过利用有限的土地来满足经济、社会、生态等多需求，这决定了土地利用必然向多功能性、复合性的方向发展[3]。

国内外学术界对土地多功能研究体系逐渐完善，但有所差异。国外学术界关于土地多功能利用的研究较早，由最初的农业多功能性概念，逐渐向农业多功能性理论体系、多功能景观发展，并逐步转变为土地利用多样性及社会、经济和生态环境的可持续研究，进而探究区域土地生态系统的综合发展。国内学者在 2003 年引入“多功能土地利用”一词，针对农业及耕地多功能性的概念及理论框架、土地多功能性评价、土地多功能性理论体系等对土地多功能利用开展研究，逐渐转向土地利用与生态环境功能的协调发展及综合利用与保护[4]。

（二）土地多功能利用内涵

土地多功能利用是提高土地利用综合效率、协调用地矛盾的有效

---

① 刘旺彤．湘乡市东郊乡土地利用多功能定量识别及影响因素分析[D]．长沙：湖南师范大学，2020.

② 蒙吉军．土地评价与管理[M]．2 版．北京：科学出版社，2011：27.

③ 蔡海生．乡村振兴战略下农村土地多功能利用与管理[C]．第十四届中国软科学学术年会论文集，2018：7.

④ 张蕾，齐伟，杜腾飞，等．基于熵权法的土地多功能利用评价：以淄博市为例[J]．江苏农业科学，2020，48(3)：31-36.

途径[①]。对于土地多功能利用的内涵，各家学者从不同的学术视角进行了不同的释义：

韦钰基于生态文明理念释义为：以土地可持续利用为目的，以人口资源环境相均衡、经济社会生态效益相协调为要求，通过控制土地开发利用强度和科学谋划生态、生产、生活空间布局，改善生态环境质量，增强生态服务功能，实现空间结构有序、生态山清水秀、生产集约高效、生活舒适宜居、社会和谐稳定[②]。

刘彦随等从地域角度进行了功能的理论探索：特定的地域系统只是更广阔地域系统的子系统，自身所发挥的潜能以及与其他系统相互作用为人类或自然界所提供福祉的特性就是地域的功能，包括满足本系统自身发展所需的功能以及对其他系统的协作和支撑功能。一定地域系统和一定时间单位内，多种功能同时存在，但不同功能类型的表现形式和发挥作用的程度存在差异性[③]。

甄霖等认为：土地多功能利用，即同一块土地具有不同的功能，是通过土地利用的多功能化来满足人们对有限土地的无限需求[④]。

戴尔阜等认为：土地各项功能并非静态且孤立存在，同一地块或区域不同功能相互交织在一起，存在不同程度的相互影响，因此功能之间的权衡一直作为土地学者的研究重点之一，权衡强调同一单元上一种功能的增加造成另一种功能减少的情形[⑤]。

---

① 蒙吉军，王祺，李枫，等．基于空间差异的黑河中游土地多功能利用研究[J]．地理研究，2019，38（2）：369-382.

② 韦钰．生态文明理念下来宾市土地多功能利用研究[D]．桂林：广西师范学院，2015.

③ 刘彦随，刘玉，陈玉福．中国地域多功能性评价及其决策机制[J]．地理学报，2011，66（10）：1379-1389.

④ 甄霖，魏云洁，谢高地，等．中国土地利用多功能性动态的区域分析[J]．生态学报，2010，30（24）：6749-6761.

⑤ 戴尔阜，王晓莉，朱建佳，等．生态系统服务权衡/协同研究进展与趋势展望[J]．地球科学进展，2015，30（11）：1250-1259.

喻锋认为：土地多功能集约利用是土地多功能利用和集约利用理念的融合深化，有如下四种实现途径：①复合多种功能，即单一功能分别需要大量土地，通过在一定量、可利用土地上对多种功能进行组合，达到节约土地利用总面积的目的；②加大服务于单一功能土地的空间利用强度；③空间多层利用，即从土地的三维空间出发（包括地下部分），在尽可能小的地块上实现尽可能多的利用目的；④时间集约，即每一个时期土地利用都要尽可能为多个目标服务，同时在不同时段土地利用也应该有不同的用途①。

综上所述，土地的多功能利用更强调协同，即同一单元上两种或多种功能同时增加，促进功能水平共同提高，获取更多产出。

笔者认为：无论是土地多功能利用还是土地多功能集约利用，其核心思想可通俗地概括为“一地多用，一田多产”，即一定时间和空间范围内的土地经过多功能利用，使其多种功能发挥，形成多种用途和多种产出。具体来说，土地多功能利用是指：在一个大尺度国土空间区域系统内，分层次进行有针对性的差别化的土地功能利用与管理，通过土地利用的多功能化满足人们多种多重需求，使区域土地功能利用实现内容特色化和效益最大化，最终实现区域土地各项功能的协调发展和提升。在实践中最少区分为两个层次：一是根据土地利用条件、资源特征划分不同的中尺度土地综合利用功能区，各个功能区在该区域系统内协调功能匹配；二是在功能区内同一小尺度地块通过土地利用的多功能化，产生土地多功能复合产品。

土地多功能利用可分为相互联系的三种类型：

（1）土地混合利用，即不同功能土地的混合利用开发，通常都隐含、融合土地多功能利用的理念，它的含义最广。

---

① 喻锋．欧洲城市土地多功能集约利用简介及启示[J]．国土资源情报，2010(3)：34-36.

（2）土地空间多功能利用，是在土地混合利用的基础上发展而来的更高级的开发模式，不同的功能在同一土地空间上叠加，即就功能而言同一块土地被多次利用。当然，这是有前提的，即不同的功能要能够相对独立、互不干扰地得到实现，同时它们相互之间能够形成协同，从而发挥系统效应和整体优势，如景观农业将土地生产功能与景观功能同时发挥。

（3）土地时间多功能利用，即土地在不同时段具有不同功能，这在目前土地利用方式中的应用还很有限。

三、我国乡村土地功能利用现状及存在问题

乡村土地功能的研究对象是乡村土地系统，其结构与功能规律、物质循环与能量流动基本规律是研究的基础。研究土地功能的利用状况是认知土地利用系统、探讨土地利用覆被变化、实现区域资源可持续利用和社会经济可持续发展的基础。

（一）乡村土地功能利用现状

1. 土地功能利用类型由一元向多元转变

人类对土地功能的认识和利用经历了一个由简单到复杂，由一元到多元的过程，土地多功能利用的思想最初起源于国际社会关于多功能农业（农业多功能）的理论和实践①。多功能农业是指农业除了具有生产食物和纤维的基本功能外，还具有繁荣地方经济，传承农耕文化，维系乡村文化的健康持续发展、生物多样性、清洁的水与空气等其他功能。随着农业实践与农业研究的深化，学者们认识到，与传统产品生产意义上的生产性农业相比，多功能农业从内涵到结构均已发

① 鲁春霞，谢高地，马蓓蓓，等．中国区域发展过程的空间多功能利用演变[J]．资源科学，2009，31(4)：531-538.

生重大的变化，尤其是作为农业基础的土地已经成为具有改善人类生存与发展环境，提高人类生活质量的综合性载体。在此基础上，多功能农业的内涵向土地多功能领域拓展，进而形成了土地多功能概念。

1949年以前，我国乡村土地以农业生产和群落聚居为主，主要是土地生产功能和支撑功能的利用，同时基于土地的材料功能获取生产生活设施的原材料。1949—1978年，中国的产业方向和布局以发展重工业和保障国防安全为重，强调发展内地工业，尤其是中西部地区的资源型乡村不仅是中国重要的农牧业生产基地，而且也成为重要的工业生产基地，以采掘业和原材料加工为主，土地材料功能和生产功能并重。

1978—2012年，随着联产承包责任制的全面实行，农村土地政策改革不断深化。1984年经济学家于光远先生提出“庭院经济”的概念，即发挥土地的景观功能和生态功能等，但未得到重视，政府不推广，农民无兴趣。2003—2012年，农村的人地关系、农业经营制度、村庄演化等方面呈现新的特点，城镇化与人口的自由流动、农民的选择空间扩展导致农业的比较劣势凸显，土地的农业生产功能大大削弱。这一时期我国农村住房投资不断扩张，农村人均住房面积从27.9米^{2}增加到37.5米^2，建设原材料和建设用地的需求使土地的材料功能和支撑功能得到很大发挥。

2012年党的十八大以来，土地兼容多元功能，主导功能由生存性转向发展性。农户为了拥有更好的居住环境，将猪舍、鸡舍等家禽圈养场所逐渐排斥在庭院之外。乡村土地从突出生产功能、支撑功能、材料功能，转向重视土地景观、生态、历史记载等功能。如针对山、水、林、田、湖、路、居等优化布局、综合治理，注重保护村落生态环境、村庄传统风貌；发展绿色生态农业和休闲观光农业，加强耕地及其周边沟河渠塘、湿地、灌丛、杂草地、小林地等自然和半自然景观要素的重建、优化，恢复和提升农田景观、生态功能，从农田景观生态优势中寻找发展优势。城乡居民随着收入水平的不断提高，消费愈发追求高质量、多元化，乡村休闲旅游、康养等产业的兴起极大地推动了农村土地多功能利用。

2. 土地功能利用强度不断加大

人类社会从原始文明、农耕文明，到工业文明阶段，无时无刻不在利用土地的功能，利用强度逐渐由弱变强。原始文明阶段，更多体现的是人类对土地被动适应的过程，对土地功能利用的程度极弱，只为满足食物的需求。农耕文明阶段，逐步向对土地的能动性改造转变，即人化自然的形成过程。到工业文明阶段，人类需求转变为以工业品为主导的物质需求，使土地承担了日益加重的工业生产、能源开发功能，建设用地不断扩张。随着生态文明理念、可持续发展理念的提出，以“生态＋文化”产品为主导的精神需求迅速提升，人类对土地功能的利用更加全面，人地关系更加密切。不同历史时期人类需求由低到高且表现形式不同，利用和改造土地的能力由弱到强，导致土地功能利用的焦点不断变化，强度不断增加。乡村占据我国97%的国土空间面积，是展示土地功能利用强度变化的主要舞台。

（二）当前乡村土地功能利用存在的问题

1. 土地功能过度利用

土地功能过度利用是指对农村土地的利用模式或利用强度不符合该地区的自然结构，未充分考虑土地功能限度，超出了土地的能力范围，还大量存在通过人为投入获取短期利益需求的现象。长期以来，针对某一目的的土地功能利用以高产为主要目标，追求单位土地产出最大化，一直采取高投入、高产出模式，土地长期高强度、超负荷利用，土地质量状况堪忧。土地功能是土地系统的能力，当土地利用超过土地功能范围时，则会导致系统紊乱，出现生态环境退化等负面效应。比如，违反自然规律和自然潜力单纯追求粮食产量，大量使用化肥和农药，大量抽取地下水进行灌溉，导致土壤结构变差、病虫害抗药性增强、水资源短缺和环境污染等问题，同时也引发了疾病发病率升高、生活成本增加等诸多社会问题。此外，为追求经济效益进行过度垦殖，造成水土流失、土地沙漠化和荒漠化；在企业生产过程中，防止污染措施不到位，忽略了土地的净化能力，工业废水、废气、固体废弃物未经处理就大量排放，造成土地系统紊乱和土地质量下降。

2. **土地功能利用水平低**

土地具有多种功能，但现阶段土地功能的单一利用现象极为普遍。土地功能单一利用往往导致具有多功能属性的自然生态空间和农业空间快速消耗，对土地利用的可持续发展构成威胁。土地功能发挥不充分导致极大的资源浪费，丧失了大量发展机会，降低了生产效率，阻碍了区域的高质量发展。

（1）土地总体利用效率低。一是建设用地功能利用水平低。很多村民建房废旧建新，将新宅建在村庄外围或靠近城镇这些交通便利的地方，但是村庄内却存在大量闲置、半闲置的民房，进而形成了外实内空的“空心村”，并且很多地区的农民迁入城镇居住，农村常住人口大量减少，导致民房闲置率高。二是大量农村劳动力流入城市，农村大部分年轻人都选择在外经商或者务工，从而使得农村大量耕地（承包地）经营管理不良或利用效率极低，甚至很多耕地抛荒。

（2）土地多功能利用水平低。虽然人们对土地具有多功能性达成了共识，乡村土地的多功能利用也逐渐推广至生产实践中，但是因为在大多数情况下，某一地域空间范围内以满足多种需求为目标的土地利用方式的组合，表现为土地利用类型的差异和多样性，所以土地功能产品的多样性与多元性不强，土地产品的多功能性就更弱。对某一地块单元来说，其土地功能的发挥仍然只服务于某一特定目标，如农用土地仍然以农业物质生产为目的，其生产功能得到利用，但景观、生态、人文等多种功能并没有得到发挥，在可持续利用前提下的资源利用广度和深度都不高。

第二节　乡村土地多功能调查评价

一、乡村土地多功能调查评价的目的

土地多功能调查不同于传统的土地资源调查，是获取土地功能基础信息的过程，是认识调查区域土地功能状况、国土空间资源特征的前提与基础工作。在此基础上对土地多功能进行评价就是要提出土地多功能利用的方向与方式。在实践中两者前后衔接极为紧密，所以可以把土地多功能评价作为土地多功能调查的延伸与组成部分，统称为土地多功能调查评价，简称土地多功能调查。在实施乡村振兴战略的起步阶段，土地多功能调查作为区域资源全信息调查的主要组成部分，承担着为发展乡村产业提供决策依据的任务。

（一）土地多功能调查评价是土地多功能利用的基础

产业兴旺是乡村振兴的重点和物质基础，没有产业兴旺就不能推进农民转型分化与职业化，而乡村产业根植于特定的地理环境，依托于特定的人地关系、地域系统及乡村土地功能利用结构，因此“三农化一农”将乡村土地多功能利用作为乡村振兴的着力点。

科学的决策来自科学的调查与研究，科学的土地利用与国土空间

开发取决于科学的土地多功能调查评价。通过土地多功能调查评价，获取调查区域国土空间资源底数与分布情况、土地功能要素作用状况、土地功能特征、土地功能利用情况，研判调查区域内国土空间资源的承载力、特征、潜力等，才能为土地区划及功能区划分、土地管理、产业设计、社会发展、生态文明建设等土地多功能利用与科学管理奠定基础，为形成以区域资源特色为基础的土地多功能利用方式和土地空间资源连续体综合开发、实现土地利用与土地功能相匹配、协调人地关系提供决策依据。

（二）振兴乡村产业依赖土地多功能利用

1. 乡村产业发展依靠土地组成要素的自然禀赋

依托本地资源及其特色的产业才有可持续性，乡村产业构筑在土地多功能利用基础之上。脱离了土地功能考量的土地利用，在高强度的城镇化和工业化进程中必然导致资源耗竭、环境污染和生态退化等问题，制约经济社会永续发展。

与城市相比，乡村更加贴近人的自然需求和感受，因为乡村具有与城市不同的土地要素组合。随着乡村振兴战略的实施，乡村“三产”融合度不断加深，第一产业的发展必须以土地的生产功能禀赋为基础，推进供给侧改革，合理调整农业产业类型，同时大力发展绿色生态农业。第二产业利用种植业、养殖业提供的原料进行精深加工，一方面需要提升工艺水平，另一方面需要强化本地特色，做大做强地方品牌，才能提升价值链。第三产业中的文旅产业、康养产业等更加依赖土地的生态、景观与历史记载等功能的发挥。在一些地区或区块，乃至在闲散地、“四荒地”上选种经济价值与美学价值兼具的特色作物，营造符合产业发展的景观，把自然景观与生产景观相融合，也就具备了旅游休闲、生态调节等功能，为第三产业创造更好的条件。这些土地功能的发挥，都建立在本地特有的土地系统组成要素及其组合状态基础之上。

2. 乡村产业发展依赖土地功能利用的转型

我国乡村大多数属于农业生产主导型乡村，长久以来主要利用了土地的生产功能，为国民提供食物保障，为第二产业提供原料。进入21世纪，人们对物质生活的需求越来越高，对精神文化的需求越来越多元。人们把目光越来越多地转向乡村，因为乡村是与自然联系更加紧密的复合空间，是与城市文化与生活环境大不相同的场域。但是乡村过于强化生产功能的土地利用难以满足城市居民不断增长的差异性、多样化需求和乡村居民自身的需求，这就促使、推动着乡村向农业生态保育、休闲康养、文化传承、旅游多功能乡村转型，呈现出生产功能多样化、生活功能人文化、生态功能刚性化的基本趋势。从世界经济社会全球化视角来看，中国乡村也正在通过农产品供给、劳动力迁移、乡土文化传承、特色手工业、旅游等形式向全球化乡村发展，促进乡村产业不断调整。更何况，农业是效益低的基础产业，“三农”问题无法依靠单纯的农业生产来解决，必须走“乡村兴百业、产业大融合”的路子。

土地是乡村发展的空间载体，乡村产业的构建与发展以土地功能的发挥为基础。为了适应人们生活需求的提升与变化，乡村产业发展必须改变过于强化土地生产功能的状况，向土地多功能利用转型；运用土地多功能利用的方法论，研判本地区主导产业及其产业体系，在国土空间规划中科学布局乡村产业，按照生产、生活、生态——“三生”和谐的要求实现土地产出效益的最大化。

二、乡村土地多功能调查

土地多功能调查相较于以往的土地类型调查、土地利用现状调查和其他单项要素调查或专项调查内容更加丰富，涉及自然、经济、社会各个方面，既包括影响土地功能状态的各类功能因子，也包括土地功能的利用方式和效果。调查既要符合专业调查的技术规范，还必须满足以土地多功能利用为目的的调查需要。土地生产功能、生态功能和支撑功能的研究成果较为丰富，能够分析和归纳出土地功能影响因素，可通过调查影响因素掌握功能状况；但是现阶段对土地景观功能、材料功能和历史记载功能的影响因素尚难以明确，适宜通过功能的作用表现掌握功能状况。

（一）土地多功能调查内容

1. 生产功能调查

生产功能是指土地的生物生长生产能力，生物作为生产主体受到土壤条件和气候条件的制约。根据生产功能的内涵，一般将生物、气候和土壤作为土地生产功能的主导要素。生物要素中的植物因子是生产功能得以实现的基本条件；气候要素为生产功能的发挥提供光、温、水；土壤要素的物理性质和化学性质通过提供和调节植物生长发育所需的水、肥、气、热支持生产功能。空气的组分一般不成为限制条件，但土壤中的空气至关重要，体现于土壤的物理性质中。

2. 生态功能调查

土地生态功能内涵广泛，主要体现在水源涵养、气候调节、水土保护、防风固沙、生物多样性维持等方面。土地生态功能的主导要素主要是气候、地质（包括地形地貌）、土壤和生物。

气候要素主要包括降水量、气温、相对湿度、风速、日照时数、总辐射量等。地质要素主要包括坡长、坡度、地形起伏度等。土壤要素主要包括土壤质地、有机质含量、土体构型、土壤湿度等。生物要素主要包括植被类型、植被密度、植被覆盖度等。

3. **支撑功能调查**

土地支撑功能主要依赖土地的物理性质。地质因子、水文因子和土壤因子是判定土地支撑功能的基础要素，因此，土地支撑功能应从地质因子、水文因子和土壤因子进行考量。

调查内容主要包括地震基本烈度、地形、地貌、坡度、岩土类型、地下水埋深、洪水淹没情况、地层构造、断层分布、地质灾害易发性、年最大冻土深度、永久冻土出现深度等。

4. **景观功能调查**

景观是土地客观存在的景象，人类对土地景观进行利用，形成景观资源，高质量的土地景观资源多作为旅游资源进一步利用。《风景名胜区总体规划标准》（GB/T 50298—2018）中将旅游资源分为自然景源和人文景源两个大类，自然景源又分为天景、地景、水景和生景四个中类，人文景源分为园景、建筑、胜迹、风物四个中类。《旅游资源分类、调查与评价》（GB/T 18972—2017）中将旅游资源分为地文景观、水域景观、生物景观、天象与气候景观、建筑与设施、历史遗迹、旅游购物和人文活动八个主类。

建筑与设施、历史遗迹、旅游购物和人文活动是土地多种功能利用综合形成的结果，虽然不是土地自然属性的反映，但是由于多功能调查评价的目标是为土地多功能利用提供依据，作为重要参考也应纳入调查内容。

景观功能调查一般需要调查某种自然主导因素的作用，以及在其他因素的参与下，经长期的发育演变而形成的能够产生视觉吸引力的地块或地段的观赏价值、珍稀或奇特程度、规模、丰度与概率、完整性、适宜观赏期、自然原因损害情况和趋势等，同时记录景观资源的位置。

5. **材料功能调查**

土地材料功能的最主要表现是为人类生活生产提供原材料，在人类生存与发展进程中起着必不可少的作用。材料具有普遍性且多种多样，难以进行详尽分类、明确统一标准。

本书将矿产资源作为土地材料功能利用的主要表现，把矿产资源的种类、物性、规模、质量、演化规律等方面的信息作为土地材料功能调查的重要内容，同时记录资源的位置。矿产资源呈现明显的地区差异性分布，其数量和质量是摸清土地材料功能的重要信息。

6. **历史记载功能调查**

土地是历史产生和发展的最基本的物质环境和重要载体，历史记载功能是土地作为信息载体记录土地自身及环境变化信息的能力。这种记载历史的能力根据内容特点可以分为自然历史记载和人文历史记载两类。自然历史记载即土地记录自然环境的变化历史的能力，侧重于土地内部信息的记载，如地层分布、生物化石、植被类型等，形成于自然系统的演化。人文历史记载即人类与自然、人与人相互作用关系在大地上的烙印，侧重于土地环境信息的记载，如农耕文化、聚落文化等。

根据土地历史记载功能的内容和特点，可以将历史记载资源分为自然历史资源和人文历史资源两类。自然历史资源主要调查内容是自然遗迹（地质遗迹、古生物等），人文历史资源主要调查内容是历史文化遗迹（遗址、古村落等），调查过程中需掌握其位置、类型、分布、意义、特征等信息。

7. **区域基本情况**

调查区域的基本情况是开展科学调查和评价以及土地多功能利用布局的基础，一般包括自然、经济、社会和政治四个方面，具体内容有：地理位置、气候区、地形状况、土地利用情况、产业基础与结构、人口结构、交通状况、基础设施建设、文化教育、政策及配套支持等。这些数据一般在土地功能评价时不直接使用，但作为调查和评价背景，对明确调查内容和重点，以及提出土地多功能利用方案具有重要的参考价值。此类数据可在土地多功能调查时一并进行收集和记录。

（二）土地多功能调查工作流程

土地多功能调查的一般程序包括制订方案和组织队伍、基础资料收集与分析整理、制订实地调查计划和物质准备、展开实地调查等步骤。不同的调查阶段，有不同的调查方法和内容。

1. 制订方案和组织队伍

建立组织领导机构、技术指导组、专业调查队伍。组织领导机构负责进行协调工作，包括与地方政府、部门对接和经费落实，进行工作指导和重大问题决策等工作。技术指导组负责技术方案和实施方案的论证，调查队伍培训、调查协调、技术咨询和技术把关，参与成果论证工作。专业调查队伍负责按照调查计划、调查技术和标准认真展开调查，对调查质量直接负责。

土地功能调查是一项技术性强、涉及面广、工作量大、难度较高的工作，组织领导机构需要由当地党政管理人员参与，技术指导组和专业调查队伍需要涉及多学科和领域，如地学、土壤学、气象、人文、植物、地理、公共管理等。领导机构人员和技术指导人员要有系统思维，具有综合和协调各学科的能力和素质。技术指导人员要培训调查队伍，统一调查目标、调查内容、调查标准以及调查数据的整理。

2. 基础资料收集与分析整理

1）基础资料收集

基础资料收集是获取调查区域基本信息的环节，主要采用文案调查法。收集资料时应保证数据的权威性、准确性、时效性。

文案调查法又称间接调查法、文献调查法、收集法，指通过收集各种信息数据和情报资料，从中提取与工作目的相关信息的一种调查方法。文案调查法适用于各种目的的调查，适用于能够普遍认知或具有代表性的功能调查或要素获取，是快速熟悉调查区域、提高工作效率的一种重要方法。我国已经对各地区土地要素展开了大量而细致的调查工作，可以充分利用已有成果，向调查区有关部门、单位获取。资料收集的目的是从宏观上把握区域概况，为科学制订调查计划和物质准备打基础。

在调查中要尽可能广泛地收集有关的资料，当然具体收集哪一类型的资料仍然取决于研究目标。一般来说，应该收集以下基础图件资料、数据资料、文字资料和其他研究或实践成果资料。①地形图：按国际分幅的图幅编号，查明调查区各种比例尺的地形图，并选定合适比例尺的一种地形图作为土地功能调查的工作底图。②专题图：地貌图、地质岩性图、土壤图、植被图、气候图、水文地质图、林相图、草场图及相关文字说明等。根据具体调查目的，对图件种类、范围及比例尺进行选定。③文字资料：各类相关工作报告、考察报告、研究总结及学术论文等。④社会、经济、生态资料：人口，各种产业生产现状和历史、经营方式、投入、产出、管理水平，城镇及基础设施建设，生态环境建设，退耕还林还草，水土保持工程等。⑤遥感资料：不同比例尺、不同时间获得的航空、航天遥感图像。

2）基础资料分析整理

资料收集过程中，要及时组织相关人员对收集的资料进行综合分析：判断数据信息获取的时间、数据精度能否满足工作需求，描述性指标量化误差及可靠性；分析不同部门、不同年份和不同精度数据等资料的可利用性和匹配性。

分析后将收集到的各部门资料进行整理，并按类型归并（本书按照部门进行整理归类，见表4-2-1）。对于纸质资料，进行手动录入、矢量化等数字化操作，以便后期评价工作使用；对于矢量数据，分析其数据精度与可用性，统一数据格式，对空间位置有偏差的进行几何校正。同时，采用统一坐标对矢量数据坐标系统进行审查，不符合要求的进行坐标系统转换。

表4-2-1　资料收集清单

资料名称	来源
水资源调查评价结果	水利部门
（国家/省/市）近5年/10年水资源公报	水利部门
水资源利用（综合）规划	水利部门
水系/水资源分布图	水利部门
水资源量数据	水利部门
地下水分布图	水利部门
地下水超采量数据及分布图	水利部门
多年水资源量	水利部门
地下水位及水质情况	水利部门
一、二级水源地分布	水利部门
历年水环境监测数据	水利部门
（国家/省/市）水环境（功能）区划	水利部门
调查区及周边气候站点监测数据	气象部门
多年气象统计分析数据	气象部门
气象灾害数据	气象部门/应急管理部门
土壤图	农业部门
土壤调查数据库	农业部门
土壤改良数据资料	农业部门
农用地质量分等	自然资源部门/农业部门
植被类型图	自然资源部门/农业部门
植物（林业/农业）资源分布图	自然资源部门/农业部门
植被覆盖图	自然资源部门/农业部门

续表 4-2-1

资料名称	来源
国家/省级重点保护物种名录、分布	自然资源部门/农业部门
DEM 数字高程模型	自然资源部门
地质图	自然资源部门
地形地貌图	自然资源部门
矿产资源分布图	自然资源部门
地震动峰值加速度	自然资源部门/应急管理部门
地质灾害易发数据	自然资源部门/应急管理部门
风暴潮灾害数据	自然资源部门/应急管理部门
活动断层分布图	自然资源部门/应急管理部门
水文地质图及分析报告	自然资源部门/水利部门
行政区划	自然资源部门
综合交通图	交通部门
交通规划图	交通部门
海域勘界数据（滨海地区）	自然资源部门
遥感影像	自然资源部门
最新土地利用调查成果	自然资源部门
大气环境容量数据	环保部门
历年大气环境监测数据	环保部门
(国家/省/市）近 5 年环境质量报告书	环保部门
水土流失、土地沙化、石漠化、盐渍化、海岸侵蚀等土地退化数据	自然资源部门/农业部门/林业部门
国家公园、森林公园、自然公园、自然保护区、地质公园、湿地公园、风景名胜区、海洋特别保护区数据	自然资源部门
林、灌、草、湿地、冰川、沙漠、永久积雪、河口、滩涂、浅海、海岛等空间分布	自然资源部门/农业部门

续表 4-2-1

资料名称	来源
土地整治工程、荒漠/沙漠治理、人工林、人工水域、填海造地、填湖造地、矿产开发、景区建设、灾害防治工程、种植结构	自然资源部门/农业部门/文化旅游部门
区域产业（类型、规模、范围）、区域的发展定位、历史文化遗迹、非物质文化遗产、自然遗迹、历史文化保护现状	文化旅游部门
部门实践或研究成果（各类土地及土地要素利用相关的规划、评价成果）、区域/行业发展规划	各相关部门

注：(1) 数据时间应保持一致，若缺乏应采用最接近年份的数据；(2) 数据精度要求根据调查区范围参照上文基础数据比例尺；(3) 专家组根据区域调查目的需要，补充收集或减少相应数据项。

对资料分析整理，一是能够较快确定调查重点，设计调查内容，节约调查时间；二是能够节省实地调查的人力和物力；三是能够与实地调查互证，提高调查质量。

3. 制订实地调查计划和物质准备

1）制订实地调查计划

根据资料收集所了解的调查区基本情况和特点，估算实地调查工作量和工作要点，确定调查精度。根据实地调查内容，拟定各阶段工作目标、任务划分和时间安排，设计调查路线，拟定调查样点。

参考土地利用现状图、交通图、地形图等资料，综合考虑多方面因素设计调查路线，使调查路线能够尽量全面覆盖不同类型区域。根据不同类型的调查内容确定不同的调查样点。调查样点布设遵循相对均匀、代表性、差异性原则，尽量覆盖全域。调查样点布设和调查路线设计应遵循以下原则：

（1）全面性原则。土地多功能调查涉及的土地功能因子①、所设样点的数量与精度要满足功能评价的目的要求，路线选择和样点布设尽量覆盖所有土地类型及具有明显差异特征的土地区域。

（2）重点性原则。对土地要素交差重叠复杂的区域、要素有明显短板或优势的区域，开展重点调查。重点调查区域的调查样点数量应该增加密度，获取资料的精度需要提高。

（3）典型性原则。调查样点的立地条件（包括地形地貌、土壤、水文、地质环境等）应具有典型性，样点代表的单元内差异性应尽可能小，在性质上具有相对一致性。虽然土地的各种性状在外部表现上可能并无规律，但划分的每个调查单元中的情况应尽量达到相对一致，使得这个单元能够反映这一类土地的功能状况；不同类的单元之间应具有明显的差异性和比较性。

（4）可行性原则。调查样点布设要考虑现实可达性，在保证数据代表性的同时，所设样点要能够获取数据信息，保证调查工作的效率和安全性。调查路线设计、样点选择、方式方法应根据调查具体内容和调查对象的属性及分布进行适宜调整。充分利用调查区现有成果资料，综合考虑技术、人力、物力、经济等多方面因素，力求科学客观、简单实用、可操作性强。

2）物质准备

根据调查内容和调查方法，准备必要的基础数据、调查底图、调查工具及材料。

基础数据：以地形图为基础数据，土地利用、土地类型、海岸线

① 土地功能因子（或称为土地功能要素）及其作用的实地调查方式及标准可参照土壤调查与制图、资源调查与评价、野生植物资源调查技术规程、区域地质调查规范、岩土工程勘察规范等规范和标准中的土壤调查、气候调查、水文调查、植被调查、区域地质调查内容，不再赘述。

调查、地理国情监测、历年自然资源管理数据等为补充数据。土地利用数据采用第三次全国国土调查或最新数据。其他现状数据采用最新年份数据。

调查底图：一般以地形图为工作底图，叠加最新土地利用现状图、交通图等相关图件，制作调查底图，并将设计的调查路线与布设的调查样点上图，便于实地调查锁定。为与其他土地管理工作有效衔接，工作底图统一采用2000国家大地坐标系和1985国家高程基准作为空间定位基础。比例尺根据调查范围大小确定，国家范围比例尺1∶400万，省域范围比例尺1∶(50万~100万)，市县域范围比例尺宜采用1∶(5万~20万)，乡镇范围比例尺建议采用1∶(5 000~10 000)。具体可根据当地土地管理部门土地利用总体规划或国土空间规划确定。

还要编制土地功能调查表，为实地调查时随时记录调查信息、后期评价工作提供数据支撑。

4. 展开实地调查

实地调查是对文案调查资料的充分验证和有效补充，可以深入了解当地土地功能因子特征和区域发展状况，把握、调整土地功能调查重点和方向。实地调查有多种方法，一般包括咨询调查法、直接观察法和遥感调查法，应根据具体情况，进行选择或结合起来运用，进行数据信息采集。

咨询调查法：也称采访法（包括问卷调查），调查者采用座谈、访谈、询问等形式，根据调查目标不同选取不同的咨询对象，咨询对象应熟悉调查者所咨询的内容。咨询调查法主要用于调查内容中记录性、统计性较差，难以通过文案调查法获取的信息，如特有景观、风俗习惯、局地小气候等。

直接观察法：能客观地直接反映调查对象的特征，真实度和灵活性较强，但调查结果受调查者认知和试验方法的影响较大。较适用于宏观的、具有外部表现特征的信息的获取，如地形地貌、景观美感度等，也是主要用于调查内容中记录性、统计性较差，难以通过文案调查法获取的信息，还是对文案调查法和咨询调查法获取信息的验证和调校。

遥感调查法：通过遥感技术，可以获取不同时期、不同尺度的影像或其他要素信息，能够与其他资料相匹配；可以全面掌握调查区域地形地貌、地表水、植被覆盖等多种信息。基于调查区域的遥感影像，可以根据不同地物在影像上所表现出的几何形状、大小、色调、纹理等方面的特征建立各类地物的解译标志，在遥感影像上识别、分析、判读、解译各类地物。该方法比较适用于较长时间序列的数据分析。

对于小比例尺调查来说，应充分利用信息技术，如遥感技术提取植被覆盖信息、土壤水分、土壤有机质等，以保障调查效率。对于大比例尺调查，在现有数据量、数据精度不够，又难以进行短期的实地观测情况下，有必要采用无人机观测、气象监测站、土壤监测站等方式获取数据。随着科学技术的发展，应逐步将物联网和大数据等技术手段应用到土地多功能调查中。

通过文案调查和实地调查收集的资料和信息，如果不足、不实、不详、陈旧等，就不能支持土地多功能评价，应进行补充调查。

三、乡村土地多功能评价

土地多功能评价的关键是评价指标体系的构建。在功能评价指标选取和等级划分时，要尽量反映出区域的差异性，根据区域差异性适当调整分级标准。依据评价基本原则，评价方法模型需要全面反映影响土地功能的要素对不同地域、不同功能类型所表现出的不同决定性程度，而且能够体现出一定地域范围内的功能差别。

（一）评价原则

1. 主导性与综合性相结合原则

土地功能取决于土地系统各构成要素的聚合状态，各构成要素对土地功能所起的作用并不是均等的，有主次之分，且主导要素因地域和功能类型不同而不同。在不同地域，针对不同功能，土地要素所表现的决定性程度也有差异。因此，必须在综合分析的基础上侧重评价区域各类型土地功能的主导因素，才能既反映土地功能的实际情况，又不至于由因素过多导致结果失真；必须运用多学科理论与方法，从多角度综合考虑各个要素，选取评价指标，制定评价标准。

2. 可操作性原则

一是评价指标数据可获取。虽然有些指标对评价内容和目标指示性很强，但如果无法获取也不能开展评价工作；针对数据解释力强但又无法获取的指标，应选用含义相近或特征规律相近的指标来代替。二是评价所用指标要便于计量。所用指标清晰易懂，数据分析有依据，尽量选用成熟的技术规范、标准或实践成果。在指标选取和评价方法选择时，一定要充分考虑当前的科学技术发展水平和评价理论、技术能够实现的程度。影响土地功能的因素十分复杂，所获取的评价数据类型和格式也不完全一致，应充分考虑多源数据的综合应用。

3. 目的性原则

现阶段土地生产功能的主要利用方向为农业生产，土地生态功能主要是为了维护生态系统的高质量，承载功能主要应用于人类活动及生产生活设施建设，景观功能主要应用于休闲娱乐和景观旅游，材料功能主要用于作为生产生活建设物质的原材料，历史记载功能主要用于区域文化氛围打造、教育学习和旅游。

（二）评价指标体系构建

1. 土地生产功能评价指标体系

土地生产功能评价指标需要反映出气候条件中的光照、温度、降水特征，影响土壤肥力的物理性质和化学性质，生物要素中的植物、微生物及动物特征。光照、温度、降水主要通过光照时数、光照强度、均温等表示；土壤肥力的物理性质和化学性质主要通过有机质含量、养分含量、容重等表示；植物、微生物及动物特征多考察其种类和生产特性。

2. 土地生态功能评价指标体系

土地生态功能评价指标一般包括四类：第一类是气候要素的降水、温度和光照条件，第二类是地质要素的地形地貌特征，第三类是土壤要素的物理性质和化学性质，第四类是生物要素中的植物、微生物及动物特征。其中，第一、三、四类与土地生产功能评价指标基本一致，但是第四类中的植物特征还要选取蓄积量、覆盖度、种群多样性等指标；第二类的地形地貌特征通过海拔、坡度、坡向等表示。

3. 土地支撑功能评价指标体系

土地支撑功能评价需要认识地质的地层和构造特征、地形地貌要素的地形特征、土壤的物理性质、水文特征及地下水条件。地质的地层特征一般包括地层岩性、岩组类型、产状等指标；地质的构造特征一般包括褶皱、断层、节理构造的分布和特征等指标；地形特征一般包括坡度和地形起伏度等指标；土壤的物理性质一般包括影响土壤抗剪强度的土壤容重、质地、土体构型等指标；地下水条件一般包括能够引起岩土力学性质逆化的地下水的成因、埋藏、分布等指标。

4. 土地景观功能评价指标体系

土地景观因地形地貌、生物、水文、土壤等要素组合以及它们间复杂的相互关系不同而不同，其中地形地貌和生物要素起主导作用，土壤和水文等要素起辅助作用。对景观功能的认识具有较强主观性，难以客观定量化分析，所以评价指标体系的建立有待进一步完善。借鉴前人的研究成果，一般通过地形地貌和生物要素的组合来分析景观功能，生物要素中又以植物要素为主进行评价。地形地貌选取指标一般包括海拔、坡度、地貌类型等；生物要素主要把植物种类、外形、覆盖度等作为指标。

5. 土地材料功能评价指标体系

土地材料功能评价指标主要包括地质要素、土壤要素和生物要素三类。地质要素通常以地层特征来表示，包括地层的矿物类型、矿物储量、矿物品位等指标；土壤要素通常把土壤质地、成土母质、矿物组成等作为指标；生物要素评价指标与土地生产功能及景观功能的生物要素评价指标基本一致。

6. 土地历史记载功能评价指标体系

根据土地历史记载功能的主导要素，土地历史记载功能评价指标主要包括地质、地形地貌、土壤和生物四类要素。地质要素又分为地层特征和构造特征两小类要素，其中地层特征一般包括矿物成分、岩性、所含化石等指标，构造特征一般包括褶皱、断层、节理等指标。地形地貌要素主要以地貌类型作为指标。土壤要素主要选取的指标包括土壤成分、土壤颜色和剖面构型等。生物要素主要选取的指标包括植物类型和植物生长年龄等。此外，人类活动遗迹也存在于土地系统当中，也是重要的评价指标。

以上指标可以结合研究区（即调查区）实际情况进行必要的补充或者精简。

（三）评价方法

依据评价基本原则，评价方法模型既要尽可能全面反映决定土地功能的影响因素，还要能够体现出地域范围内的土地功能差异性分布。根据各评价指标对土地功能的影响强度大小，结合各评价指标的分值，常用加权指数和法进行土地功能评价。

首先，在划分评价单元的基础上，运用指标赋分法进行土地多功能评价指标值的确定。基于实践性与可操作性，采用德尔菲法（Delphi）来确定指标赋分。

其次，运用层次分析法（AHP）对各评价指标赋权重。

再次，运用加权指数求和评价模型计算土地功能指数。

评价模型为

$$F = \sum_{i=1}^{n} W_i f_i$$

式中：F 为功能指数，W_i为第 i 个参评指标的权重，f_i为第 i 个参评指标的分值，n 为参评因素总数。

最后，运用自然断点法进行土地功能等级划分。

依据自然断点法确定各土地功能等级指数区间，进行等级划分，一般分为高、较高、一般、较低、低五个等级。自然断点法会在数据值差异相对较大的地方设置其边界，能够减少同一级中的差别而增加级间的差异。

第三节　乡村产业发展与土地功能利用

一、土地功能利用视角下的乡村产业发展历程

土地是乡村产业发展的基础，乡村产业发展与乡村土地功能利用密不可分。新中国成立后，我国乡村土地功能利用的重点不断变化、强度不断增加，以生产功能利用为主向多功能复合利用方向转变，对

土地功能的利用更加全面、更加综合，在此过程中乡村产业获得不断发展。

（一）生产功能利用为主阶段（1949—1992 年）

在经济学和农村区域发展研究领域，程旭将我国乡村产业发展与演变的历程分为五个历史时期：1949—1978 年传统农业主导发展阶段、1979—1992 年农业内部调整阶段（非农产业初步发展阶段）、1993—2002 年产业结构全面调整阶段、2003—2014 年优化调整发展阶段、2015 年以后的产业融合发展阶段①。

从乡村土地功能利用视角来看，从 1949 年新中国成立至 1978 年改革开放时期，我国乡村土地主要以农业生产为主，只有少量的工业和第三产业，归属第一产业的林业、牧业、渔业所占比例也很小，主要利用的是土地的生产功能。1979—1992 年，第一产业内部结构得到调整，在农林牧渔等都得到发展的同时，农村乡镇企业也获得蓬勃发展。全国农村地区曾经一度掀起兴办乡镇企业的浪潮，乡镇企业成为局部农村发展的主导力量，出现了“温州模式”“吴川模式”“苏南模式”等乡镇企业发展模式。即便如此，从整体来看乡村土地依旧主要用于第一产业中的农业（种植业），主要利用和发挥的是土地的生产功能。

（二）空间与材料功能骤增阶段（1993—2012 年）

在这个阶段，高速发展的工业化城市化（城镇化）导致土地生产功能下降，乡村土地的材料功能、空间功能急速扩张。1992 年 10 月党的十四大明确提出我国经济体制改革的目标是建立社会主义市场经

① 程旭．乡村产业选择与发展研究：以陕西省富平县岔口村为例[D]．西安：西北大学,2018.

济体制。伴随工业化进程，我国城市化（城镇化）进入快车道，城市建设用地显著增加，农村宅基地同时扩张，占用大量耕地，以至于2006年全国人大、国务院明确提出严守18亿亩耕地红线。第一产业发展步伐放缓，比重迅速下降。第二产业和第三产业比重迅速上升，第二产业在产值比重方面已成为乡村第一大产业，服务业、餐饮业、旅游业等第三产业发展提速；农村人口大量向城市迁移，以耕种为主业的典型农民加速转型分化，大多数农民以“半耕半工”或“半工半商”方式非典型化。

进入21世纪，随着我国加入WTO，优化农村产业结构、提高农村经济效益成为指导各地农村经济发展的新目标。与此同时，大量乡镇企业在激烈的市场竞争下被淘汰，一些乡镇企业通过改制、重组和调整经营模式发展壮大。

（三）多功能综合复合利用阶段（2013年以后）

党的十八大对推进新时代“五位一体”总体布局做了全面部署，以此为时间节点，生态文明理念为越来越多的民众所认可，目前已经深入人心。生态文明建设加速了乡镇企业的淘汰速度，很多乡镇企业倒闭的原因虽然是多方面的，但是其中一个重要原因是企业生产导致环境污染，并且大量企业在土地利用方面存在违规违法或不合理使用问题。一些较为发达的乡村地区逐渐改变招商引资初期产业选择和用地都比较粗放的状况，开始进入产业升级、用地集约、效益提升阶段。

党的十八大以来，国家对“三农”的支持力度不断加大，不断推进乡村产业发展结构与模式的转变，乡村呈现“三产”融合发展的良好势头，加之现代科技的发展与普及，催生很多乡村新业态，土地利用方式与土地功能产品走向综合型与复合型，如休闲农业、体验农业、共享民宿与共享农庄等。

二、乡村产业发展现状及发展趋势展望

2019年国务院关于乡村产业发展情况的报告①指出：近年来，各地区、各有关部门深入贯彻党的十九大精神，认真落实党中央、国务院决策部署，以农业农村现代化为总目标，以农业供给侧结构性改革为主线，采取了一系列有力措施，全力推进乡村产业发展。国务院关于乡村产业发展情况的报告对于乡村发展情况、存在的困难及问题进行了总结，本书进行部分摘录，作为研究依据与分析未来发展的参考。本章在各家学者对乡村产业研究成果基础上，对其未来发展趋势进行分析。

（一）乡村产业发展成果①

1. 现代农业加快推进

守住国家粮食安全底线，粮食产能巩固提升。2018年粮食产量13 158亿斤，连续7年保持在1.2万亿斤以上。棉油糖、果菜鱼、肉蛋奶等生产稳定、供应充足。累计建成高标准农田6.4亿亩，完成9.7亿亩粮食生产功能区和重要农产品生产保护区划定任务。绿色发展有力推进，化肥、农药使用量实现负增长，畜禽粪污综合利用率达到70%，秸秆综合利用率达到84%，农用地膜回收率达到60%，耕地轮作休耕试点超过3 000万亩。技术装备水平稳步提升，农业科技进步贡献率达到58.3%，主要农作物耕种收全程综合机械化率达到67%。新一代信息技术向农业生产、经营、管理、服务拓展。农业供给侧结构性改革不断深化。

---

① 韩长赋．国务院关于乡村产业发展情况的报告[EB/OL].（2019-04-21）[2021-08-04].http://www.npc.gov.cn/npc/c30834/201904/1e30cb31a2a242cdb82586c5510f756d.shtml.

2. 乡村产业形态不断丰富

各地依托乡村资源，发掘新功能新价值，培育新产业新业态。特色产业快速发展，形成一批特色鲜明的小宗类、多样化乡土产业，创响特色品牌10万余个，认定“一村一品”示范村镇2 400个。农产品加工深入推进，引导加工产能向粮食等主产区布局，促进就地加工转化。2018年规模以上农产品加工企业7.9万家、营业收入14.9万亿元。休闲农业和乡村旅游蓬勃发展，实施休闲农业和乡村旅游精品工程，2018年接待游客30亿人次、营业收入超过8 000亿元。乡村服务业创新发展，2018年农村生产性服务业营业收入超过2 000亿元，农村网络销售额突破1.3万亿元。

3. 乡村产业融合渐成趋势

跨界配置农业和现代产业要素，促进产业深度交叉融合，形成“农业+”多业态发展态势。融合主体大量涌现，农业产业化龙头企业8.7万家。注册登记农民合作社217万家，家庭农场60万个。融合业态多元呈现，发展综合种养等循环型农业，稻渔综合种养面积超过3 000万亩；发展中央厨房、直供直销等延伸型农业，2018年主食加工营业收入达2万亿元；“农业+”文化、教育、旅游、康养、信息等产业快速发展。融合载体丰富多样，建设国家现代农业产业园62个、国家农业科技园32个、农产品加工园1 600个，创建农村产业融合示范园148个、农业产业强镇254个。

4. 利益联结机制逐步构建

各地发展企农契约型合作模式，已有1亿农户与农业产业化龙头企业签订订单，签约农户经营收入超过未签约农户50%以上。推广利益分红型模式，通过“订单收购+分红”“保底收益+按股分红”“土地租金+务工工资+返利分红”等方式，促进农民持续增收。探索股份合作型模式，形成分工明确、优势互补、风险共担、利益共享的农业产业化联合体。

5. **农村创新创业日渐活跃**

制定并落实支持返乡下乡人员创新创业政策，吸引农民工、大中专毕业生、退役军人、科技人员等到乡村创新创业。截至 2018 年，各类返乡下乡创新创业人员累计达 780 万人，“田秀才”“土专家”“乡创客”等本乡创新创业人员达 3 100 多万人。领域不断拓宽，由种养向纵向延伸、横向拓展，创办的实体 87% 在乡镇以下，80% 以上发展产业融合项目。层次不断提升，返乡下乡人员 50% 以上利用信息技术创新创业，近 90% 是联合创业。载体不断增多，认定农村创新创业园区和实训孵化基地 1 096 个，益农信息社覆盖 1/3 以上行政村。

6. **产业扶贫扎实推进**

发展优势特色产业，在贫困地区培育农业产业化龙头企业 1.4 万家、农民合作社 61 万个，有力带动建档立卡贫困户脱贫致富。建成甘肃定西马铃薯、江西赣南脐橙、陕西洛川苹果、湖北潜江小龙虾、重庆涪陵榨菜等一批特色产业集群。积极促进产销对接，2018 年农业农村部举办的各类产销对接活动，带动贫困地区销售农产品超过 500 亿元，促成签约项目 300 亿元。加强人才培育，在 22 个脱贫任务重的省份实施农技推广服务特聘计划，组建科技服务团，培训带头人和大学生村官 2 万余人。

（二）乡村产业发展类型与模式[①]

改革开放以来，乡村产业由农业主导的单一产业格局逐渐演变为多种产业综合经营格局，一些地区的乡村形成了不同主导产业带动下的乡村产业发展模式，为其他地区乡村产业的选择提供了借鉴与参考。

---

① 程旭．乡村产业选择与发展研究：以陕西省富平县岔口村为例[D]．西安：西北大学，2018.

1. **农业主导型**

农业主导型乡村以农业生产经营活动为主，以其主要种植作物或养殖种类不同可分为传统种植型、特色种植型和专业养殖型，又可将农业产业链向旅游业延伸的乡村称为农旅互动型乡村。传统种植型以传统的粮食种植为主，大多村庄产业发展未形成模式，不具有明显产业特征与优势；特色种植和专业养殖型一般拥有规模化种植的地理、地形与土壤等条件，种植蔬菜、水果、苗木、花卉等经济作物，经济效益远超粮食作物；专业养殖型乡村具有天然养殖的良好条件，重点发展畜牧业和渔业等养殖业，农户生产以养殖为主，在养殖龙头企业的带动下形成规模。农旅互动型乡村一般具有一定的农业发展基础，主要种植具有较高经济价值和较好观赏价值的林果、花卉、苗木等，一般有着良好的自然植被环境和田园农耕生活环境，利用国土空间资源和特有的乡土文化吸引游客，通过发展集观赏、体验、娱乐、知识教育于一体的休闲农业来促进农业和乡村旅游的融合发展。

2. **工业带动型**

工业带动型乡村所处地区工业较发达，对外交通便捷，村庄内部或周边具有工业企业，土地大部分流转，基本已无务农人口，村民大多在村内企业或附近村落企业上班，进行工业品的生产或加工，以工资性收入为主。工业企业带动型乡村需具备发展工业的必要条件，如土地、资源、劳动力、资金、技术、交通、能人等。

3. **旅游拉动型**

旅游拉动型乡村一般具有优越的自然环境条件，拥有较好的自然资源或者历史文化资源，旅游发展具有一定的基础。目前旅游拉动型乡村主要分为：景区依附型和特色村镇型。景区依附型乡村一般靠近旅游景区，村民就近在景区内打工或者在景区附近从事餐饮、民宿、商业等旅游相关的服务业。特色村镇型乡村一般具有某种特殊旅游吸引物，比如温泉、古建筑、民俗文化等，依托村镇特有的自然资源、文化资源、景观风景等发展旅游业，开展休闲康养、民俗文化体验、乡村农家乐等旅游服务，农户作为经营主体参与当地旅游业的开发与发展。

4. **商贸服务型**

商贸服务型乡村距离城市较近，良好的地理区位和便捷的交通条件为商贸服务业的发展提供了便利。这类乡村以发展现代农村商贸流通服务业为主要形式，形成区域内的农产品或者其他产品的交易中心，主要开展产品交易、物流仓储、商品集散等服务项目。这种产业类型的乡村需要靠近市场、交通便利、基础设施和配套条件完善，同时需要有相关产业发展的支持。

5. **产业融合发展型**

产业融合发展型乡村以农业农村为基础，通过整合要素、创新制度和技术，让农业不再局限于种养环节，通过农业产业链的产前产后延伸、左右拓展，与加工流通、休闲旅游、电子商务等产业有机结合、紧密相联、协调发展，催生出新产业新业态新模式，增强了农村产业发展的新动能和新活力。目前，我国主要乡村产业融合模式分为农业内部产业循环型、农业产业链延伸型、农业与其他产业交叉型、先进要素和模式渗透型、产业复合型。

（三）乡村产业发展面临的困难与问题[①]

1. **发展质量效益不高**

多数乡村企业科技创新能力不强，特别是农产品加工创新能力不足，工艺水平落后于发达国家。产品供给仍以大路货为主，优质绿色农产品占比较低，休闲旅游普遍存在同质化现象，缺乏小众类、精准

① 韩长赋. 国务院关于乡村产业发展情况的报告[EB/OL]. (2019-04-21)[2021-08-04]. http://www.npc.gov.cn/npc/c30834/201904/1e30cb31a2a242cdb82586c5510f756d.shtml.

化、中高端产品和服务，品牌溢价有限。乡村产业聚集度较低，仅有28%的乡村产业集中在各类园区。

2. 产业要素活力不足

乡村产业稳定的资金投入机制尚未建立，金融服务仍明显不足，土地出让金用于农业农村比例偏低。农村资源变资产的渠道尚未打通，阻碍了金融资本和社会资本进入乡村产业。农村土地空闲、低效、粗放利用和新产业新业态发展用地供给不足并存。农村人才缺乏，科技、经营等各类人才服务乡村产业的激励保障机制尚不健全。

3. 产业链条仍然较短

一产向后延伸不充分，多以供应原料为主，从产地到餐桌的链条不健全。二产连两头不紧密，农产品精深加工不足，副产物综合利用程度低，农产品加工转化率仅为65%，比发达国家低20个百分点。三产发育不足，农村生产生活服务能力不强。产业融合层次低，乡村价值功能开发不充分，农户和企业间的利益联结还不紧密。

4. 产业基础设施仍然薄弱

一些农村供水、供电、供气条件差，道路、网络通信、仓储物流等设施未实现全覆盖。产地批发市场、产销对接、鲜活农产品直销网点等设施相对落后，物流经营成本高。农村垃圾集收运和污水处理能力有限，先进技术要素向乡村扩散渗透力不强。乡村产业发展的环境保护条件和能力较弱，工业“三废”和城市生活垃圾等污染扩散等问题仍然突出。

此外，笔者认为，乡村产业发展还存在几个值得高度重视的问题：一是土地利用分散，不能形成规模化效益，尤其是“农业+”思维下形成的新业态需要土地规模化利用才能产生土地增值的财富叠加效应；二是地域间主导产业发展同质化倾向加重，联合不够，尤其是具有相同资源优势的各县（或区域）在市场上恶性竞争；三是乡村劳动力素质较低，这与农村人才缺乏性质不同，但是存在很大关联度；四是产业技术含量低，专业化不够，第一、二产业的产品与第三产业的服务质量较差，地方品牌影响力小。

（四）乡村产业未来发展趋势展望

我国地域辽阔，资源禀赋多元，不同地区间乡村产业结构存在很大不同，产业发展水平也存在很大差别，这就注定乡村产业振兴之路会多种多样。但是在产业形态、经营方式、技术手段等方面，我国的乡村发展存在很多共性走势或趋势。这些共性走势或趋势主要有：规模化+集聚化、品牌化+标准化、多样化+特色化、信息化+智能化。

1. 规模化+集聚化

乡村某一项产业，如果没有一定的规模，就难以产生高效益，区域性支柱产业更需要适度的规模来提高效益。我国第一产业的各项产业，总体上规模小、技术含量低，长期以来制约着生产经营效益的提高，尤其是一家一户分散经营的种植业、养殖业更是受制于此。因此，未来乡村产业必然要走规模化的道路，尤其是种植业需要通过优化土地流转机制，逐步实现规模化生产经营，这是农业实现现代化的必然选择。

乡村产业是多业态共存的，乡村产业要壮大，必然要走不同产业、不同经营主体联合的道路，健全利益联结机制，吸引资本、人才和其他要素流向农村，形成规模化产业集群、不同产业联合体，组团集聚发展。产业间融合发展不仅是发展乡村经济的需要，还是全社会发展的大势所趋。

2. 品牌化+标准化

品牌对于产业发展乃至区域经济社会发展有着重大的影响力，甚至可以说，没有品牌就没有市场竞争力。《全国乡村产业发展规划

(2020—2025年)》用“三个品牌”指明了创建乡村知名特色品牌的方向，分别是区域公用品牌、企业品牌和产品品牌。规划指出，到2025年争取实现新认定1 000个全国“一村一品”示范村镇，建设1 600个农业产业强镇，建设300个现代农业产业园，建设150个产值超100亿元、30个产值超1 000亿元的特色产业集群，培育2 000个“乡字号”“土字号”特色知名品牌，推介1 000个全国农村能工巧匠。这充分说明国家对乡村产业品牌的高度重视，相应的配套项目与工作必将带动乡村产业的提档升级。

品牌的培育离不开“标准化”，标准化与专业化又紧密相关。标准化包括两个大类：生产类产业的标准化与服务类产业的标准化。现在人们更多关注的是生产行业的标准化，但是服务行业的标准化也十分重要。无论是生产，还是服务，只有按照“有标采标、无标创标、全程贯标”的要求，建立健全标准体系，加快标准的应用，严格对标准执行的监管，提高生产与服务的专业化水平，才能为品牌的树立、影响力的扩张不断夯实基础。

3. 多样化+特色化

市场需求的多元化、多样化以及现代技术手段的革新决定了乡村产业的多样化多元化，主要包括产业形态的多样化、经营方式的多样化、经营主体的多元化、提供的生产与服务产品的多样化、消费群体的多层次性与消费者的多元化等。乡村产业的多样化与乡村经济多元化的价值不仅体现在满足市场需求方面，还体现在增加乡村就业、充分利用乡村资源、降低产业单一导致的市场风险等方面。从乡村振兴战略的“产业兴旺”要求来看，乡村振兴的标志之一是农业实现可持续发展，在此基础上，乡村产业逐步走向多样化[1]。

---

① 秦志伟. 乡村产业要向多样化发展[EB/OL]. (2018-06-13)[2021-08-04]. http://news. sciencenet. cn/sbhtmlnews/2018/6/336111. shtm.

特色化与多样化并不矛盾，符合特殊性与普遍性的辩证关系原理。乡村第一、二产业的生产产品和第三产业的服务产品没有特色就没有吸引力，也很难树立品牌，更难唱响品牌，那么乡村产业的影响力就很低。发展特色产业一般有着独特的或者优越的区位与资源条件，乡村的国土空间属性、资源禀赋、乡土文化等为乡村特色产业奠定了基础，形成了与城市的比较优势。发展乡村特色产业不仅是为满足社会需要，提供乡村特色产品供给，还是农民创业创收的重要渠道。从这个角度来看，乡村特色产业不仅是政府的产业，还是农民自己的产业。从现在的发展趋势来看，未来乡村特色产业的重点是现代特色农业、乡村传统特色产业、乡村文化与旅游休闲产业。

4. 信息化 + 智能化

互联网、大数据、人工智能等信息技术在乡村的应用与推广，正在给乡村产业的生产和经营带来革命性变化，提高着乡村产业的生产经营效率，催生着乡村电子商务、民宿（村落）共享、现代物流、订单（定制）农业、智慧农业等已知的和未来尚不可知的新业态。习近平总书记强调，要推动互联网、大数据、人工智能和实体经济深度融合，加快制造业、农业、服务业数字化、网络化、智能化①。随着乡村生产智能化、经营网络化、管理高效化、服务便捷化水平不断提升，未来乡村表现出的巨大变革不仅仅是产业方面的，还必将是乡村居民思想观念与行为模式上的。

三、乡村主导产业选择及产业体系构建

地区主导产业与支柱产业不同。主导产业是对其他产业具有很强

① 中国共产党新闻网. 十八大以来习近平关于网络强国战略的精彩论述摘编[EB/OL]. (2018-04-21)[2021-08-04]. http://cpc.people.com.cn/xuexi/n1/2018/0421/c385474-29941405.html.

影响带动作用的产业，即能够通过与相关产业的关联来组织、带动其他产业的发展。支柱产业则是指在国民经济中占有较大比重、对经济增长贡献率较高的产业。经济发达地区的乡村产业结构，一般具有在主导产业引领联结下，主导产业依托本地资源禀赋或适宜本地经济社会要素特质，支柱产业支撑有力，配套产业与主导产业、支柱产业关联度高，各类产业要素活跃且互相渗透的特点。

乡村主导产业的选择以国土空间资源全信息调查分析为基础。国土空间资源全信息调查分析首要任务是筛选符合乡村本地资源禀赋、体现资源特色的区域性主导产业、支柱产业，明确其构建方向与相配套的产业体系构建思路、产业布局、发展规划与方案。土地多功能调查是国土空间资源全信息调查的基础与核心组成部分，所以土地多功能调查对于乡村产业在国土空间规划中的科学布局、区域主导产业研判及产业体系构建发挥着基础性先导作用。

（一）乡村主导产业选择

1. 选择主体

乡村主导产业的选择必须以本地国土空间资源与资源特色为基础，在国土空间规划的制约下进行，建立“区域协调，政府主导，农户参与”的“自上而下 + 自下而上”的决策机制。“自下而上”的决策模式是以农户作为产业选择的主体，农户主导乡村产业选择的过程。“自上而下”的决策模式，即由政府充当选择主体角色，由政府通过行政手段确定产业项目和资金投入，或是由企业充当选择主体角色。农户、村集体对本地区产业规划、资源禀赋、比较优势及相关地区的产业联动了解很少，甚至不了解，并且也缺乏相应的经济眼光与选择判断能力，对产业的选择盲目性比较强；而企业作为主体选择产业，往往过于强调利润最大化，容易忽视农户意愿或社会责任。因此，必须将“自上而下”与“自下而上”结合起来，政府绝不能缺位，必须发挥主导作用。

2. 选择原则

1）资源为本与可持续发展

资源为本与可持续发展原则就是要构建以本地自然与社会人文资源禀赋为基础，充分发挥资源特色，实现国土空间资源可持续利用的乡村产业及产业体系。只有这样的产业才有持久的生命力。乡村产业发展根植于特定的地理环境、乡土社会与市场空间，具有经济、社会、生态等多重属性以及不同尺度、多个维度与众多主体等客观特征①。其中的地理环境是乡村产业的根本性基础，而所谓的地理环境重点指的是乡村国土空间资源。

2）区域优势与联动发展

区域优势原则就是基于本地国土空间资源禀赋，突出特色，发挥动态比较优势，联动发展就是要通过产业集群化产生规模效益。这里所说的区域，最小的地理范围指的是县域。县对于乡村振兴战略极为重要，应该是乡村振兴战略的最佳实施单元。两千多年来，县一直是我国治理结构的基本单元，一个县就是一个基本完整的社会，不同的县一般有着不同的资源和禀赋，而产业发展的区域优势主要来自本地的资源和禀赋。对于规划乡村产业布局，最小应该站在县域的视野，甚至放眼资源禀赋相同或相似度较高的几个毗邻县，通盘筹划与联动，形成“多县一带”；对于实施乡村产业振兴行动，最佳的执行单元也是县，县域整体联动更有利于促进产业集群的形成。

国务院《关于促进乡村产业振兴的指导意见》（国发〔2019〕12号）指出：发展乡村产业要科学合理布局，优化乡村产业空间结构，

① 陈秧分，王国刚．乡村产业发展的理论脉络与政策思考[J]．经济地理，2020，40(9)：145-151.

强化县域统筹，推进镇域产业聚集，促进镇村联动发展。对于县域统筹，该意见指出：在县域内统筹考虑城乡产业发展，合理规划乡村产业布局，形成县城、中心镇（乡）、中心村层级分工明显、功能有机衔接的格局。

3）经济社会与生态效益兼顾

经济社会与生态效益兼顾原则的要义即习近平总书记的“两山”理论：绿水青山就是金山银山。乡村产业发展是创造财富的过程，但是发展乡村产业不能再走资源换财富、牺牲环境的老路，而是要以生态文明理念为引领，严禁过度消耗国土空间资源，走绿色发展之路，守住生态和环境。

2018 年中央一号文件提出：推进乡村绿色发展，打造人与自然和谐共生发展新格局。文件要求必须尊重自然、顺应自然、保护自然，推动乡村自然资本加快增值，实现百姓富、生态美的统一。推动自然资本加快增值，首先要摸清区域内国土空间资源的底数，这有赖于全要素、全信息的国土空间资源调查，其次要建立科学的国土空间资源评估评价办法，构建国土空间资源价值量化体系，推动资源变资本。

4）市场需求与潜力开发

乡村产业置于社会主义市场经济的大环境之内，定会参与市场竞争。参与市场竞争就要面对“生产什么”“如何生产”“为谁生产”三个问题，这也是乡村产业规划与设计必须研究的重点课题。对这三个问题如果没有进行科学的调查和分析，规划和设计的产业及其出产的产品就没有市场竞争力，甚至很难在市场上立足。

笔者认为：因地制宜发展特色产业是产业兴旺的关键，而特色产业一般取决于本地国土空间资源禀赋、特色与优势，所以基于以上三个问题的研究与分析，要充分对接本地资源禀赋、特色与优势，打造特色产业或本土特色突出的产业，才能让资源潜力充分发挥，增强产业的竞争力。

3. **分析评价体系**

目前，对乡村主导产业的选择还没有一个比较成型的分析评价体系，分析评价体系的构建尚处于探索阶段，主要依赖区域性主导产业选择分析评价办法。对乡村主导产业选择的分析评价体系构建，一方面要根据上文的选择原则，在影响乡村主导产业选取的因素中筛选评价指标，构建科学的指标体系；另一方面要运用科学的评价办法，对指标数据进行处理和分析。

1）乡村主导产业选取影响因素

乡村主导产业选取影响因素主要包括土地功能、自然资源、市场需求、产业基础、科技资源、经济政策、可持续发展等。

（1）土地功能。土地功能是乡村主导产业选择的基础因素，所以必须不断提高土地多功能调查评价的科学性、全面性、系统性，提高土地多功能调查评价的实践指导性。

（2）自然资源①。一个区域主导产业的选择与其资源禀赋是分不开的，各种资源的丰富程度直接影响到该区域相应产业的发展，资源条件常常是区域主导产业选择的基础。区域内自然资源的蕴藏、分布和开发利用状况影响着该区域的产业结构和主导产业选择，尤其是建立在区域资源禀赋基础之上的比较优势是该区域主导产业发展的必要前提条件。

（3）市场需求②。市场需求状况是选择区域主导产业时的重要约束条件。主导产业是随着市场需求状况的变化而更替的，没有足够的市场需求拉动，主导产业迟早会衰落。因此，某区域在选择主导产业

① 姚效兴．基于循环经济的区域主导产业选择研究[D]．南京：河海大学，2007.

② 吉荣康．北京市主导产业选择研究[D]．北京：北京工业大学，2006.

时，必须客观地预计区域内、国内乃至世界范围内人均收入水平的变动趋势，进而研究最终需求结构的变动趋势，尽量选择市场短缺或有良好市场前景的产业作为主导产业。但是需要注意的是，如果各区域都以区域外市场需求为标准进行选择，其结果都是一样的，无疑会使全国各地都陷入重复建设的恶性循环怪圈之中，因此依照市场需求状况进行主导产业选择时仍应以发挥比较优势为前提。

（4）产业基础。产业基础是产业形成的基本条件，主要指产业基础能力，产业基础能力基本决定了产业的发展潜力和发展空间，它主要包括资源支撑能力、产业技术创新能力、产业公共服务能力、基础设施支撑能力和人力资源支持能力等。

（5）科技资源①。区域主导产业的发展要依靠高创新性和高技术水平，创新性和高科技性是由区域科技发展状况决定的，区域的科技水平越高，其主导产业的层次和水平也就越高，才能够在本地区及全国拥有较强的竞争力，并能产生高影响力，带动相关向前、向后产业的发展。

（6）经济政策②。经济政策体现的是国家和政府关于经济活动的意愿，主要是通过经济杠杆和行政手段来支持或限制产业的发展。区域政府的政策空间就是区域政府选择、供给、实施与特定产业相关的各项政策空间的大小。它包括客观和主观两个方面：客观方面是指区域政府选择、供给、实施与特定产业相关的各项政策的可能性；主观方面是指区域政府选择、供给、实施与特定产业相关的各项政策的愿望和能力。两者都涉及政府制定和实施产业政策的权限。一般而言，不同类型的产业区域在进行主导产业选择时，应该考虑待选产业的政

① 潘群群．基于主成分与灰色聚类相结合的安徽省主导产业选择研究[D]．合肥：合肥工业大学，2012.

② 姚效兴．基于循环经济的区域主导产业选择研究[D]．南京：河海大学，2007.

策空间大小。

（7）可持续发展①。乡村主导产业的选择除了考虑经济效益外，还应考虑对于生态环境和社会文化的影响程度。选择的主导产业应尽量少地对当地生态环境造成破坏，对社会文化有一定传承和支持作用。这类指标主要包括对水土流失的影响、对生态环境保护的作用、对社会文化的贡献等。

2）评价方法

在实践中，当支撑指标的数据欠缺或数据质量不高时，一般用区位熵法、层次分析法、模糊分析法、BP 神经网络法、灰色关联分析法；当数据完备、数据质量高时，常用投入产出法、SSM、DEA、主成分分析法、因子分析法、聚类分析法、加权求总法等。在对区域各产业做深入研究时，一般采用比较客观、精确的分析方法，如投入产出法、DEA、主成分分析法、因子分析法、BP 神经网络法；而大体了解区域产业概况时，则用简单易行的区位熵法、SSM、加权求总法②。

参考国内外相关研究，国内外学者多使用的方法为 AHP 层次分析法。AHP 层次分析法是美国 Saaty 教授于 20 世纪 70 年代初提出的一种解决多目标的复杂问题的定性与定量相结合的决策分析方法。其具体步骤如下③：

（1）首先，依照所要研究的问题需要达到的总目标，将所要分析的问题分为目标层、一级指标层、二级指标层及方案层，构造出一个

① 程旭．乡村产业选择与发展研究：以陕西省富平县岔口村为例［D］．西安：西北大学，2018.

② 陈燕连，蔡海生，林联盛．区域主导产业选择研究综述［J］．当代经济，2013，327（15）：142-144.

③ 程旭．乡村产业选择与发展研究：以陕西省富平县岔口村为例［D］．西安：西北大学，2018.

多层次的分析结构模型。在分层时，需要充分考虑各个因素之间的相互隶属关系，将所要研究的问题细化为几个不同的因素，做到不遗漏。

（2）确定各层次因素的判断标度，构造两两比较判断矩阵（正互反矩阵）。

（3）进行层次单排序及一致性检验，得出各矩阵的特征向量（权重）。

（4）进行归一化层次总排序及一致性检验，得出最低层次各指标对最高层目标的相对重要程度的权值。

（5）最后得到综合评分。

这样，就可以得到各个产业的综合评价的得分，按照分值大小对各个产业的重要性排次序，排在前面的可以作为区域的主导产业。

（二）国土空间资源利用视角下的产业体系构建

乡村振兴的物质基础不能仅仅依靠一两项支柱产业，还要通过主导产业联结起来的产业体系才能稳固。构建以本地资源为基础，充分发挥资源特色的产业体系，强化不可替代性或优势，才有持久生命力。因此，乡村产业是根植于县域，以农业农村资源为依托，以农民为主体，以一二三产业融合发展为路径，地域特色鲜明、创新创业活跃、业态类型丰富、利益联结紧密的产业体系①。

1. 立足本地资源，优化产业发展格局

乡村产业面对的市场需求是多样的、多元的，还是不断变化的，而资源禀赋是相对稳定的。构建乡村产业体系，要根据市场需求与发展趋势，更要立足本地资源禀赋与社会条件，发挥本地资源优势，因

① 郭珍，郭继台．乡村产业振兴的生产要素配置与治理结构选择[J]．湖南科技大学学报（社会科学版），2019，22（6）：66-71.

地制宜探索不同类型、各具特色的产业融合发展模式，这样才能寻找到本地产业在市场中的位置，还能满足市场多样化、多元化需求。

构建乡村区域产业体系，政府要发挥引领与统筹作用，以县为基本单元，制定发展规划。对于产业发展规划，要充分尊重自然生态系统及土地系统的结构。山、水、林、田、湖、草等自然资源形成生命共同体，人文社会资源分布在地理上也与之存在相关性，自然资源与人文社会资源形成尺度不同的国土空间资源连续体。在全信息资源调查基础上，要研判不同尺度的国土空间资源连续体分布，研判资源特征与资源特色，进而论证发挥本地资源优势和特色的主导产业、支柱产业及配套产业体系，提出产业升级与结构调整、主导产业或支柱产业培育、产业体系构建（或重构）的方向与对策。

在规划执行中，可以通过不同尺度国土空间资源连续体的整体性开发，联结农户、村集体、企业、融资投资者，撬动生产要素的有序流动，优化各类资源要素的配置，还要协调农户、村集体、企业、融资投资者等各个相关方利益，建立合理的收益分配机制，逐步实现乡村产业规模化、社会化大生产，形成区域性乡村产业大系统。

2. 突出国土空间资源特色，显化资源价值

乡村产业发展必然利用资源，而其中的很多资源，尤其是很多自然资源不能再生，必须寻求合理利用资源的可持续发展之路。那么，最好的思路就是实现自然资本增值，在凸显资源特色中创造财富。城乡自然资本增值是“绿水青山变金山银山”的重要途径，不仅解放和发展了生产力，更是解放和发展了人与自然的关系①。通过进一步激发自然资本作为生产要素释放更多优质高效产能，才能高质量增加农业生态产品和服务供给，实现“百姓富与生态美”相统一。

① 曹跃群，赵世宽．推动城乡自然资本加快增值[EB/OL]．(2018-11-15)[2021-08-04]．https://www.cqrb.cn/content/2018-11/15/content_174627.htm.

在未来乡村产业发展的重点类型方面，现代特色农业、农业生产性服务业、农村生活性服务业、乡村传统特色产业、农产品加工业、休闲农业和乡村旅游、乡村建筑业、乡村环保产业、乡村文化产业等9类乡村产业应重点研究和关注①。其中的大多数类型都要基于区域性资源特色，需要通过科学技术、组织管理等手段显化当地资源优势和特色，实现财富增值。比如，在国土空间资源连续体开发中的农业板块，运用“农业+”思维，衍生出区域性生态景观、人文教育、旅游休闲等土地功能产品，实现“一地多用，一田多产”的高效土地多功能利用方式。再比如，在产业经营方面，从本地资源特色出发，提炼区域性公共品牌，用公共品牌串联各个产业，形成县域（相关毗邻县）产业集群。

3. 配置土地及相关国土空间资源要素，促进“三产”融合

促进“三产”融合发展、培育乡村新业态、延伸农业产业链和价值链是乡村产业体系构建与优化的主要路径，而乡村新业态、农业延伸产业链都依赖于“三产”融合。从2015年中央一号文件首次提出农村产业要一二三产业融合发展以后，每年中央一号文件都强调了“三产”融合，这也是实施乡村振兴战略的基本方略。

乡村产业融合发展，需要生产要素跨界配置。在一定程度上来讲，农村产业融合发展的实质就是土地、资金、人才、技术等生产要素的跨界集约配置和系统优化组合②。其中的土地及相关联的空间资源发挥的作用是基础性的，尤其是对于农业产业发展而言更为重要，并且土地是联结乡村各种产业的重要纽带。高质量的生产要素投入乡村产业后，有效组合与配置这些生产要素，才能提升乡村产业竞争

① 搜狐号：一诺农旅规划．乡村振兴：最有前景的9大产业[EB/OL].(2019-08-11)[2021-08-04]. https://www.sohu.com/a/332923399_120046640.

② 许贵舫．推进农村三产深度融合发展[N]．河南日报，2018-02-26(05).

力。当下的市场竞争已不再是单个主体的竞争，而是整个产业链的竞争①。国务院《关于促进乡村产业振兴的指导意见》（国发〔2019〕12 号）指出：充分发挥市场在资源配置中的决定性作用，激活要素、市场和各类经营主体；更好发挥政府作用，搭建要素合理流动的平台，引导形成以农民为主体、企业带动和社会参与相结合的乡村产业发展格局。

合理配置要素不仅需要合理的机制，还需要优良的配置主体。机制一方面来自国家促进要素流动、推进土地“三权分置”等各种相关政策与改革；另一方面来自市场调配。配置主体是各类经济主体（经营主体），而对于要素的跨界配置，农户、小企业等小型经营主体几乎是做不到的，必须培育大型经营主体，并在此基础上走联合或组团发展模式。

① 郭珍，郭继台．乡村产业振兴的生产要素配置与治理结构选择[J]．湖南科技大学学报(社会科学版)，2019，22(6)：66-71.

第五章 村庄整理整治升级

第一节 农村建设用地利用与村庄整理整治

一、村庄与农村建设用地

广大村庄分布于广袤的乡村，是乡村的重要组成部分，是乡村居民聚居生活的承载地和场域，或者说是从事农业生产为主的劳动者的居住点。“乡村”与“农村”在文化内涵、词源上有所不同，但在国土空间上没有区分，均作为非城市化地区的统称①。乡村土地按照用途大致可以分为农用地、农村集体建设用地和未利用地②。村庄所占用的土地基本属于农村集体建设用地。村庄整理整治是“三农化一农”的重要内容，是实现乡村振兴战略总要求的重要手段。

（一）村庄

我国的村庄分为自然村与行政村两种。自然村是人们在某处自然环境中自发形成的聚落（居落），其形成与自然地理条件（水源、气

---

① 本书中在没有特殊说明情况下农村即指乡村，农村土地即指乡村土地。

② 未利用地是指农用地和建设用地以外的土地，主要包括荒草地、盐碱地、沼泽地、沙地、裸土地、裸岩等。

候、土壤、地形等）、经济条件、风俗习惯等因素密切相关。行政村是我国行政区划体系中最基层的一级，设有村民委员会等管理机构。自然村与行政村重合的情况较为普遍，自然村划分为若干行政村、行政村包括多个自然村的情况也很常见。

进入21世纪以来，随着我国经济社会的高速发展与时代的进步，村庄已经不单纯是农民的居住生活之所，还有很多非农从业人员以及休闲、赋闲或康养人员来此长期定居或短期生活，由此来看，村庄也可以称为农村居民点或者乡村居民点。

（二）农村建设用地

农村建设用地即农村集体建设用地，包括三类：一是村民住宅用地（即宅基地），二是公共建设（公益性建设）用地，三是经营性集体建设用地（简称经营性建设用地）。

宅基地指村集体划拨给村民用于修建房屋供自己居住的单元地块，包括建了房屋的土地、建过房屋但已无上盖物或不能居住的土地、准备建房用的规划地三种类型。宅基地的所有权属于村庄农民集体成员①。

公共建设用地指用于村庄交通道路、学校、幼儿园、养老院、卫生院、广场、文化活动、村集体办公楼等公共服务的非营利、公益性建设用地。

经营性建设用地指村集体经济组织按照土地利用规划确定的用于开办企业的农村建设用地，或者村集体与其他单位、个人以土地使用权入股、联营等形式共同开办企业所使用的农村建设用地。经营性建

① 在农村集体建设用地中，宅基地虽然属于村民集体所有，但是村民拥有使用权，用于建造住宅及其附属设施，而村民的住宅及其附属设施是村民的私有财产，所以我们平时所说的宅基地更多指的是宅基地的使用权、宅基地上的房屋及其附属设施。

设用地占农村建设用地的10% ~15%，且分布非常不均匀①。

（三）村庄用地与农村建设用地

村庄用地主要功能是满足村民居住生活需求，在此基础上辅以从事第二、三产业。除此用地之外，很多村庄用地实际上还包括一些闲散地（或称闲置地），如废弃宅基地、废弃工矿仓储地、村庄周边可开发利用的未利用地等。这些闲散地，有的属于经营性建设用地性质，有的属于公共建设用地性质，都为村民集体所有。全国农村宅基地的总面积约为1.7亿亩，约占集体建设用地的54%②。根据相关数据分析，2013年全国的集体经营性建设用地面积约为4 200万亩，2017年全国农村居民点闲置用地约为3 000万亩③。由此可知，村庄用地是农村建设用地的主要部分，宅基地是村庄用地中的主要部分。那么，解决村庄用地存在的问题必须置于农村建设用地利用的整体框架之内，解决农村建设用地利用问题的重点在于解决村庄用地问题。

二、农村建设用地存在问题及其表现

改革开放以来，随着乡村常住人口的减少，农村建设用地并没有出现减少的现象，面积反而在增加，说明农村建设用地利用存在很大的不科学性、不合理性。1996—2010年，农村常住人口减少了1.38亿人，但2010年农村居民用地却高达0.17亿公顷，人均用地高达214米^2，大大超过150米^{2}的国家标准；2000—2010年的10年间，农村人口大规模转移进城，农村人口大大减少，而村镇建设用地反而增

① 斯恒．谈新《土地管理法》中农村经营性建设用地入市的影响[EB/OL].(2019-08-30)[2021-08-04]. http://www.sohu.com/a/337622302_234564.

② 李劲峰，董建国．宅基地改革：打开乡村振兴新空间[J]．农村．农业．农民(B版)，2018(9):13-15.

③ 农村全面转型面临哪些挑战？[J]．中国生态文明，2017(4):87.

加了203万公顷①。据恒大研究院的统计，2009—2016年乡村常住人口从6.89亿人减至5.90亿人，但乡村建设用地从18.47万千米^{2}增至19.20万千米^2，相应的人均乡村建设用地从268米^{2}增长到326米^2，是人均城镇建设用地的2.7倍②。

（一）农村建设用地存在的主要问题

在农村建设用地利用中存在的主要问题是用地浪费严重，使用效率低下，土地资产资本化弱。

改革开放40多年来，随着工业化与城市化的快速发展，农村劳动力大量外流，乡村的人地关系发生了巨大变化，使农村空心化、老龄化、边缘化问题突出，大量废弃、闲置的农村建设用地持续增加，农村建设用地浪费现象颇为严重，比如大量乡镇企业歇业、停产、倒闭导致的集体经营性建设用地荒废。据《中国乡村发展研究报告——农村空心化及其整治策略》统计，全国“空心村”综合整治增地潜力可达1.14亿亩③。据中国社科院农村所发布的《中国农村发展报告(2017)》显示，2000—2011年每年因农村人口转变为城镇居民而新增农村闲置住房5.94亿米^2，折合市场价值约4 000亿元④。其他还有“四荒地”（属于村集体所有的荒山、荒沟、荒丘、荒滩等）与闲置土地不能利用或不能合理开发利用等问题。

农村建设用地使用效率低下主要表现在宅基地方面，因为在总体

---

① 孟宪平. 当前农村宅基地现行管理制度存在的矛盾与问题[J]. 国土资源,2014(9):51-53.

② 赵明. 从“撤村并居”到“因户施策”:破解乡村土地问题的规划思路[EB/OL].(2020-07-01)[2021-08-04]. https://www.thepaper.cn/newsDetail_forward_8073864.

③ 刘彦随,龙花楼,陈玉福,等. 中国乡村发展研究报告:农村空心化及其整治策略[M]. 北京:科学出版社,2011.

④ 农村全面转型面临哪些挑战?[J]. 中国生态文明,2017(04):87.

上宅基地面积超过集体建设用地的一半。众多村庄宅基地分布散乱，一户多宅、宅基地面积超标现象（通常会超过一半，甚至更多）普遍存在，导致村庄无序扩张，并且民居、道路等基础设施散乱不齐，建设难以统筹，乡村风貌退化。据统计，我国农村低效建设用地比重高达10%～15%，农村空心化、土地不当利用及低收益等低效利用问题日益凸显①。例如，广州市从2000年至2015年年底，农村人口减少近一半，但农村建设用地反增75%，人均农村建设用地是人均城市建设用地的4倍，其中，“闲、散、乱”用地面积占农村建设用地面积的60%以上，用地的投资开发利用强度不足，土地利用方式单一，利用效率普遍低下②。

农村集体建设用地资本化之所以弱，与我国的土地政策、土地法律法规直接相关。我国农村集体土地除征收为国有土地外，不能够改变土地权属关系，集体建设用地只能通过转让、联营、出租等方式有偿让渡土地使用权。长期以来，乡村集体建设用地不能与国有土地同等入市、同权同价。近年来，城市空间的重组与扩张带动产业结构升级与农村土地市场发育，集体建设用地的经济价值日益凸显③。2013年11月，《中共中央关于全面深化改革若干重大问题的决定》指出，要建立城乡统一的建设用地市场，在符合规划和用途管制前提下，允许农村集体经营性建设用地出让、租赁、入股，实行与国有土地同等入市、同权同价。2021年中央一号文件指出，将探索实施农村集体经营性建设用地入市制度，完善农村产权制度和要素市场化配置机制。对于宅基地制度改革，2020年6月中央全面深化改革委员会通过

①② 郑沃林，田光明．农村建设用地低效利用的影响因素分析：以广州市天河区和白云区为例［J］．地域研究与开发，2016，35（6）：104-108.

③ 王小映．论农村集体经营性建设用地入市流转收益的分配［J］．农村经济，2014（10）：3-7.

的《深化农村宅基地制度改革试点方案》做出了重要战略部署，主旨是探索盘活农村宅基地的路径与可行性方案。

此外，农村建设用地不断被挤占，乡村建设可供开发的土地越来越少。在我国城市化建设进程中，城市建设用地规模扩张过快。为了保障粮食安全，国家必须坚守18亿亩耕地红线不动摇，土地开发利用采取了增减挂钩、占补平衡政策，导致大量农村建设用地被置换为城市建设用地。2000—2012年，我国城镇建设用地增长了70%，而城镇建成区人口密度却大幅度下降①。党的十八大以来，城镇建设用地盲目扩张的趋势得到有效遏制，但是城镇建设用地中处于低效利用状态的土地存量依旧很大。

（二）农村建设用地存在问题的主要原因

1. 缺乏合理规划，忽视统筹发展

在市县域层面，乡村规划体系一般包括宏观层面的村庄布局规划和微观层面单个村庄的管控建设规划两类。其中前者重点关注城乡关系的优化，村庄布局的调整与公共服务设施、基础设施的均等化配置等；在规划内容上，需要明确农村人均建设用地指标和建设用地缩减、腾退的目标，并将迁村并点作为规划的核心内容。单个村庄的规划主要是结合村民意愿与乡村振兴项目，以改善人居环境为主，强调规划的实施性，而较少涉及村内闲置宅基地的处置和村庄用地的集约调整等内容。因此存在着宏观类的村庄布局规划与微观类单个村庄规划分置并行，明显脱节的问题。②

---

① 黄晓芳．土地节约集约利用势在必行[N]．经济日报，2019-06-25(005)．

② 赵明．从“撤村并居”到“因户施策”：破解乡村土地问题的规划思路[EB/OL]．(2020-07-01)[2021-08-04]．https://www.thepaper.cn/newsDetail_forward_8073864.

2. 管理不规范不到位，长期缺乏有效管控

长期以来，相对于国有土地而言，农村集体土地管理长期处于偏松、偏软的状态。由于对乡村建设用地缺乏有效管理手段或管理不到位，村庄建设各自为政，造成县、乡镇总体规划部署和目标不能有效传导到村庄，农户建房选址比较随意，用地规模很难约束；乡村各类建设用地无序蔓延，侵占基本农田、生态用地的现象长期得不到根治；某些地方缺乏整体明确的土地利用目标，乡村土地治理工作较为困难，导致重复建设或无效建设，浪费了人力、物力、财力；在现实情况中，虽然在村庄规划中都有用地预留，但是经常出现“有地没钱建，建了没人管”的情况；一些地方对建设用地依赖性较强，建设用地无序扩张，长期以来的粗放型经济发展模式造成了土地利用效率普遍较低①。

农村建设用地一般分布在村庄之内或周边，与村民日常生产生活关系密切，其管理和使用涉及广大村民的切身利益。一些地方政府在“以地生财”的思维下，片面追求建设土地指标，加之在土地征收过程中没有充分考虑村集体和村民的土地权益，导致其应得利益受损。在征地补偿款的管理方面，村民处于弱势群体，很难保障权益不受侵害。从总的情况来看，农村集体建设用地管理的问题，与违法用地、征地补偿、农民利益、基层干部的工作作风等都有关②。

3. 法律体系缺失，法律意识淡薄

乡村土地利用涉及农民个体、地方政府以及土地管理机构等之间的权利界定与划分。当前存量土地所涉及的产权关系、利益关系更加复杂，在2019年《土地管理法》未修订以前，仅仅针对土地开发、整治复垦这些内容做出宏观描述，缺少针对土地治理具体工作的相关

① 杨凯，桂春琼．空间规划体系下乡村建设用地全域管控策略探析[C]．中国城市规划学会会议论文集．杭州，2018：676-684.

② 陈澄民．依法推进农村集体建设用地改革[J]．中国党政干部论坛，2018(2)：59-61.

法律条款，其他相关法律也没有有效的条文可以对土地治理过程加以约束或指导。这种情况直到2020年1月新修订的《土地管理法》颁布才得到改变，但需要在实践中加大执法和监督力度。虽然《中华人民共和国城乡规划法》中提出了城乡统筹的基本原则，但缺乏对最基层的村庄建设的具体指导。很多农村居民点建设处于自发状态，违法违规占地建设盛行，部分乡村经营性建设用地被私自租用、转让或“长租代卖”，有的乡村公共建设用地手续不全，以宅基地之名行商业开发之实，一些土地使用者擅自改变土地用途。违法用地是扰乱农村社会经济秩序、影响农村稳定和发展的一个重要问题。

三、盘活农村建设用地的目标

合理规划利用农村建设用地，加强农村建设用地管理，能够缓解我国紧张的人地关系，防止城乡土地建设过程中耕地随意被侵占的状况发生，有效保护耕地资源，确保国家粮食安全。盘活农村大量的闲置、半闲置建设用地，促进集体建设用地流转与入市，可以提高乡村用地效率，并为培育乡村新兴产业、形成新业态释放空间，创造财富，提高乡村土地利用效益。盘活农村建设用地，优化村庄布局与建设用地使用结构，才能更好地推进农村新居民点建设，不断改善乡村的生产生活环境，满足乡村居民对美好生活的需求，助力“三农”问题的解决。在充分保护农民土地权益情况下，盘活建设用地，促进土地资源节约集约利用，能够让农民分享土地增值收益，有力推进“三农化一农”进程。

（一）改善农村人居环境，为乡村振兴提供有力保障

改善农村人居环境，建设生态宜居的美丽乡村，是一项利国利民的民生工程，是实施乡村振兴战略的一项重要任务、关键环节，是实

现人与环境和谐发展的必然要求，事关广大农民根本福祉，事关农村社会文明和谐。党的十九大报告明确提出要开展农村人居环境整治行动，习近平总书记多次就改善农村人居环境做出批示，指出要结合实施农村人居环境整治三年行动计划和乡村振兴战略，进一步推广浙江好的经验做法，因地制宜、精准施策，不搞“政绩工程”“形象工程”，一件事情接着一件事情办，一年接着一年干，建设好生态宜居的美丽乡村，让广大农民在乡村振兴中有更多获得感、幸福感①。

在当前实施乡村振兴战略的时代大背景下，合理配置和高效利用乡村土地资源，以有限的土地承载经济的持续增长，缓解对生态环境的压力，营造人与自然和谐共生的乡村空间，是推进生态文明建设的根本要求，是实现乡村土地永续利用与确保作为国民“命根子”产业的农业永续发展的根本之策。农村建设用地是乡村土地的重要组成，提高农村建设用地集约化利用水平是合理配置和高效利用乡村土地资源的重要内容与环节。

通过“空心村”治理、农村旧房改造、村庄归并拆迁等方式，整合农村居民点土地资源，可以改变居民点规划不科学、分散难管理的状况，为居民点基础设施建设和系统化管理带来便利。改善农村生产生活环境，建设宜居宜业的美丽乡村，是培育良好农村风尚、高素质职业农民的必要条件，也是城市要素下乡的重要引擎。

（二）服务于城乡共融，最终实现城乡一体化

1. 促进城乡要素有序自由流动

城乡要素双向良性互动对于乡村振兴战略的实施极其重要。城市

① 新华网．习近平近日作出重要指示强调　建设好生态宜居的美丽乡村　让广大农民有更多获得感幸福感[EB/OL].（2018-04-23）[2021-07-30]. http://www.xinhuanet.com/politics/leaders/2018-04/23/c_1122725971.htm.

丰富的资本、技术、人才资源是乡村振兴发展要素的主要来源，能有力地弥补乡村发展的短板。城市的资源向乡村延伸，可以激发乡村发展活力，实现乡村与城市的经济连接，带动乡村振兴。因此，实施乡村振兴战略必须坚持城乡互通、融合发展，让人、财、物等要素在城乡之间有序自由流动，从而实现城市与乡村的协调发展。部分农民向城镇流动，转化为市民，成为城镇化进程的一部分；同时部分市民向乡村流动，转变为职业农民。尤其是，社会资本在城乡之间流动，可以为乡村振兴事业提供资金来源，也为城市的剩余资本找到合适的出口，而其最大的关注点是农村土地，尤其是农村建设用地。

农村建设用地是乡村的重大资产，但是它在引入社会资本方面的价值还没有充分发挥。随着“三权分置”土地制度改革，集体建设用地与国有土地同价同权的落实，进一步放活农地经营权、激活宅基地使用权，社会资本流向乡村的动力会越来越大。实现城乡要素良性互动结构的根本之策是促进农村产权制度改革，同时需要加快完善农村土地管理服务机制及相关保障机制，为社会资本流向乡村提供相应的政策制度安排。

2. 促进城乡统筹、协调互补

城乡统筹是指将城市和农村的发展紧密结合起来，两者统一协调，改变以往的“城市工业，农村农业”的发展思路，走城乡、工农一体化的经济社会发展道路。城乡一体化不是同质化，而是使乡村和城市共融共生，让城市和乡村形成相互结合、互相衔接的整体，各自依托自身特点，发挥自身资源禀赋和优势，功能互补，错位发展。

统筹城乡发展与农村土地密切相关。土地是城乡建设的最基本资源和最大平台。一方面，土地为城市大规模扩张提供载体；另一方面，土地的用途决定生产方式和投入产出效率。正是由于土地要素的重要性，农村土地制度也就成为统筹城乡发展的关键。土地制度改革成为统筹城乡的突破口，土地制度改革过程成为统筹城乡发展的过程。①

城乡建设用地增减挂钩政策是在农村建设用地方面关系到城乡统筹发展的重大制度改革，对城乡统筹发展产生了积极影响。但是这项政策在长期的执行过程中，过于偏向了城市、城镇的发展，而广大乡村获益相对较少，曾经长期暴露四大问题：一是片面追求城镇建设用地指标；二是追求土地财政，违背农民意愿强拆强建；三是热衷于整治区位条件好的村庄；四是建设安置高楼，很少考虑生产便民、生活利民因素②。因此，国务院不断对这项政策进行规范，并对其执行情况加强监管和调控。

实施乡村振兴战略，必将加强城乡建设用地的集约化利用，使城乡建设用地的统筹更加科学、规范，优化城乡融合发展的最大平台，承载、助推城乡在各个方面的协调发展。

（三）疏解城市人口，延伸国家战略纵深

中国人口基数巨大，城市化不能解决所有人口的生存问题。一方面，城市化进程中粗放的发展方式，导致城市面临严重的环境污染；另一方面，人口过度集中于大城市，导致“大城市病”日益突出，很多大中型城市面临人口疏解的难题。城市人口疏解的方向主要有两个：一是五线城市③与小城镇，二是农村（这里主要指村庄或乡村居民点）。

---

① 张占斌，倪羌莉．统筹城乡发展背景下农村土地制度改革探讨[J]．学习论坛，2012，28(2)：34-38.

② 李宾．“增减挂钩”惹的祸？[N]．中国经营报，2010-12-13(A10).

③ 五线城市的划分没有权威标准，一般指的是继一线（北京、上海、广州、深圳等在全国政治、经济、科技、教育活动中处于重要地位，且发挥主导作用和辐射带动能力的大都市，其经济总量、人口规模在全国位于前列）、二线（副省级和省会城市）、三线（一般指地级市）、四线（一般指县级市）城市之后的县城及由县管辖的小城市，一般城市规模较小，人口在20万人以下，辖区内农业人口仍占有较大比重。

城市人口密集，一旦发生恶性传染病或大型战争，灾难性后果不堪想象。2020 年在全球暴发的新冠肺炎疫情让人们认识到，乡村在抗疫中的价值之高、对国家抗疫的重要性之大。著名“三农”问题专家温铁军教授在“大疫止于村野：生态文明战略转型的由来”的报告中讲道：每当中国面临重大危机，乡村都是危机软着陆的重要载体，如同这次疫情（指新冠肺炎疫情）危机，只有乡村可以最低成本实现对疫情的群防群控①。广袤的乡野、散布的村庄在特殊时候具备自给自足的能力，关联着国家战略安全的大局，是国民安全的战略大后方，让我们拥有了广阔的战略纵深。当然，我国农村还拥有广阔的市场空间，发展潜力巨大，是经济社会发展、现代化建设的“蓄水池”，是抵御境外经济冲击的“稳压器”，在维护社会稳定等其他方面均居于重要的地位。

四、村庄整理整治（整合改造）

无论是农用地整理或整治，还是村庄与其他集体所属土地整理或整治，都是解决农村土地利用中存在问题的主要手段，是实施乡村振兴战略必不可少的重要内容。

（一）村庄整理与村庄整治

1. 村庄整理

村庄整理，即农村居民点整理。农村居民点整理的概念在学界广为使用，普遍采用的释义为：运用工程技术及土地产权调整，通过村庄改造、归并和再利用，使农村建设逐步集中、集约，提高农村居民点土地利用强度，促进土地利用有序化、合理化、科学化，改善农民

① 温铁军. 大疫止于村野：生态文明战略转型的由来[EB/OL].（2020-06-29）[2021-09-03]. http://www.sohu.com/a/404801202_365037.

生产、生活条件和农村生态环境①。欧名豪主编的《土地利用管理》中释义为：村庄整理是指通过规划，逐步对布局散乱的农村村庄进行集中归并，并对村庄内部的布局进行调整，使各种建筑物布局规范整齐，并使村庄内部的空闲地得到充分利用，以此来减少农村居民点的用地规模，改善农村居民的居住生活环境②。赵玉领等学者认为：农村居民点整理从宏观上看，是对农村居民点数量、布局的调整；从微观上看，是对农村居民点用地规模和内部结构、布局调整的综合措施③。

一般来说，村庄整理是指按照土地利用总体规划，将规模很小、居住分散的村庄归并，对于空心化比较严重的村庄进行整合重建，对人居生存条件极为恶劣或是不具备发展条件的村庄异地搬迁重建，搬迁撤并后的村庄原址全部或部分复垦或还绿，进行土地资源整合。村庄整理主要聚焦的是：如何执行中央关于农村建设用地的政策、解决农村集体建设用地利用效率低的问题。在实践中村庄整理采用的方式大致有：合村并镇、合村并居（或称为村庄归并）、村庄异地搬迁、村庄改造升级、新居民点建设、建设用地置换、建设用地复垦复绿等。

国家《乡村振兴战略规划（2018—2022 年）》第九章把村庄分为四类：集聚提升类、城郊融合类、特色保护类、搬迁撤并类，并明确提出，顺应村庄发展规律和演变趋势，根据不同村庄的发展现状、区位条件、资源禀赋等，按照集聚提升、融入城镇、特色保护、搬迁撤并的思路，分类推进乡村振兴，不搞“一刀切”。这是村庄整理无论采取任何方式都应该遵守的原则和要求。特别需要注意的是，“合村并镇”“合村并居”不是面向所有的村庄，不能走向极端——消灭村

---

① 陈百明，谷晓坤．浅析土地开发整理的理念、趋势及功能区划[J]．资源与产业，2008(5)：3-6.

② 欧名豪．土地利用管理［M］.3 版．北京：中国农业出版社，2016：299.

③ 赵玉领，邱文聚，杨红，等．中国农村居民点整理研究综述[J]．资源与产业，2012，14(3)：76-83.

庄、消灭乡村，而是针对适合拆迁撤并类的村庄，不仅要符合《乡村振兴战略规划（2018—2022 年）》提出的原则和要求，还要尊重村民意愿。

2. 村庄整治

早在 2005 年，建设部发布《关于村庄整治工作的指导意见》（建村〔2005〕174 号），目标是搞好村庄规划建设，改善农民居住条件，进而追求促进城乡经济社会协调发展和城乡二元结构的逐步改变①，2007 年组织相关单位编制了《村庄整治技术规范》（GB 50445—2008），2019 年废止了该规范，取而代之的是国家《村庄整治技术标准》（GB/T 50445—2019）。2018 年中央农办、农业农村部等 18 部门印发《农村人居环境整治村庄清洁行动方案》的通知②。2018 年中共中央办公厅、国务院办公厅印发了《农村人居环境整治三年行动方案》，2019 年转发了《中央农办、农业农村部、国家发展改革委关于深入学习浙江“千村示范、万村整治”工程经验　扎实推进农村人居环境整治工作的报告》。习近平总书记相关批示指出：浙江“千村示范、万村整治”工程起步早、方向准、成效好，不仅对全国有示范作用，在国际上也得到认可。要深入总结经验，指导督促各地朝着既定目标，持续发力，久久为功，不断谱写美丽中国建设的新篇章。③

无论是从中央和政府的文件来解读，还是从十几年的村庄整治工

① 中华人民共和国住房和城乡建设部. 关于村庄整治工作的指导意见[EB/OL]. (2005-09-30)[2021-07-30]. http://www.mohurd.gov.cn/wjfb/200611/t20061101_157348.html.

② 中华人民共和国农业农村部. 中央农办　农业农村部等 18 部门关于印发《农村人居环境整治村庄清洁行动方案》的通知[EB/OL]. (2019-01-08)[2021-07-30]. http://www.moa.gov.cn/gk/tzgg_1/tz/201901/t20190108_6166294.htm.

③ 新华网. 中共中央办公厅　国务院办公厅转发《中央农办、农业农村部、国家发展改革委关于深入学习浙江“千村示范、万村整治”工程经验　扎实推进农村人居环境整治工作的报告》[EB/OL]. (2019-03-06)[2021-07-30]. http://www.xinhuanet.com/politics/2019-03/06/c_1124201181.htm.

作来观察：村庄整治的主要目标和内容是改善农村人居环境，加强公共服务设施等基础硬件建设，提升村容村貌，比如改水改厕、垃圾处理、环境污染治理等。当然，村庄整治不可避免会涉及乡村治理及管理、乡村文化建设等“软”环境建设，但不是工作的重点。

进入21世纪以来，我国村庄整治工作取得显著成效，《乡村振兴战略规划实施报告（2018—2019年）》显示：宜居乡村建设步伐加快，具备条件的建制村全部通硬化路，乡村医疗机构和人员“空白点”基本消除，农村低保平均标准提高到5 247元/（人·年）；农村卫生厕所普及率超过60%，90%的村庄开展了清洁行动，美丽乡村展现新的面貌；乡村文化繁荣发展，98%的村制定修订村规民约，农村婚丧礼俗改革持续深化，建成54.9万个村综合文化服务中心①。但是，村庄整治水平还有待提升，基础设施等硬件建设还有很多“欠账”或不足，基本公共服务对比城市、距离乡村居民期望还有很大差距，需要在乡村振兴战略实施过程中持续开展。

3. 村庄整理和村庄整治

乡村土地利用不充分是乡村发展不充分中的最主要问题。在农村建设用地利用方面，村庄整理和村庄整治都是为了改善农村人居环境、生活条件，实现城乡公共服务均等化，所以在工作内容上有很多相通或相似之处，但是两者侧重点不同。村庄整理在实践中侧重村庄布局的宏观规划，通过村庄的整合与改造重点解决农村建设用地，尤其是宅基地利用效率低的问题，盘活闲置或半闲置的宅基地、民房及与之关联密切的农村资源，产生新的价值。村庄整治在实践中侧重村庄的人居环境建设，主要是推进农村居民生活的公共服务设施等基础硬件建设，持续改善村容村貌等。

---

① 首个乡村振兴战略规划实施报告发布　乡村振兴战略实施开局良好[J]. 中国农技推广,2020,36(6):73-74.

（二）土地整治

1998 年全国人大常委会修订颁布的《土地管理法》使用了“国土整治”一词，见于第十七条：各级人民政府应当依据国民经济和社会发展规划、国土整治和资源环境保护的要求、土地供给能力以及各项建设对土地的需求，组织编制土地利用总体规划。2012 年国土资源部颁布的《全国土地整治规划（2011—2015 年）》对土地开发整理、土地整理复垦、土地整理复垦开发等多种概念进行了统一，选择使用了“土地整治”这一术语。2014 年我国首部土地整治蓝皮书对土地整治概念的界定是：对低效利用、不合理利用和未利用的土地进行整治，对生产建设破坏和自然灾害损毁的土地进行恢复利用，以提高土地利用率的活动。[①] 据此可以认为，土地整治是对土地开发、利用、治理与保护的总称，是国土整治的一部分。

从《全国土地开发整理规划（2001—2010 年）》《全国土地整治规划（2011—2015 年）》来看，土地整治是以农村土地，尤其是农用地为主要对象。比如，《全国土地开发整理规划（2001—2010 年）》编制的原则是：以提高土地资源尤其是耕地资源可持续利用能力为根本出发点，坚持“在保护中开发，在开发中保护”，实现土地开发整理与生态建设相结合，改善生态环境；坚持内涵挖潜，突出土地整理和复垦，推进土地利用方式由粗放向集约转变；坚持耕地占补平衡，补充耕地数量，提高耕地质量[②]。再如，国家“十二五”期间土地整治的主要任务：一是统筹推进土地整治；二是大力推进农用地整治；

---

① 国土资源部土地整治中心．土地整治蓝皮书：中国土地整治发展研究报告（No. 1）[M]．北京：社会科学文献出版社，2014：7.

② 国土资源部．国土资源部关于印发《全国土地开发整理规划》的通知[EB/OL]．(2003-03-07)[2021-07-30]．http://www.mohurd.gov.cn/fgjs/xgbwgz/200611/t20061101_159762.html.

三是规范推进农村建设用地整治；四是有序开展城镇工矿建设用地整治；五是加快土地复垦[①]。在规划的引领下，近20年的土地整治基本上是以农用地整治为主要目标和内容，并取得显著成效（参见《土地整治蓝皮书：中国土地整治发展研究报告（No. 2）》）。

近年来，学界对土地整治的认识正在发生变化，饶静等学者认为：其内涵从为实现耕地保有量和建设用地调控的土地规划目标，转变为以耕地面积增加、耕地质量提高、建设用地总量减少、农村生产生活条件和生态环境明显改善、均衡城乡发展的综合性发展目标，成为综合土地整治[②]。我国在20世纪80年代就提出了“土地综合整治”的概念。党的十八大以后，国土综合整治进一步突出国土空间开发、自然资源节约、生态保护机制的全面融合，逐步走向对国土资源全要素、全周期的综合整治，并将国土综合整治作为落实国土空间规划的实施抓手[③]。在各地的实践中，农村土地整治一般与占补平衡、增减挂钩政策相配套，与村庄整治相结合，促进了城乡资源要素流动，同时向乡村文化保护与传承领域拓展，并与乡村生态保护的结合越来越紧密。

在实施乡村振兴战略的背景下，乡村土地整治不能仅仅局限于乡村土地利用，必须强化城乡统筹，进一步促进和带动城乡资源要素合理配置与流动；应该纳入各地、各级政府的乡村振兴整体规划，在内容上不能还是以农用地为主，必须走农用地、农村建设用地、未开发

① 吕苑鹃．国务院批准颁布《全国土地整治规划》明确“十二五”土地整治目标任务，部署4亿亩高标准基本农田建设[J]．国土资源通讯，2012(7)：7.

② 饶静，郭鸿雁，董晓婕．综合土地整治和乡村振兴：平台、工具以及关键因素——以四川省D镇综合土地整治项目为例[J]．中国农业大学学报(社会科学版)，2018，35(4)：42-52.

③ 严金明，陈昊，夏方舟．“多规合一”与空间规划：认知、导向与路径[J]．中国土地科学，2017，31(1)：21-27，87.

利用土地连片、大面积综合整治的道路。尤其是，在以往农用地整治取得显著成效的基础上，在确保农用地保有量、不断提高农用地质量的同时，将农村建设用地整治作为重点内容，从区域整体发展的视角统筹安排农用地整治、建设用地整理、生态保护与修复等活动，优化“三生”空间布局，提高乡村土地利用效率和效益，助力美丽乡村建设，促进城乡协调发展。

（三）村庄整理与村庄整治的统筹

村庄整理和村庄整治的目标都是为了改善乡村人居环境和生态环境，建设新型农村居民点或居民社区，都不可避免地与土地整治发生关系；因为人居环境包括人文环境建设，所以两者又必然涉及乡村文化建设。新农村建设及新型农村居民点建设是个系统工程，村庄整理与村庄整治应该复合在一起，并与土地整治相协调，不妨统一称为“村庄整理整治”或“村庄整合改造”，并加入乡村文化建设的相关内容（尤其是乡村文化建设中的基础硬件建设内容），统一纳入各地乡村振兴战略规划与实施过程。

（四）村庄整理整治是“三农化一农”的重要步骤

村庄整理整治直接关系到乡村居民的生活环境与居住质量，是农民在职业化过程中摆脱对宅基地的心理束缚、走向社会化大生产和流动就业、提高职业化水平不可或缺的重要条件，是培育乡村新业态、推进农业产业升级的必要条件。

——如果没有村庄整理整治，农民职业化的成果就不稳固，农民职业化就难以深化提升。

村庄整理整治是实现生产、生活、生态“三生”结合的基础性工程，通过整理整治不断升级的村庄是不同于城市的宜居乐土，是与城市一起满足人们生活多元化需求的互补存在。高质量的安居才能乐业，高质量的乡村居住环境与条件才能促进人才要素向乡村流动。反之，没有村庄整理整治，农民职业化后就不能提升生活、居住水平，就不能吸引城市人才要素向乡村流动。随着乡村振兴战略的实施，农业必将成为越来越有吸引力的产业，职业农民随之成为体面的职业称谓，促使一些非农人员向职业农民转化，而如果没有村庄整理整治，乡村就难以产生更强的吸引力。乡村是城市人口疏解的主要承载地，而如果没有村庄整理整治，就难以推动城市过剩人口向乡村流动，乡村新业态就很难形成。

——如果没有村庄整理整治，农业产业升级就会受到很大影响，进而影响农业现代化进程。

自然村的空间分布往往比较分散，在山区的分布更为零散。规模化、集约化生产经营是现代农业的重要特征，而如果没有村庄整理整治，很多地方就不能实现农用地的连片利用、规模化生产经营。但是，我国幅员辽阔，各地区的农业资源禀赋差异性很大，农业实现规模经营不能“齐步走”，一些地方也不适合连片规模化生产经营；农业是永续产业，转型缓慢，我国人多地少，小农户还将长期存在，规模经营不能一蹴而就。习近平同志在小岗村考察时指出：规模经营是现代农业的基础，但改变分散的、粗放的经营方式是需要时间和条件的，要有足够的历史耐心①。基于乡村现实，又放眼未来，村庄整理整治不能动辄大拆大建，而要城乡统筹，长远规划，因地制宜，分类施策，循序渐进。

现实的问题是，有些村庄如果不进行整理整治，各种土地功能产品就难以叠加、产生增值效应，就很难实现农业产业升级。按照国家

① 陈文胜．中央“一号文件”的“三农”政策效应与未来趋向分析[J]．中国乡村发现,2017(4):54-61.

《乡村振兴战略规划（2018—2022年）》，拆迁撤并的村庄分为五类：①生存条件恶劣；②生态环境脆弱；③自然灾害频发；④有重大项目需要；⑤人口流失严重。除这些村庄外的绝大多数村庄处于国土空间资源连续体的重要节点，都可以作为国土空间资源连续体的组成要素、“三生”结合的有机节点，应在原有基础上改造升级，而不是拆迁撤并了之。村庄整理整治一方面要着眼于提高人居环境质量；另一方面要着眼于将农用地尽可能连片，将国土空间资源连续体内的资源要素连成一体，促进小农户对接现代农业产业，培育乡村新业态。

第二节　村庄整理整治对策及路径

一、村庄与乡村人居环境建设存在的问题

中国要美，乡村必须美；乡村要美，村庄必须美。乡村人居环境整治与村庄整理整治是美丽乡村建设的主要内容，乡村人居环境主要指的是村庄生活条件与生活环境。村庄生活条件包括“硬件”与“软件”两大类：“硬件”包括村民私家所有的住房及生活设施，道路、水电管网、排污治污、学校、公厕、广场等公共设施，还包括绿化美化的植被等，它们组成了村庄的“硬环境”；“软件”包括村风民俗、村规民约、人际关系、思想观念等治理与管理、精神与文化要素，它们组成了村庄的“软环境”。据此，乡村人居环境可以相应分为“硬环境”与“软环境”两个层面。村庄建设中存在的问题和乡村人居环境建设中存在的问题具有很强的一致性，或者说这两个层面的问题紧紧纠缠在一起，没有必要做硬性区分，即便解决这两个层面问题的执行主体、落实系统不同，也应该统筹在一起。改革开放以来，尤其是党

的十八大以来，我国村庄整理与乡村人居环境整治取得了重大进展，但与广大乡村居民的期盼、城乡共融发展要求相比，仍然存在不小差距。

（一）村庄规划科学性不强

每个县在县域范围内都有宏观层面的村庄布局规划（村庄布点规划），但是编制水平参差不齐，科学性差强人意，并且村庄布点与土地利用总体规划及其他规划不匹配、宏观类村庄布局规划与微观类单个村庄规划明显脱节的情况或多或少存在。同时，随着农村经济社会的发展、人口的流动与变化，以及人们对乡村生活质量要求的提高、对人与自然关系认识的深化，村庄布点规划与单个村庄内部规划也需要调整，使之更加科学。还有，一些地区在村庄易地搬迁、合村并镇（合村并居）工作中缺少可行性评估论证，忽视了规划先行，短期功利性强，对当地未来的发展带来消极影响。

在单个村庄的规划中大量存在的情况是：一方面，村庄规划更加看重单个村庄的发展，难有全域站位的统筹考虑，且村集体受到人才和经费的制约很难做出高水平的科学规划；另一方面，村庄建设无规划、乱规划和被规划的问题时有发生。

（二）村庄“硬环境”建设需要持续提升

村庄的道路、水电管网、排污设施等硬件与城市相比差距较大，尤其是生产生活污水、废水、垃圾处理严重滞后；在村民权益保障、村落人文特色保护、民居改建经济支撑等方面还存在诸多问题①，村庄整理整治难度较大；文化设施简陋短缺，总体质量低，利用率不高，甚至一些地方破损严重。村庄碎片化建设较为普遍，“空心村”

① 王立山．新农村村庄整治中存在的问题与对策[J]．丽水学院学报，2012，34（1）：48-52.

现象长期不能得到解决或遏制。一些地方搞大拆大建，大包大揽，盲目开发，片面追求外观的格调统一，造成千村一面、缺乏特色。大量闲置宅基地长期无人居住，缺乏有效管理措施，倒塌后的断壁残垣影响村容村貌。2018 年我国农村宅基地闲置率为 10.7%，个别地方闲置率高达 71.5%，其中东部地区农村宅基地闲置率为 13.5%，中部地区为 7.7%，西部地区为 11.4%，东北部地区为 11.1%①。

（三）村庄“软环境”建设薄弱

1. 文化建设滞后

长期以来，乡村的发展速度与质量都远远落后于城市，在文化建设与文化产品供给方面更为滞后。其一，随着工业文化和城市文化的强势发展与扩张，加之农村空心化现象突出，作为文化载体的古老村庄和以宗族社会为背景的熟人社会正逐渐消失，传统农村文化逐步被忽视、被遗忘②，乡土文化日渐衰微的趋势越发明显，特别是许多民俗文化和传统技艺面临失传甚至消亡的境地。其二，有的地方提供的文化产品与农民需求脱节，不合农民群众的口味，不接地气，村民不感兴趣、不愿参与。比如：大多数乡村的书屋和书籍利用率很低，甚至成了摆设；一些文化广场很少为村民举办有意义的文化活动，沦落为村民粮食、衣物的晾晒场所；乡村电影院基本闲置，因为很多人通过电视、手机就可以看自己想看的影视剧、微视频等。其三，普遍存在文化人才匮乏的问题，大批农村人在城市工作、学习，一些人迁往城市定居生活，致使农村常住人口明显减少，缺乏具有一定专业特长、热爱乡村文化事业、甘于扎根乡村的优秀人才。

---

① 魏后凯，黄秉信．农村绿皮书：中国农村经济形势分析与预测（2018—2019）[M]．北京：社会科学文献出版社，2019：232-235.

② 彭玮．大力推动乡村文化振兴[N]．湖北日报，2019-06-23(007).

2. 精神文明建设乏力

部分曾经淳朴的农民在物质利益至上的冲击下变得过于功利，拜金主义、享乐主义、个人主义等思想滋生蔓延，诚实守信、团结互助、尊老爱幼等传统美德弱化。受市场经济、宗族势力等各方面的不良影响，一些地方“黄赌毒”长期禁而不绝。农闲时节，一些村民就会聚在一起喝酒、赌博，精神变得空虚，甚至有的农民信仰邪教，传播极端文化思想，走入犯罪歧途。一些乡村贫富差距扩大，盲目攀比的风气较重，更加看重短期利益；一些乡村富裕阶层与贫弱阶层形成隔膜，互动极少，两个阶层对本村的发展都较为淡漠。此外，由于经济问题与经济压力，夫妻一方外出打工，夫妻双方长期分居、养老育子等问题导致家庭矛盾增多，离婚率一直呈现明显上升的趋势。

3. 治理与管理水平低

村庄治理主体作用发挥不充分，管理水平不高，普遍面临内卷化①困境。40 多年的改革开放使我国的农村社会关系呈现一个最为突出的特点：扁平化的社会结构被打破，层级化趋势越来越明显，逐渐分化为拥有不等量社会资源的不同阶层。由于阶层分化发生在面对面生活的村庄之内，信息共享且无法逃匿，阶层关系成为当下我国农村社会的主导性社会关系，对村庄治理带来新的挑战②。村委会在民主决策和自我管理中发挥了积极作用，但是村民民主意识，尤其民主监督意识淡薄，民主监督的能力十分有限。村庄治理中严重缺乏现代化治理与管理元素，村庄管理缺乏专业人才，并且管理者年龄结构偏大，缺乏创新能力和创新意识。村庄整理整治难，后续巩固成果更

① 内卷化指一种社会或文化模式在某一发展阶段达到一种确定的形式后，便停滞不前或无法转化为另一种高级模式的现象。

② 王晓．两极脱嵌、高度竞争与村庄治理困境：基于福建省 S 村农民阶层分化的田野调查[J]．广东行政学院学报，2019，31(1)：21-28.

难，“重建设、轻管理”的思想仍未得到有效转变，思想和制度上尚未实现向“建管并重、以管促建”的转型，重视集中整治，忽视日常管理，没有形成长效机制。很多地方在村庄整理整治过程中的系统性和科学性不强，留下了许多后遗症，加之财政资金紧张问题，如果不加强后续管理，就有可能引起“并发症”，影响整理整治质量与成效。村庄公共产品自我供给能力极低，村庄社会去道德化现象蔓延，在引导村民移风易俗、品德培养方面缺乏力度。

（四）农村集体经济活力与实力不足

改革开放以来，虽然一些地方农村集体经济迅速发展，但是农村集体经济整体上活力不足、路子不宽、实力不强，对村庄整理整治的支撑作用很小。受基础薄弱与资本积累较少、村集体领导班子发展意识不强与素质偏低、村民集体观念淡薄与内在驱动力不足、农村人才缺乏与人口大量外流、运行管理机制不完善等因素影响，不少地方农村集体经济发展迟缓，甚至停滞不前，有的地方处于空白状态。在集体资产管理方面，普遍存在管理效益低的问题。截至 2019 年年底，全国农村集体账面资产达到 6.5 万亿元，其中 75.7% 集中在村级，47.4% 的资产为经营性资产①。但是，很多地方集体资产缺乏有效管理，未能充分利用，无法产生效益，集体资产处于休眠状态较为普遍，甚至流失现象时有发生。

（五）村民主体作用发挥不充分

虽然大部分农村居民已经认识到村庄整理整治的重要性，但是认

① 农业农村部新闻办公室．扎实开展全国农村集体资产清产核资工作：农业农村部有关负责人答记者问[EB/OL].（2020-07-10）[2021-07-30]. http://www.moa.gov.cn/xw/zwdt/202007/t20200710_6348455.htm.

识程度、重视程度比较浅，主动性比较差。一些地方的村民思想守旧、墨守成规，存在“等、靠、要”思想，参与度不高。很多地方农民群众的主体作用没有充分发挥出来，存在“干部积极干、群众冷眼看”现象。农民群众缺少共建共享的主人翁意识，某些陈规陋习难以根治。基层政府、村集体动员能力偏软，村民参与集体事务的机制不规范，村民理事会的作用有限。

二、村庄整理整治的对策及路径

乡村振兴的总目标是农业农村现代化。“农业农村现代化”中的“农村”主要指的是村庄或农村居民点。作为“三农化一农”的重要内容与步骤，村庄整理整治指向的是乡村振兴战略总要求的“生态宜居”“治理有效”与“乡风文明”。“生态宜居”是乡村振兴的前提要求与条件，“治理有效”是乡村振兴的保障，“乡风文明”是乡村振兴的灵魂，其中“治理有效”与“乡风文明”的关系更为紧密。乡村振兴要规划先行，坚持问题导向。规划先行就是要求村庄整理整治要着眼于村庄未来发展，必须坚持硬环境建设与软环境建设两手抓；坚持问题导向就是要求村庄整理整治要针对村庄建设与乡村人居环境建设中存在的现实问题。

（一）加强顶层设计，对接国土空间规划

按照《乡村振兴战略规划（2018—2022 年）》提出的“集聚提升、融入城镇、特色保护、搬迁撤并”思路，进行村庄布点规划，运用经济学、社会学、地理学、生态学等多学科理论，对县域经济发展、人口变化、生态环境等各种要素进行科学研判、评估评价与分析，然后再调整和完善。

2019 年 5 月中共中央、国务院发布的《关于建立国土空间规划

体系并监督实施的若干意见》，以及同月自然资源部下发的《关于全面开展国土空间规划的通知》指出，要同步构建国土空间规划“一张图”实施监督信息系统，形成覆盖全国、动态更新、权威统一的国土空间规划“一张图”。在国土空间规划“一张图”的基础上，统筹各类空间性规划，推进“多规合一”，把各类空间性规划的核心内容与空间要素按照一定的规则和次序、有机整合落入空间，真正形成“一本规划、一张蓝图”，实现全国国土空间规划开发保护的“大”统筹，提升国土空间治理效能。

村庄整理整治应主动对接当地国土空间规划，同时纳入区域乡村振兴整体规划。不同村庄在国土空间规划中的功能存在差异性，村庄功能在“三生”功能定位中的侧重也存在差异，所以一方面要对村庄进行科学分类，另一方面要构建合理的村庄空间布局体系，实现村庄规划全域统筹。区域内的村庄，要总体系统化，单体个性化。系统化就是由单个村庄整理整治转向区域内整体布局与统筹，提高区域内一体化、全功能的公共服务水平。个性化就是单个村庄规划要充分体现差异性，突出特色，走逆城市化的路子，一村一景。要以“资源环境承载力评价”和“国土空间开发适宜性评价”——“双评价”为基础和前提，将涉及村庄的部分主动纳入规划，凡是触碰、越过“三区三线”① 的，必须坚决纠正。

在规划引领下，按照“三生”结合的原则，在尊重居民意愿的前提下，依法、分类、稳步开展农村整治、拆迁并村，同时修复或保护乡村生态空间，提升乡村“硬环境”，加快实现城乡公共服务均等化，推进村庄社区化。一方面，满足农民对居住条件与环境的高质量需求，且充分预判农民未来职业化发展趋势，适应职业农民流动就业的

① “三区”指农业空间、城镇空间、生态空间，“三线”指城市开发边界、永久基本农田红线和生态保护红线。

特点；另一方面，提供“慢生活”的生态大空间，吸引创业市民、老龄市民等城市消费人群下乡。

村庄整理整治应强化规划的刚性约束和执行力，全面推进共谋共建共管共评共享的工作机制，探索建立符合农村实际的规划审批程序，完善乡村建设规划许可管理，加强基层规划管理力量等①。各地要根据自身财政情况和任务量，科学确定建设模式、建设路径和建设标准，提出可量化的目标任务，明确时间要求和步骤进度，实行台账化管理。每个村庄的自然、经济、区位、人文、气候等条件各不相同，应具体问题具体分析，根据自身优势采取适合的模式。各地要建立相关部门的协调配合机制，科学划定乡村开发边界，使土地利用由外延式向内涵式转变，实现区域性的土地多功能利用。

（二）创新体制机制，盘活建设用地

如果乡村建设用地不能实现集约化利用，村庄现代化就难以推进。盘活农村建设用地，进而实现集约化利用是一项复杂的工程，牵扯到农民、村集体、政府、企业等各方面利益。

1. 政府主导，引入社会资本

实施村庄改造必须由政府主导，主要是为了保障公共目标的实现，增进公共福利，改善基础环境。村庄改造的主体可以是政府或是集体经济实力雄厚的村集体，还可以引入社会资本。采用土地整备与土地流转的方式，将低效、闲置的土地进行整合，吸引、引进社会资本下乡，参与村庄整合改造，实现社会资本与农村闲置土地的平等交换、良性互动、多方共赢，是盘活农村建设用地使用权的重要策略。

① 中华人民共和国住房和城乡建设部．住房城乡建设部关于进一步加强村庄建设规划工作的通知[EB/OL].(2018-09-18)[2021-07-30].http://www.mohurd.gov.cn/wjfb/201809/t20180921_237695.html.

村集体可以成立村资产管理公司，提高村集体资产管理整合能力，聚拢土地；将宅基地、民居、公共空间等资源价值化，即资源转化为资产，资产转化为资本；村民、村集体可以分别通过宅基地使用权、公共建设用地使用权折股，获得村庄开发的土地收益。

引入社会资本可以运用共享经济模式，采取共享民宿（共享村落）或其他盘活集体建设用地使用权的方式，组建共享共建共赢的经营联合体。所谓共享共建共赢，就是参与村庄整理整治与经营的土地产权人、投资主体及村庄开发的利益相关方要共享土地发展权益和增值收益，否则就不能持续发展。

社会资本介入主要是为了增加村庄整理整治的财力，并提升村庄开发利用的商业运作水平，提高其使用效率与商业价值。但是资本的本性是逐利的①，资本的贪婪本性，造成了资本的增值对自然平衡的侵害，人的物化与以人为本的冲突，工具观念与生态文明的对立②，所以既要引进社会资本，还要保障生态环境、村集体和农民的土地权益，且让村集体和农民能够增加财产性收入。因此，要通过制度改革创新，建立符合城乡统筹发展的土地流转机制，开辟城乡间资本、资源流动的新途径，建立科学合理的利益驱动机制，更要建立并完善村民、村集体、投资主体、政府的利益分配机制。

2. 健全所有权保障机制，盘活宅基地

实现乡村建设用地集约化利用的难点是盘活宅基地，所以要完善宅基地使用权的相关法律法规与政策，尤其要注重健全宅基地所有权保障机制，消除农民的后顾之忧，为放活宅基地使用权创造条件，为扩大宅基地使用权流转范围进行铺垫性制度安排，进而努力创新宅基

① 赵汇，许晓丽．从资本主义本质论视角分析国际金融危机[J]．求实，2014(3)：60-63.

② 赵汇，尉峰．资本本性与生态危机根源[J]．高校理论战线，2011(12)：9-12.

地使用权流转的方式方法，并纳入村庄整理整治的整体方案。

在地方实践中，宅基地流转形成了腾退结余建设用地指标进行交易和多余宅基地的转让两种方式，经营性建设用地方面形成了就地入市、整治入市、异地调整入市等方式。我国各地农村具体条件千差万别，这些方式是否可以大范围推广或复制，还需要各地因地制宜，在实践中进一步探索完善。

3. 多措并举，拓宽融资渠道

一方面要充分发挥好政府投入的引导带动作用，利用好现有资金；另一方面要积极拓宽金融信贷、土地收购、土地置换等多元筹资渠道。比如，金融部门加大信贷扶持力度，对符合条件的村集体经济项目，增加授信额度、降低贷款利率和金融担保费率、延长贷款期限；鼓励不同经济成分和各类投资主体以独资、合资、承包、租赁等多种形式参与村庄整理整治；整合农业农村局、交通局、环保局等不同部门的相关经费与资金，形成合力等。

（三）壮大集体经济，增强村庄整理整治的经济实力

农村集体经济是以集体土地为纽带的社区性合作经济组织，是集体成员利用集体所有的资源要素，通过合作与联合实现共同发展的一种独立的经济形态，与国有经济共同构成我国社会主义公有制的两种基本形式[①]。农村集体经济是减轻农民经济负担的重要渠道，是促进农村各项事业持续发展的重要物质基础。习近平同志在《摆脱贫困》（1992 年）一书中指出：家庭承包制包括家庭经营和集体统一经营两个层次。这两个层次，既有相互不可替代的作用和特点，又是一个相互不可分离的有机整体。他在《扶贫要注意增强乡村两级集体经济实

① 北京市农研中心课题组．学习领会习近平总书记的集体经济思想[J]．中国经贸导刊,2018(18):46-49.

力》一文中专题谈到了这个问题，因此指出必须注意从逐步壮大集体经济抓起，不断增强集体统一经营的功能。① 2014 年他又强调：要探索集体所有制有效实现形式，发展壮大集体经济②。

1. 加强村集体班子建设，提高经营管理水平

党的领导是发展壮大集体经济的首要条件，加强村集体班子建设首先要加强农村党组织建设。在具体工作中，要注重建立相应考核、激励机制，引导村干部多想思路和办法，将工作重点转移到发展和壮大村集体经济上来。选配能力强、素质高的人充实到村两委队伍中，通过各种途径增强村干部发展集体经济的信心和责任感，克服畏难情绪，抓住乡村振兴的历史机遇。注重从大学生、乡贤、致富带头人中遴选集体经济组织负责人，不拘一格广揽人才。对集体经济组织负责人、管理与技术骨干进行管理技能和实用技术培训，全面提高其经营管理与资产管理水平，以及策划、推介、对外谈判等参与市场竞争的本领。

2. 盘活集体资产，激发组织活力，规范资产管理

一是要大力扶植农村集体经济组织发展，应给予政策、资金、减税、奖补等方面的引导和扶持。二是要推进村集体经济组织产权制度改革。2014 年中央全面深化改革领导小组第五次会议提出：积极发展农民股份合作、赋予集体资产股份权能改革试点的目标方向，是要探索赋予农民更多财产权利，明晰产权归属，建立符合市场经济要求的农村集体经济运营新机制③。可以依托建立的村资产管理公司，将集体经营性资产折合成股份分配给集体经济组织成员，村民变股民；在遵循市场规律、不改变集体资金实际控股、保证村集体按照一定比例留作集体积

---

① 人民网－理论频道．习近平：走一条发展大农业的路子[EB/OL].(2014-11-14)[2021-07-30]. http://theory. people. com. cn/n/2014/1016/c389908-25846936. html.

②③ 新京报．习近平：积极发展农民股份合作[EB/OL].(2014-09-30)[2021-07-30]. http://politics. people. com. cn/n/2014/0930/c70731-25763287. html.

累的前提下，允许和鼓励社会资本、技术人才进入村集体经济，形成完善、规范的股份制运营体系。三是要根据村集体实际情况，建立健全监管机制及考核机制等。

3. 采取多种经营方式，发展本地资源特色产业

立足本地资源禀赋，发挥本地资源特色，通过土地多功能利用，寻求“一地多用、一田多产”的生产经营方式，产生财富叠加效应，大幅度提高土地产出效益。可以采取“村集体 + 合作社 + 农户”的形式，或引入社会资本、联营共享的形式，因地制宜地发展各类型集体经济，做实产业硬支撑，增加集体收入。探索地域性产业联产联营模式，充分运用互联网、物联网等现代技术手段，做强做大地域产品品牌，附加地域文化价值，提高产品附加值。

4. 加强教育和引导，提升村民共享共建共赢观念

充分发挥基层党组织功能，加强思想教育和引导，转变村民思想观念，积极开展有组织、有计划、有步骤地宣传、教育、培训活动，调动村民主动参与建设社会主义新农村的积极性，提高公共意识和共赢意识，提升村民主人翁意识和集体观念，培育集体的凝聚力和发展内驱力。

（四）协同村庄周边治理，推进村庄内部整理整治

1. 村庄内外同时推进

现阶段，中国城乡发展的不平衡外在最直观的表现就是农村公共服务与基础设施等“硬件”不“硬”，与城市的视觉反差很大。2020 年中央一号文件指出，扎实搞好农村人居环境整治，从厕所革命、垃圾、污水、村庄清洁行动等方面着眼，部署建设农村“美丽家园”，顺应亿万农民群众对美好生活的期待，夯实乡村振兴的基础。实施乡村振兴战略，必须补齐农村公共服务与基础设施建设的短板，推动农村公共服务与基础设施提档升级，切实提高农村公共服务与基础设施供给质量和水

平，为实现城乡要素便捷流动创造基础条件。必须健全农村公共服务与基础设施建设的体制机制，强化高效的制度性供给。调动市场主体积极性，形成多元化供给格局，确保农村公共服务与基础设施供给由不足向城乡均衡转变。

在村庄整理整治的过程中，不能忽视村庄周边的环境保护与治理，要按照生态文明建设理念保护好耕地，同时对“四荒地”、废弃沟塘等充分利用。要按照土地多功能利用的理念，规划到田垄地块，发挥农业的生态、学习教育、体验、观赏等多种功能，并使村庄与周边环境浑然一体。

2. 加强督导评估考核

建立督导评估、考核通报制度。建立市、县两级村庄整理整治领导小组，并纳入乡村振兴战略实施的统一组织架构，细化分解工作任务，落实到具体单位和责任人，有责任清单，确保有人抓，有人管，构建分工明确、责权明晰的责任链条。领导小组要对村庄整理整治工作进展情况进行定期检查、指导、通报、督促，确保阶段性目标任务按时完成。可以委托第三方评价评估机构，按照居民满意度、工程进度、群众参与程度等量化指标，对工程各个环节进行全方位的实时监管，运用物联网技术对整个过程中收集的大数据进行整合、分析，为相关考核提供依据。结合当地实际，制定切实可行的农村整理整治工作实绩考核办法，吸纳村民代表参与验收，公平公正地评价各级各部门的工作。

（五）德治、法治与自治相结合，加强乡村治理管理

1. 转变农民思想观念，提高整体素养

无论是脱贫致富，还是实现小康，关键在于转变农民的思想观念，乡村振兴也是如此。农业农村现代化的核心内容是农民的现代化，农民的现代化关键是农民思想观念的转变与不断进步，即思想观念的现

代化。转变思想观念是提高道德素质、文明修养的前提，提高农民整体素质首要在于转变其思想观念。

当前阻碍农民转型的思想观念因素有小农经济思想与狭隘封闭观念，协作意识和团队意识较差，“等、靠、要”等依赖或懒惰思想以及法治意识、公民意识缺失等。要以转变思想观念为重点，以宣教和典型带动为主要手段，通过各种途径、各种载体，采取宣传、教育、培训等方式，确立引导表彰机制，辅以适当奖惩，不断提高农民的综合素养。

2. 加强“两委”建设，夯实乡村治理组织基础

“两委”建设是乡村治理的组织条件，要发挥农村基层党组织的政治引领与组织保障作用，加上村民委员会民主决策和乡贤的表率带头，三方力量相结合来实现法治、德治、自治的统一。要搭建平台，建立机制，不断强化对基层负责人的培训，不断提升农村基层党员干部的素质，培养造就一支“懂农业、爱农村、爱农民”的一线“三农”工作队伍。要建立检查指导长效机制，持续深化开展驻村第一书记工作，指导“两委”工作越来越规范。

农民是村庄整理整治的直接受益者，也是主要参与者，要引导发挥农民的主体作用，激发农民的积极性、主动性和创造性，使其参与到村庄整理整治中来，投工投劳共同参与建设、共同管理，构建政府主导、农民主体、资本介入的工作合力。要发扬民主，多征求群众的建议意见，让农民参与集体决策，集思广益，接受农民监督，群策群力推进各项工作。

(六)推进乡村文化建设，重塑文明乡风

1. 坚持城乡文化共荣共生

随着工业文明、市场经济的发展，人类在乡村文明的基础上创造了灿烂的城市文化与先进的城市文明。但从 20 世纪末至今，受到城市文

化的严重冲击,我国乡村文化日渐凋敝的趋势越发明显,中华文化圈的“生态”平衡受到很大的破坏,城市文化的膨胀与乡村文化的凋敝对中华文化的传承与发展极为不利;乡村文化振兴需要引入城市创新、开放的先进文化元素,城市文化需要从乡村农耕与民俗文化中吸收养分,尤其是乡村的自然风光是城市生活所奇缺的资源;进入新时代,必须推进乡村与城市文化互融互通、共生共荣,才能更好地共筑我们生活的美好空间①。

要借助城市的资本优势,大力发展乡村文化产业,把城市的优厚文化资源引向乡村,增加乡村文化产品供给。发挥乡村的自然生态优势、文化特色,打造与城市快节奏生活不同的“慢生活”场所,吸引带动城市人口下乡、消费下乡,疏解城市人口,在城乡之间居民的流动中,通过文化的交流交融促进城乡地位平等、要素互动、空间共融。

2. 因地制宜地发展具有地方特色的乡村文化

现代化的村庄一定是“美丽乡村”中的“美丽村庄”。美丽村庄不仅是环境美,更要有良好的乡风文化,不仅要有“颜值”,还要有“气质”,只有内外兼修,增颜提质,美丽村庄才能焕发长久魅力。习近平总书记指出,乡村振兴要遵循乡村自身发展规律,补农村短板,扬农村长处,注意乡土味道,保留乡村风貌,留住田园乡愁②。每个地方都有特色文化资源,要结合地方特色文化资源,充分发掘乡村产业的人文内涵,赋予乡村产业及产品文化价值,提升价值链。要充分发挥自身文化资源禀赋,因地制宜地培育地方特色文化产品,促进乡

① 马红珍. 坚持城乡融合发展促进乡村文化振兴的路径探讨[J]. 农民致富之友,2018(24):233.

② 新华网. 习近平对深化农村改革有何最新部署[EB/OL]. (2016-04-29)[2021-07-30]. http://www.xinhuanet.com/politics/2016-04/29/c_128945969.htm.

村文化繁荣发展。要注重传承农耕文化中的优秀思想、文化精髓，弘扬社会主义核心价值观，丰富优秀传统文化的内涵和外延。通过加强传统民居、历史建筑、革命旧址、古树名木等的保护利用，保持富有传统意境的乡村景观格局，打造特色鲜明的新型乡村民居。做好农村物质文化遗产和非物质文化遗产的历史记忆传承，留住乡情和乡愁。

3. 乡村文化振兴要重创新、强实效

乡村文化创新发展包括两个方面：一是内容的扬弃，二是方式与手段的改进。要实现乡土文化与乡村现代化的有机结合，挖掘并激活历史文化资源，使民族文化、历史文脉与民间文化实现活态传承，不断创作出传承乡土文明精髓、具有时代特点的文化作品，开发具有地方特色的文化创意产品。要创新文化传播手段，创新表达方式，适应时代变化和乡村居民需求，把优秀文化传统与社会主义核心价值观融入群众生活中去。

推动乡村文化振兴，人才是决定性因素，要注重挖掘和培养一批优秀的本土文化人才，努力建设一支专兼职相结合的文化工作队伍，还要调动农民的积极性，使其广泛参与。

4. 通过文化振兴提升产业效益

发挥文化对经济的助推作用，坚持“三产”融合发展，提高一产、二产产品附加值。大力发展“文化+农业+旅游”的新业态，打造特色古村落，培育休闲旅游精品，开发地域特色的手工艺品、文创产品，以现代传播手段、传统文化节会等形式广泛开展推广推介活动。通过现代技术手段，将更多文化遗产等资源转化为旅游产品，丰富文化产品和服务的种类和供给方式，带动当地产业发展和乡村文化旅游消费。

三、典型案例介绍

村庄整理整治典型案例的产生都是产业、人才、文化、生态与组织等多方面综合作用的结果，外在表现为在一到两个方面形成相对突出的特色。这里介绍两种特色突出的类型。

（一）浙江省安吉县余村

余村位于浙江省北部天目山区，隶属于湖州市安吉县天荒坪镇，总面积4.86千米^2，三面环山，一条小溪从村中流过，是一个典型的小山村。靠山吃山、靠水吃水是祖祖辈辈流传下来的传统观念。余村山上石灰岩资源丰富，20世纪80年代余村人先后建起了石灰窑矿、水泥厂，走的是发展“石头经济”的路子，一度成为安吉的首富村。但与之相伴的是环境受到了严重的污染，粉尘蔽日、竹林蒙尘、河水变浊，村民深受其害。“石头经济”虽然富了民，却破坏了生态与生活环境，连竹林里的笋也因为被厚厚的粉尘覆盖缺少光照，长得一年比一年小，“石头经济”带来的困惑成了余村人长期以来的心病。

面对发展与生活困境，余村人痛定思痛，重新思考未来的路怎么走。2003年村民经过民主讨论做出抉择：关闭每年能给村里带来300万元经济效益的3个石灰矿山，进行环境整治与修复，发展休闲旅游，开发旅游景区，全面发展农家乐，由“石头经济”向生态旅游经济转变。2005年，时任浙江省委书记的习近平同志在余村考察时，对当地通过民主决策关停矿山、走绿色发展之路的做法给予高度肯定，并首次提出“我们过去讲既要绿水青山，又要金山银山，实际上绿水青山就是金山银山”①。习近平同志的指示坚定了该村发展转型的理念，自此余村逐渐走上一条生态富民、绿色发展之路。该村积极探索生态美、产业兴、百姓富的发展路子，实现了经济发展与生态保护的良性互动，为全国美丽村庄建设提供了成功实践案例。

① 这是习近平同志“两山”理论的溯源起点。

10余年来，余村干部群众秉持“两山”理念，以生态旅游村为建设目标，编制本村发展规划；以规划为指导，合理划分村民生活、生产与发展的空间，通过产业调整、环境美化有效推进了社会主义新农村建设。该村环境逐渐得到改善，2019年植被覆盖率达到96%，污水得到全部处理。如今该村已经发生了脱胎换骨的破茧蜕变，远处山峦苍翠、竹海延绵，近旁草木掩映、溪水潺潺。凭借本村原有的旅游资源，依托土地、矿山、竹林等集体资产，村里成立了旅游公司，成功创建国家4A级旅游景区。到该村的游客越来越多，随着参观人数的增多，农家乐也跟着红火起来，村里制定了农家乐管理条例，对明码标价等做了明确规定。2005—2019年，该村从事旅游的村民由28人增加到400多人，村民人均收入从8 732元增长到49 598元，村集体经济收入从91万元增长到521万元，2019年全村经济总收入2.796亿元，村级集体资产2 000余万元。

该村经过多年的摸索实践，在生态旅游产业发展过程当中建立了良好的乡村社会治理体系，构建了多元互动、协调合作的新型社会关系，为健全自治、法治、德治相结合的乡村治理体系提供了生动范例。该村获得全国民主法治示范村、美丽宜居示范村、文明村、生态文化村、首批法治宣传教育示范基地、人民调解工作先进集体等多项荣誉称号。

（二）河北省保定市大激店村

大激店村位于华北平原中北部，隶属于河北省保定市竞秀区大激店镇，地处保定市南二环和西三环交汇处内侧。全村现有居民914户，人口4 060人；占地面积4 400亩，农田3 500多亩。

该村是一个拥有千年历史的典型北方古村落，有商周文化遗址，散存大量陶片，唐朝时期就在此建立驿站。村内历史遗迹众多，有光绪十六年建造的具有召集和聚会功能的古戏楼，还有观音堂以及碑林等历史文化古迹和遗址28处。戏楼和观音堂于1993年被列为“保定市重点文物保护单位”。

大激店村着眼于长远发展，40多年没有变卖过任何土地，近年引进的项目都是租赁集体土地。村内所有闲散土地和建筑用地都是短期租赁、到期续约，集体土地始终牢牢掌握在村集体手里，坚持集约化利用，保障了村集体的利益和长远发展用地。

党的十八大之后，该村总结过去，着眼于未来，调整发展思路，迁出造纸、水泥等污染项目，把生态环境与人居环境建设作为重中之重，发挥地处保定市近郊的区位优势与北方古镇文化遗迹众多的文化优势，大力发展乡村文化旅游与农耕文化创意产业，打造形成了环境优美、富有活力的文化创意园区，成为“有文化、有情怀、有方向”“宜居、宜业、宜游”的北方特色小镇。

2010年该村利用村东废弃坑地建设新民居，把原来的“四荒地”建设成了环境一流的美林河畔小区；小区占地110亩，总建筑面积13.3万米^2，绿化率35%，成为首批全省新民居示范村。2012年以来村集体免费提供树苗，组织村民开展绿化工程，打造了5个休闲花园，绿化率增长到65%；道路全面硬化，厕所全部改造，铺设雨污管网，全面完成气代煤工程；村庄整体民居外观统一规划、翻修，并修复古代三门、慈航寺、文庙等古代遗迹遗址。政府投资美化河道8万米^2，沿街房屋统一进行了改造提升，铺设石板街，新修水泥、沥青路面，植树种草养花，建成5D水秀表演剧场。先后引进了真天地游乐园、天津创世景观公司高效农业种植园、河北云乡居集团中国匠人谷文创小镇项目，建造了具有“一院一品一匠人”风格的九亩竹院艺术家工坊、独具生活和美学特色的主题民宿。

该村毗邻保定生态园，发挥自身“古、水、文化”特色，初步建立起了“景区带农村”“娱乐带产业”“文化带品味”的产业模式。引进珠海北山文化公司，2016 年以来举办了 6 届大激店世界音乐节。九亩竹院艺术家工坊吸引了高校学者、文化专家、各文化领域人才在此创立工作室，定期举办画展、非遗展演、戏曲国粹演出、迎春灯展及现代水幕电影播放等活动。

村集体统一组织调度文化与旅游产业发展，村民既能有分红收益，又可以自己开展配套服务，还可以在本村或到外地打工。2018 年全村接待游客 20 万人，文化旅游产业越来越红火。很多村民在原来的农民、工人、股东三重身份的基础上，又增加了房东和个体经营户两重身份，经济收入水平显著提高，获得了更多的幸福感和归属感。2012—2019 年该村人均年收入从 1.6 万元增加到 3 万多元。

该村获得全国文明村、生态文化村、全国民主法治示范村、乡村旅游重点村、宣传文化示范村、保定市先进基层党组织等多项荣誉称号。

第六章　农业现代化与乡村振兴

第一节　农业现代化与农业产业升级

一、现代化与农业现代化

1963 年 1 月 29 日周恩来总理在上海科学技术工作会议上提出：我们要建设“四个现代化”（简称“四化”，即农业现代化、工业现代化、国防现代化、科学技术现代化），之后他在第三届全国人民代表大会所做的政府工作报告中把建设“四化”作为国家建设目标与方向正式提出。从此至今，农业现代化便成为我国农业发展的目标与方向，也成为我国现代化建设的重要内容。根据国家经济社会发展的新形势，2012 年党的十八大报告提出了“新四化”，即坚持走中国特色新型工业化、信息化、城镇化、农业现代化道路①；2017 年党的十九大报告中指出要推动“新四化”同步发展②。从乡村振兴战略的总目标来看，乡村振兴的过程就是农业农村现代化的过程。

---

① 人民网-人民日报．胡锦涛在中国共产党第十八次全国代表大会上的报告[EB/OL]．(2021-11-08)[2021-07-30]．http://cpc.people.com.cn/n/2012/1118/c64094-19612151.html.

② 新华社．习近平：决胜全面建成小康社会　夺取新时代中国特色社会主义伟大胜利：在中国共产党第十九次全国代表大会上的报告[EB/OL]．(2017-10-27)[2021-07-30]．http://www.gov.cn/zhuanti/2017-10/27/content_5234876.htm.

（一）现代化的定义

“现代化”作为动词（modernize）于1748年出现，作为名词（modernization）初见于1770年，都是英国人最早使用的①。它在17世纪至19世纪形成于西欧和北美，而后扩展至其他欧洲国家，并在19世纪和20世纪传入南美、亚洲和非洲大陆②，第二次世界大战之后被人们广泛使用。

虽然现代化通常指社会摆脱旧形态时所发生的变化，涉及社会经济、政治、文化、心理等方面的整体变迁，并具有向更大范围扩张的特征，但是现代化至今依旧是一个充满争论的概念，社会学、经济学、政治学等各个学科对于其内涵的解释各有差异，对于现代化的理论研究也存在很多流派，这些理论流派对现代化的解释各有不同。目前有10个研究现代化的理论流派影响比较大：经典现代化理论、依附理论、世界体系理论、后现代化理论、生态现代化理论、反思性现代化理论、全球化理论、多元现代化理论、第二次现代化理论和综合现代化理论③。

经典现代化理论从20世纪50年代起至今，形成了政治学、经济学、社会学、人文心理学和制度学五大主流研究方向④。政治学方向以亨廷顿等为代表，认为政治现代化是国家现代化的核心，主张政治民主化、自由化、分权化和秩序化，同时认为政治现代化的过程是一

① Allen R E. The concise oxford dictionary of current English [M]. 8th ed. London: Oxford University press,1989:949.

② 艾森斯塔德．现代化：抗拒与变迁[M]．张旅平，等译．北京：中国人民大学出版社，1988:1.

③ 汪兵．“理论旅行”：党史学范式及其转换研究述评[J]．中共山西省委党校学报，2019,42(5):49-54.

④ 郇哈斯其木格．经典现代化理论的局限性及其重要启示[J]．内蒙古大学学报（哲学社会科学版），2009(2):16-20.

个同质化、革命化、进步化、全球化和不可逆化的过程。经济学方向以美国经济学家罗斯托等为代表，主要阐述工业化过程的规律和特点，认为现代化的核心内容是经济现代化，而经济现代化的主体是工业化和城市化，保证经济持续增长是实现现代化的关键。社会学方向以美国社会学家帕森斯等为代表，认为现代化是从传统农业社会向现代工业社会的转变，并且把现代工业社会的特点归结为“现代性”，而把传统农业社会的特点归结为“传统性”，甚至提出现代性取代传统性的过程就是现代化。人文心理学方向以英克尔斯等为代表，认为现代化的核心是人的现代化，人的现代化是实现由传统社会向现代社会转变的最根本保证，是现代社会稳定发展的基础。制度学方向以布莱克等为代表，主要从人类历史发展演变的角度，对不同国家的现代化历程进行比较研究。这五大研究领域分别从不同的角度、不同的侧面对现代化给予了诠释，但是也存在局限性，如带有西方中心主义的意识形态偏见，历史观上坚持一元单线的进化论，在人的现代化上强调人的工具理性、忽视人的价值理性等。

关于依附理论，尹保云认为其可以大致分为三种类型：结构主义依附理论、激进的依附理论、依附发展理论①。

世界体系理论用“中心—半边缘—边缘地区”的依附关系、世界劳动分工和阶级冲突等变量来分析世界体系的历史演变，从而解释16世纪以来的世界发展史，认为现代化是一个世界运动，必然导致世界体系的变化，世界体系的变化必然影响国家的现代化②。

后现代化理论代表人物美国学者贝尔把社会发展分为三个阶段：前工业社会、工业社会和后工业社会。他从五个方面刻画了后工业社会。①经济方面：从产品生产经济转变为服务性经济；②职业分布：

① 尹保云.什么是现代化:概念与范式的探讨[M].北京:人民出版社,2001:222.

② 何传启.现代化研究的十种理论[J].理论与现代化,2016(1):22-29.

专业和技术人员阶级处于主导地位；③中轴原理：理论知识处于中心地位，是社会革新与制定政策的依据；④未来的方向：控制技术发展，对技术进行鉴定；⑤制定决策：创造新的“智能技术”①。

生态现代化理论代表人物荷兰学者摩尔认为，最先是20世纪80年代早期，少数西欧国家如德国、荷兰和英国，首次提出生态现代化理论②。这种理论主要以欧洲经验为基础，描述一种新模式：追求经济有效、社会公正和环境友好的发展。这是经济和环境的双赢模式；经济增长与环境保护相互协调，经济增长与环境压力脱钩。生态现代化的核心是预防、创新和结构转变。

关于反思性现代化理论，德国学者贝克认为，反思现代性指风险社会的特点，如社会不平等的个性化、不确定性、风险全球化、民主对话、结构性失业、部分雇用和工作安全性的退化等③。

关于多元现代化理论，以色列学者艾森斯塔特认为，多元现代性是关于现代时期的历史和特征的某种观点。现代性确实蔓延到世界大多数地区，但没有产生一个单一的文明或一种制度模式，而是产生了几种现代文明的发展或至少多种文明模式④。

关于全球化理论，英国学者赫尔德等认为，全球化可以追溯到人类文明的早期阶段，从大约1万年前到现在可以分为四个主要阶段：前现代的全球化（1万年前—公元1500年）、现代早期的全球化（1500—1850年）、现代的全球化（1850—1945年）和当代的全球化（1945年至今）。当代的全球化是各个领域和各个方面的全球化的历史性汇合和集中。全球化分为四种类型：密集的全球化、分散的全球

①②④ 何传启．现代化研究的十种理论[J]．理论与现代化，2016(1)：22-29.

③ Fischer F. Ulrich Beck and the politics of the risk society: the environmental threat as institutional crisis[J]. Organization & Environment, 1998, 11(1): 49.

化、扩张的全球化和稀疏的全球化[①]。

第二次现代化理论由中国学者何传启提出，他认为：第二次现代化理论不仅是一个广义现代化理论，也是一种人类文明理论，它使现代化理论与人类文明理论形成一个有机的整体[②]。他把18—21世纪的世界现代化分为第一次现代化和第二次现代化两个阶段。如果说，第一次现代化是以发展工业经济、建设工业社会为特征的经典现代化，那么，第二次现代化是以发展知识经济、建设知识社会为特征的新型现代化。

2003年何传启在《东方复兴：现代化的三条道路》一书中系统阐述了综合现代化理论，把综合现代化理论作为第二次现代化理论的一个路径理论，指出它适合于目前没有完成第一次现代化的发展中国家。这些国家通过两次现代化的协调发展，有可能迎头赶上世界先进水平，达到发达国家第二次现代化水平。发展中国家在综合现代化阶段，可以采用生态现代化原理和绿色发展模式，走绿色工业化和绿色城市化的发展道路，降低现代化过程的环境压力和生态成本。虽然发展中国家的环境压力和生态成本也会先升后降，但它们的数值有可能小于发达国家[③]。

虽然不同学派对于现代化的理论含义阐释有较大差别，对于现代化的理解存在诸多不同，关于现代化理论的学术争论一直存在，但是也形成了很多共识，学者们普遍接受现代化的两个基本内涵：① 指发达国家工业革命以来发生的深刻变化；② 指发展中国家追赶世界先进水平的发展过程[④]。这种深刻的变化包括四种转变，即从传统经济到现代经济、传统社会到现代社会、传统政治到现代政治、传统文

①③④ 何传启．现代化研究的十种理论[J]．理论与现代化，2016(1)：22-29.

② 何传启．知识经济与第二次现代化[J]．科技导报，1998(6)：3-4.

化到现代文化的转变①，这种转变还在持续发展过程当中，由此我们可以认为现代化是经济、政治、文化、技术、制度、行为与心理等人类社会各个方面不断发展进步的动态过程。

（二）农业现代化

徐冠仁认为，农业现代化就是用现代工业装备农业，用现代科学技术改造农业，用现代方法管理农业，用现代科学文化知识提高农民素质的过程；是建立高产优质高效农业生产体系，把农业建成具有显著经济效益、社会效益和生态效益的可持续发展的农业的过程；也是大幅度提高农业综合生产能力，不断增加农产品有效供给和农民收入的过程②。何盛明认为，农业现代化是指由传统农业转变为现代农业，把农业建立在现代科学的基础上，用现代科学技术和现代工业来装备农业，用现代经济科学来管理农业，创造一个高产、优质、低耗的农业生产体系和一个合理利用资源、又保护环境的、有较高转化效率的农业生态系统③。有的学者提出，农业现代化不仅包括农业生产条件的现代化、农业生产技术的现代化和农业生产组织管理的现代化，同时也包括资源配置方式的优化，以及与之相适应的制度安排④。

农业现代化是农业不断升级的动态过程，是农业从落后走向先进的手段，其内涵随着经济社会的进步与科学技术的发展而变化。比如：20 世纪 50 年代我国农业现代化的基本内涵是指农业实现机械化、化学化、水利化与电气化四类技术指标，到了 20 世纪 90 年代，农业现代化要实现农民生活消费、农业经济结构、农业基础设施、农业科

---

① 何传启．世界科技研究与发展[J]. 2018. 40(1):5-16.

② 徐冠仁．核子科学技术与农业现代化[M]. 北京:农业出版社,1979:1.

③ 何盛明．财经大辞典[M]. 北京:中国财政经济出版社,1990:880.

④ 黄祖辉,林坚,张冬平．农业现代化:理论、进程与途径[M]. 北京:中国农业出版社, 2003: 6.

学技术、农业经营管理与农业资源环境6个方面的现代化①。进入21世纪后，有的学者认为，我国农业现代化的基本特点包括生产过程机械化、生产技术科学化、增长方式集约化、经营循环市场化、生产组织社会化、生产绩效高优化、劳动者智能化②。

我国的农业现代化具有自己的特点，必须选择中国特色的农业现代化道路，这是我国的国情所决定的。对于中国特色的农业现代化，2007年中央一号文件③的提法最为权威，并被普遍认可：要用现代物质条件装备农业，用现代科学技术改造农业，用现代产业体系提升农业，用现代经营形式推进农业，用现代发展理念引领农业，用培养新型农民发展农业，提高农业水利化、机械化和信息化水平，提高土地产出率、资源利用率和农业劳动生产率，提高农业素质、效益和竞争力。建设现代农业的过程，就是改造传统农业、不断发展农村生产力的过程，就是转变农业增长方式、促进农业又好又快发展的过程。

（三）我国农业现代化的历史进程

中国科学院中国现代化研究中心发布的《中国现代化报告2012——农业现代化研究》④ 认为，中国农业现代化的阶段划分应该与中国经济现代化的阶段划分相协调，当然也并非完全同步。参照中国经济现代化的阶段划分，该报告将中国农业现代化划分为三个阶

---

① 梅方权．中国农业现代化的发展阶段和战略选择[J]．调研世界，1999(11)：3-5，7.

② 中共四川省委政策研究室课题组．创新经营方式和组织形式推进农业现代化[J]．西南金融，2008(12)：16-18.

③ 中国政府网．中共中央 国务院关于积极发展现代农业扎实推进社会主义新农村建设的若干意见[EB/OL]．(2006-12-31)[2021-08-03]．http://www.gov.cn/gongbao/content/2007/content_548921.htm.

④ 中国发展门户网．中国农业现代化的历史进程及水平变化[EB/OL]．(2012-05-25)[2021-09-06]．http://cn.chinagate.cn/reports/2012ny/2012-05/25/content_25475880.htm.

段：清朝末年的农业现代化起步阶段、民国时期的局部农业现代化阶段、新中国的全面农业现代化阶段（表6-1-1）。

表6-1-1　中国农业现代化的发展阶段

阶段	大致时间	历史阶段	农业现代化的主要内容和特点（举例）
农业现代化起步阶段（清朝末年）	1861—1894	洋务运动	引进农业机械、农业知识等
	1895—1911	维新新政	农业科技、农技推广、农业教育、农业企业、农业管理等
局部农业现代化阶段（民国时期）	1912—1927	北洋政府时期	＊引进农业机械、科学育种方法与化学肥料，农产品作为对外贸易的主要商品[①]
	1928—1936	国民政府早期	农业的机械化、科学化、化学化、工业化、农业合作社等
	1937—1948	战争时期	＊受战争影响，现代化进程停滞
全面农业现代化阶段（新中国）	1949—1977	计划时期	农业的机械化、电气化、水利化、化学化、农业合作社、人民公社等
	1978—2001	改革时期	农业的市场化、商业化、机械化、科学化、化学化、水利化、承包制等
	2002年至今	全球化时期	农业的国际化、信息化、生态化、机械化、市场化、集约化、合作社等

注：(1) 内容只是一个提纲，不是全面阐述；(2) 2001年中国成为WTO正式成员，参与经济全球化；(3) 本表引自《中国现代化报告2012——农业现代化研究》，但有修改，如农业现代化起步阶段一栏修改为洋务运动是农业现代化起点[②]，＊为增加内容。

① 罗红希．北洋时期对外贸易政策与“近代农业”观念的初步形成[J]，理论观察，2021(1)：86-89.

② 张蓝水．中国近代农业机械化的开端[J]．农业技术与装备，2016(11)：4-6.

关于我国农业现代化的发展阶段划分，表 6-1-1 所示只是一家之言，其他学者还有不同的意见。例如，对于新中国成立后农业现代化历程的阶段划分，臧云鹏根据生产效益、生态效益和社会效益在农业实践中所占的比重将其划分为三个阶段：以发展生产力为核心的农业现代化阶段（1949—1984 年），效率优先、兼顾环保的生态农业示范阶段（1985—2011 年），高效、优质、节约、友好的现代化农业阶段（2012 年至今）①。

对于新中国成立后农业现代化进程的阶段不管如何划分，笔者认为，有三个已有的和未来可期的重要节点值得高度重视：1978 年实行改革开放、2011 年彻底解决温饱、2035 年基本实现现代化。第一个节点标志农业生产力获得极大解放，第二个节点标志农业现代化建设的重大阶段性成果，第三个节点标志农业现代化的基本实现。

中国共产党十九届五中全会提出：到 2035 年基本实现社会主义现代化远景目标，基本实现新型工业化、信息化、城镇化、农业现代化，建成现代化经济体系②，把十七大确定的“三步走”战略的第三步（即 21 世纪中叶基本实现现代化）提前了 15 年，这是基于全面建成小康社会这个坚实的基础而确立的。2021 年 7 月 1 日，习近平总书记在庆祝中国共产党成立 100 周年大会上庄严宣布：我们实现了第一个百年奋斗目标，在中华大地上全面建成了小康社会③。面向 2035 年的农业现代化，将是一条质量兴农之路、产业带动之路、国际发展之路、共同富裕之路，在中国共产党领导下发挥社会主义制度优势，我

---

① 臧云鹏．农业现代化的发展历程与未来方向[J]．国家治理，2019(34)：31-40.

② 新华网．中国共产党第十九届中央委员会第五次全体会议公报[EB/OL].(2020-10-29)[2021-08-03]. http://cpc. people. com. cn/GB/http:/cpc. people. com. cn/n1/2020/1029/c64094-31911510. html.

③ 新华网．习近平：在庆祝中国共产党成立100周年大会上的讲话[EB/OL].(2021-07-01)[2021-08-03]. http://cpc. people. com. cn/n1/2021/0708/c437911-32152777. html.

国的农业现代化发展必将成功①。

新时代“两步走”战略②的第二阶段是从2035年到21世纪中叶，把我国建成富强民主文明和谐美丽的社会主义现代化强国。农业现代化只有阶段性目标，没有休止符。展望2035年以后，生态农业、绿色农业与人文农业的理念将得到不断的强化与彰显，我国农业在生产上的数字化、精准化、信息化的技术水平与在经营管理上的规模化、集约化水平会不断提升，作为农业从业主体的农民将完成彻底转型，并在完全实现职业化的基础上素质不断提高，我国将在21世纪中叶建设成强大的现代农业。

（四）中国农业的出路是现代化

1. 中国现代化的短板是农业

经过改革开放40多年的高速发展，我国已经进入工业化的中后期，成为工业体系完备、工业门类齐全的世界第二大经济体，是制造业第一大国，伴随工业化进程，城镇化率达到新水平，2019年年末全国大陆总人口14亿人，其中城镇常住人口8.48亿人，占总人口比重（常住人口城镇化率）为60.60%，户籍人口城镇化率为44.38%③。与此同时，我国农业现代化建设取得巨大成就，生产力发展水平不断提高，产业体系、生产体系、经营体系初步形成。但是，

---

① 王亚华，臧良震，苏毅清.2035年中国农业现代化前景展望[J]. 农业现代化研究，2020(1):16-23.

② 中国共产党十九大提出：在2020年全面建成小康社会、实现第一个百年奋斗目标的基础上，再奋斗15年，在2035年基本实现社会主义现代化。从2035年到本世纪中叶，在基本实现现代化的基础上，再奋斗15年，把我国建成富强民主文明和谐美丽的社会主义现代化强国。

③ 国家统计局. 中华人民共和国2019年国民经济和社会发展统计公报[EB/OL].(2020-02-28)[2021-08-03]. http://www.stats.gov.cn/tjsj/zxfb/202002/t20200228_1728913.html.

与飞速发展的工业化、快速推进的城镇化、迅猛发展的信息化相比，农业现代化的发展速度相对较慢，明显落后于其他“三化”，与城镇化、工业化极为不协调，并且对工业化、城镇化、信息化的制约性影响越发明显。农村土地、劳动力等资源优势不能充分发挥，并且农业就业结构演进慢于产业结构变化，工农业发展不平衡，农业劳动生产率和比较效益低。基于我国农民基数大、农村地域广的基本国情，不管工业化、城镇化进展到哪一步，农村将长期存在，城乡将长期共生并存。没有农业的现代化，就没有农村的现代化；没有农业农村的现代化，就没有国家的整体现代化。

2. 未来农业发展面临的挑战

改革开放40多年来，我国农业建设取得巨大成就，但是农业大而不强的基本面没有变，未来发展面临巨大挑战。

1）生产经营方式不适应市场经济与现代产业发展要求

我国农业尚处在由传统农业向现代农业转变的阶段。①一家一户的小农生产与小规模分散经营方式依旧占较大比例，农业产业化发展受到制约，集约化水平低，难以产生规模效益。2015 年全国经营耕地在2公顷以下的小规模经营农户高达2.57 亿户，占农户总数的96%[①]。未来一段历史时期内，小规模分散式生产经营方式还将长期存在，而小农生产经营方式与现代农业对接难。②面对农产品市场要求与居民消费结构加速升级的趋势，农业生产结构调整任重道远，且农业产业链条短。尤其是未来消费者对农产品安全质量的要求越来越高，产品质量成为价格的决定性因素，这必将极大地推动农业供给侧改革，有力地促进农产品标准化、品牌化和质量全程可追溯体系建设。③现有的农业经营组织数量少，活力不足，对市场需求变化的反

① 魏后凯．乡村振兴需从根本上转变传统小农生产方式[J]．中国乡村发现,2018(4):20-24.

应慢。④农村多元化新业态尚未形成，农业新的增长点还在探索中。

2）在应对复杂多变的国际环境方面不能适应竞争

中国加入WTO后，有力促进了中国经济的发展，尤其是在引入外资、扩大出口、激发创新力等方面成效更加显著，有力地促进了工业化、信息化，但是对农业的冲击很大，主要是农产品国内价格超过国际市场价格，一直担负着国际与国内农产品价格倒挂的压力，而补贴政策接近上限，农业增效极为困难。未来的国际竞争会越来越激烈，而我国农业抵御各种风险的能力依旧较低。比如：粮食生产与保障问题。农业现代化无论发展到哪一步，都必须保证粮食生产，因为粮食生产是保障人民安居乐业的基础中的基础，所以必须把饭碗牢牢端在自己手里，保证有效供给。但是受制于小规模分散经营，粮食生产效益低，农民种粮积极性不高；农民“半工半耕”成为常态——劳动力兼业化、农业副业化，老人妇女成为主要的农业劳动力——劳动力弱质化①。未来谁来种地？粮食生产的主体是谁？这些是我国必须破解、正在破解的重大课题，笔者认为需要在农民职业化方面寻找答案。

3）在生态环境与产品质量及安全方面不能适应更高要求

未来农业是贯穿生态农业、绿色农业、人文农业理念的农业，尤其是生态建设要求越来越高、越来越严，而农业资源相对缺乏，农业生产与生态建设需要找到最佳平衡点，找到两者相结合的新途径。党的十八大以来，农业与生态建设不协调问题得到缓解，但是并没有得到根本解决，比如农业污染问题依旧存在，部分地区还较为严重。根据全国第一次污染源普查结果显示，农业污染已经成为我国环境污染的重要污染来源。农业灌溉水中有80%的河流、湖泊存在氮、磷等物

① 穆怀中，张文晓．中国耕地资源人口生存系数研究[J]．人口研究，2014，38(3)：14-27.

质超标的问题。有关数据也显示，我国禽畜污染物排放量已经远超过工业有机污染物的排放量，成为农业污染的首要污染源。农药、化肥的有效利用率不超一半，剩余的都留在土壤中造成污染①。但是，保证粮食产量和减少农药化肥污染的矛盾短期难以解决，“双减”（减少化肥、农药使用量）任重道远。当前农产品供需要求呈现三个特点：一是安全，二是多样化，三是质量，未来对农产品安全、质量方面要求越来越高的趋势会更加显著，所以上述情况与问题显然对农业生产提出了很大挑战。

4）在农业科技创新、推广与应用方面不能适应发展趋势

2019 年我国农业机械化率达到 70%②，但是由于我国农业基本盘很大，即便非机械化占 30%，其绝对数值也很庞大。在农业科技应用方面，推广优良品种、栽培养殖技术、植物保护技术等遇到瓶颈，对农业的贡献率降低，此外农业污染问题也有待于农业科技的创新与生产方式的变革。

尤其值得重视的是：我国农业信息化发展滞后，数字技术应用刚刚起步，现代信息技术与农业的对接不充分，对农业现代化的作用没有充分显现，但是地方政府对农业农村信息化发展的重视程度不够高，加快推进农业信息化、数字化的社会意识淡薄。有的专家预测农业科技发展有两大趋势值得我们关注：一是千禧一代（1980—2000 年出生的人）将成为农业变革的先驱，二是精准农业③将在小型农场

---

① 全国第一次污染源普查结果显示，农业源化学需氧量排放量占化学需氧量排放总量的 43.7%；农业源总氮、总磷排放量分别占排放总量的 57.2%和 67.4%。

② 新华社．全国农作物耕种收综合机械化率超 70%[EB/OL].(2020-01-08)[2021-08-03]. http://www.gov.cn/shuju/2020-01/08/content_5467487.htm.

③ 精准农业强调的是（单体）设备和设施操作的精准和智能化控制。农民登录数字农业平台，平台接入了农机数据、土壤数据、肥料数据等，通过这个平台，农民就可以进行变量控制（变量播种、变量施肥、变量喷药等），以实现精准操作。

发挥大作用①。从国际来看，世界主要发达国家都将数字农业作为战略重点和优先发展方向，相继出台了“大数据研究和发展计划”“农业技术战略”和“农业发展4.0框架”等战略，构筑新一轮产业革命新优势②。《数字农业农村发展规划（2019—2025年）》指出：发展基础薄弱，数据资源分散，天空地一体化数据获取能力较弱、覆盖率低，重要农产品全产业链大数据、农业农村基础数据资源体系建设刚刚起步。创新能力不足，关键核心技术研发滞后，农业专用传感器缺乏，农业机器人、智能农机装备适应性较差……数字产业化滞后，数据整合共享不充分、开发利用不足，数字经济在农业中的占比远低于工业和服务业，成为数字中国建设的突出短板。③

3. 我国农业未来发展的出路是现代化

长久以来，我国是一个农业大国的国情没有改变，未来一段历史时期内也不会改变，农业作为基础产业的地位不会改变。习近平同志强调，我国是农业大国，重农固本是安民之基、治国之要④。农业问题的解决程度关乎社会主义现代化强国的战略能否实现，所以农业问题必须得到妥善解决。任何事物的发展都伴随着矛盾和问题，都是在破解矛盾和问题中发展。农业这些问题都是发展中的问题，也要通过发展来解决。习近平同志早在1984年河北正定工作期间就强调要建设现代化大农业⑤，1988年6月至1990年4月在福建工作期间对闽东

---

① 李瑾，冯献，郭美荣，等．“互联网+”现代农业发展模式的国际比较与借鉴[J]．农业现代化研究，2018，39(2)：194-202.

②③ 中华人民共和国农业农村部．农业农村部 中央网络安全和信息化委员会办公室关于印发《数字农业农村发展规划（2019—2025年）》的通知[EB/OL]．(2020-01-20)[2021-08-03]．http://www.moa.gov.cn/govpublic/FZJHS/202001/t20200120_6336316.htm.

④ 在第一个中国农民丰收节到来之际习近平向全国亿万农民致以节日祝贺[N]．经济日报，2018-09-23(1).

⑤ 中央农村工作领导小组办公室，河北省委省政府农村工作办公室．习近平总书记“三农”思想在正定的形成与实践[N]．人民日报，2018-01-18(1).

农业发展要求走一条发展“大农业”的路子①，2013 年 11 月 28 日在山东农科院座谈会上指出“农业的出路在现代化”②，这为农业发展指明了未来出路，明确了现代化建设在农业发展中的重要地位。

二、农业现代化的主体、关键与保障

经典现代化理论认为现代化的核心是人的现代化，甚至很多学者提出现代化的本质是人的现代化。习近平同志指出：农村现代化既包括‘物’的现代化，也包括“人”的现代化，还包括乡村治理体系和治理能力的现代化③。他还强调，农业现代化，关键是农业科技现代化④。科技是由人来创造的，更是由人来使用的，产业是需要人来管理和经营的，农业科技的应用、农业管理和经营主要是由农民、半转型的农民与转型后的职业农民来进行。基于此，“三农化一农”以农民为基点，坚持农民全面发展的方向，就是要让传统农民转化成为懂技术、善经营、会管理的职业农民。

（一）农业现代化的主体

农业现代化必须坚持以人民为中心的发展理念。习近平同志指出，要通过富裕农民、提高农民、扶持农民，让农业经营有效益，让农业成为有奔头的产业，让农民成为体面的职业⑤，就是要让农民共

---

① 中央农村工作领导小组办公室，福建省委农村工作领导小组办公室．习近平总书记“三农”思想在福建的探索与实践[N]．人民日报，2018-01-19(1)．

② 中共农业部党组理论学习中心组．坚持不懈推进农业强农村美农民富：深入学习贯彻习近平同志关于“三农”的重要论述[N]．人民日报，2014-06-23．

③ 习近平．把乡村振兴战略作为新时代“三农”工作总抓手[J]．求是，2019(11)：4-10．

④ 新华社．习近平时间丨农业现代化生根发芽[EB/OL]．(2020-08-09)[2021-09-06]．http：//www.xinhuanet.com/2020-08/09/c_1210744140.htm．

⑤ 人民网．习近平的“三农梦”：让农业成为有奔头的产业[EB/OL]．(2015-12-27)[2021-08-03]．http：//politics.people.com.cn/n1/2015/1227/c1001-27982140.html．

享改革发展成果、更有获得感，让农民自身得到充分发展。“三农化一农”路径以农民职业化为主线，就是要以增加农民收入、提高人民生活水平为出发点和落脚点，最终推进城乡一体化。农民、半转型的农民和转型后的职业农民是推动农业发展的主体，是推动我国农业现代化建设的主力军，所以在农业发展中必须依靠农民的力量，发挥农民的主体作用，激发农民的积极性与创造性，实现农民自身的发展与价值。农业现代化高度依赖农业科技的创新、推广与各种技术在农业中的集成使用，其中广大农民决定了农业科技创新成果的应用水平与推广程度，没有农民对农业科技的传播与使用，农业科技就不能转化为生产力。

（二）农业现代化的关键

人类农业发展史表明，每一次农业科技的重大突破都带来农业发展方式的重大变革，产生农业发展的重大飞跃。没有农业科技创新与推广，就没有现代农业，农业就谈不上现代化。农业现代化的关键是农业科技现代化，农业科技现代化依赖农业科技的创新与推广，科技创新主要依赖农业科技人才，科技成果推广主要依赖农业科技推广人才，所以农业科技创新与推广人才是关键中的重点。为了推进农业科技快速发展，提升农业生产过程中的科技含量，我国亟须加强培养农业领军人才和农业创新团队，强化建设农业科技推广体系，壮大农业科技推广队伍。尤其是农业基础科学和前沿技术领域人才队伍的培育和建设，有待国家进一步加大扶持力度①。当然，农业要做强，不仅需要农业科技创新与推广人才，还需要一定数量的农业经营管理方面的高素质人才、大量具备较高素质的现代农业产业职工（职业农民）。

① 黄庆华，姜松，曹峥林．人力资本对农业现代化的影响及动态转换实证[J]．中国人口·资源与环境，2016，26(2)：93-101.

当前，我国适应现代农业发展需求的农业人才缺乏，成为制约农业现代化进程的短板之一，培育高素质农业人才队伍已成为农业现代化的一项重要任务。

（三）农业现代化的保障

为了使农业现代化建设能够顺利进行，保证农业现代化水平逐年提升，必须制定并落实好一系列惠农利农、支持农业现代化发展的政策，完善相应法律法规，提高金融服务水平，加强农村党建工作，推进乡村治理，为农业现代化建设提供保障。

1. 农业政策与法律

我国长期以来对农业发展的指导和管理主要依靠行政指导和政策，回顾新中国成立后农业发展取得的成就，无不是政策引导的结果。随着法治国家建设的不断推进，在“法治三农”构建中我国需要正确处理农业政策与农业法的关系。源于实践层面的考察，二者之权重应有所调适并逐渐遵循“政策”到“法”的发展向度①。长期有效的农业政策、具备特定条件的农业政策要上升为法律法规，实现农业法对农业政策的调整与规范，同时对制约农业现代化的相关法律法规或其条文要加快修订与完善，还要加强政策与法律法规的执行与监督。

2. 金融服务

现代农业发展的资金来源渠道主要有三个：其一，农户的自有资金；其二，国家与地方财政支农资金；其三，各种类型的金融资金。然而农户的自有资金较为有限，远远无法满足农业转型的需求。国家与各级政府财政投入主要是面向农业农村基础建设与科研重大项目，

① 向超，秦俭．农业政策与农业法：理论关联与法治思辨[J]．山西农业大学学报（社会科学版），2016，15（10）：693-699.

对农业产业发展主要发挥引导作用，其他方面的支持力度明显不足，在促进农业产业转型方面显得捉襟见肘。而充分发挥普惠金融资金的支持作用，能够有效提升农业生产技术，优化农业生产条件，降低农业生产经营活动对自然条件的依赖程度；能够促进农业生产规模的扩张，提升农业生产与经营活动的抗风险能力。因此，充分利用金融的支持作用，无疑是突破现代农业融资困境、实现其发展壮大的必然要求①。应该优化征信评级制度，完善普惠金融服务体系，拓宽融资渠道，同时提高金融服务质量，发展互联网普惠金融，对农业现代化提供更优质的金融服务。

3. **党组织建设**

我们国家是中国共产党领导的社会主义国家，党的领导是我国现代化建设的根本保证，也是推进我国现代化的巨大优势。我国在农业现代化的进程中离不开党的领导，离不开党组织的各方面保障，尤其是组织保障。加强农村基层组织建设有助于集中农业经济发展中的人力、物力、财力②，并为农业现代化建设提供组织保障。当前我国农村基层组织建设面临诸多问题，要承担这一重要责任，就要敢于迎接挑战，积极适应农业现代化的要求，搞好自身建设，成为推动农业经济现代化的坚强领导力量③。

4. **乡村治理**

乡村是用来满足现在的农民、未来的职业农民、农业人才及其他乡村居民生活需求的场域，还是满足农业与休闲、康养、旅游等相结合的新业态的消费者消费需要的主要场所，所以乡村是农业现代化的

① 耿君尧．普惠金融体系下现代农业融资困境及应对[J]．农业经济,2020(6):98-100.

② 纪霞．基于农业现代化建设的农村经济合作组织发展探析:以贵州省为例[J]．农业经济,2017(1):53-55.

③ 刘祖峰．农村基层组织建设与农业经济现代化[J]．农业经济,2018(1):30-32.

生活基地。不断提升乡村治理能力，推进乡村治理体系现代化，创造稳定、和谐的社会环境，是实现农业现代化的必然要求与重要保障，也是实现国家治理现代化的重要组成。习近平同志指出：我们要坚持农业现代化和农村现代化一体设计、一并推进，实现农业大国向农业强国跨越①。因此，“三农化一农”在强调农村现代化与农业现代化相辅相成的同时，对推进农业农村发展的不同阶段有先后侧重，先侧重农村现代化，后侧重农业现代化。当然，在推进过程中二者要先后呼应、全盘统筹、一体设计，在资金投入、要素配置、公共服务、干部配备等方面共同发力。

三、农业产业化与农业现代化

农业产业化是我国农民的伟大创举②，农业产业化经营是在党的十四大后由山东省潍坊市委、市政府最早提出③，之后农业产业化逐渐成为对中国农业发展具有重大影响的概念。1995 年 12 月《人民日报》发表社论《论农业产业化》，2000 年 11 月全国农业产业化工作会议召开，2012 年 11 月农业部等八部委在京召开会议明确提出对农业产业化经营和龙头企业的政策倾斜④。农业产业化的基本内涵是：以市场为导向，以科技进步为动力，以经济效益为中心，依靠龙头企业，实现区域化布局、专业化生产、一体化经营、社会化服务、企业化管理，形成贸工农一体化、产加销一条龙的农村经济的经营方式和产业组织形式⑤。其实质是对传统农业进行技术改造，让农业走向现代化经营方式和产业组织形式的过程。农业产业化具有很强的中国特

① 习近平. 把乡村振兴战略作为新时代“三农”工作总抓手[J]. 社会主义论坛，2019(7):4-6.

② 胡继连,王仁强. 论农业产业化[J]. 泰山乡镇企业职工大学学报,1999(1):11-14.

③⑤ 艾云航. 农业产业化发展背景及过程[J]. 动物科学与动物医学,2005(7):12-17.

④ 李杰. 传统种植业的产业化之路[J]. 经济,2013(4):144-146.

色，是我国农业走向现代化的重要途径。

（一）农业产业化是农业现代化的主轴

农业产业在广义上包括种植业、林业、畜牧业、渔业、副业五种形式，在狭义上指种植业。根据乡村发展态势、乡村振兴战略实施要求，应该强化农业广义上的概念。

中央明确提出：农业是全面建成小康社会和实现现代化的基础，必须加快转变农业发展方式，着力构建现代农业体系、生产关系、经营体系，提高农业质量效益和竞争力，走产出高效、产品安全、资源节约、环境友好的农业现代化道路①。习近平同志指出：农业农村现代化的主要抓手应当是农业产业化，包括农业市场化②。农业产业化是农业现代化的主要标志，主要包括农业生产方式与经营管理方式两个方面：一是农业生产方式通过科技创新与应用实现革新，走向专业化、标准化；二是农业经营管理方式面向市场进行体制变革，走向一体化、企业化。两个方面相结合走向规模化、集约化，这两个方面的发展水平代表了农业现代化水平。由此看来，虽然农业现代化过程包括农业产业化、农业机械化、生产技术科学化、农业信息化等诸多方面，同时与农村现代化密切相关，但是农业产业化应该是我国农业现代化的主要过程和最重要途径，可以认为是我国农业现代化的主轴。

生产方式变革是农业转型升级的根本途径。新中国成立以来，我国农业生产方式经历了从分散到集中再向双层经营体制转型的阶段，凸显了市场化、机械化等现代化特征，未来变革当以科技为依托，以

---

① 新华社．授权发布：中共中央关于制定国民经济和社会发展第十三个五年规划的建议[EB/OL]．(2015-11-03)[2021-08-03]．http://www.xinhuanet.com//politics/2015-11/03/c_1117027676.htm.

② 习近平．干在实处　走在前列[M]．北京：中共中央党校出版社，2013：160.

合作为趋势，以人才为根本①。加快农业生产方式转型升级不仅是土地等乡村资源综合高效利用、土地多功能产品打造、农民技能提升的有效途径，还是农业多元化、农民多业化的重要渠道，对阻止农业衰退，补齐农业短板，促进农业农民增收、农村发展有着重大战略价值。

对于经营管理方式，推进农业规模化、集约化经营，构建新型经营管理体系是我国农业逐步现代化的有力支撑。加快构建现代农业经营体系，旨在通过创新农业经营管理方式提高农业全要素生产率和农业生产力水平，是推进农业供给侧结构性改革的重要任务，是加快推进农业农村现代化的重要举措②。多种形式适度规模经营是农业现代化必由之路③。在当前和未来一段时期内，要坚持家庭经营在农业中的基础性地位，推进家庭经营、集体经营、合作经营、企业经营等共同发展的农业经营方式创新④，加快构建新型农业经营体系。

（二）“三农化一农”推动农业进步升级

农业现代化是不断解决农业进步升级中各种新旧问题的过程。解决农业进步升级中的问题，核心和关键是解决“人”的问题，即推进农民现代化。推进农民的现代化主要有三个途径：一是农业生产经营的规模化、集约化，通过农业产业化、社会化大生产实现农民职业化；二是农业科技的推广应用，提高农民技能；三是农民职业化水平的提升。其中农业生产经营的规模化、集约化与另外两个途径相比更

---

① 戴丽．新中国成立以来农业生产方式演变及发展趋势[J]．大连海事大学学报(社会科学版),2018,17(5):107-113.

② 蒲实．新知新觉:加快构建现代农业经营体系[EB/OL]．(2018-09-19)[2021-08-04]. http://theory. people. com. cn/n1/2018/0919/c40531-30301764. html.

③ 新华网．韩长赋:多种形式适度规模经营是农业现代化必由之路[EB/OL]．(2014-12-24)[2021-08-04]. https://www. chinanews. com/gn/2014/12-24/6908742. shtml.

④ 新华社．中共中央关于全面深化改革若干重大问题的决定[EB/OL]．(2013-11-15)[2021-08-04]. http://www. gov. cn/jrzg/2013-11/15/content_2528179. htm.

为重要，因为它在很大程度上对另外两个途径发挥着决定性影响，而农业生产经营的规模化、集约化有赖于农地的规模化利用。

按照“三农化一农”路径，实施乡村振兴战略的首要任务是做强做大乡村产业，以此来推动农民转型分化，向职业化方向蜕变，这会促使农民逐渐摆脱对农地的依赖并释放出农地，为农地规模化利用提供便利条件。如果没有产业兴旺，从土地上“转”出来的农民就谈不上就业。“三农化一农”以调整土地关系为切入点，通过经营权共享等方式优化农地经营权流转机制与平台，主要目标是服务于土地规模化利用，进而推动农业生产经营的规模化、集约化发展，且排除农业科技难以大规模推广等不利因素。

农业现代化是转变农业增长方式、提高土地产出率与资源利用率的过程。“三农化一农”以土地多功能利用为着力点，在生态优先理念下显化资源优势和特色，就是要在土地规模化整合中开发农业多种功能，促进现代农业产业体系构建，促进农业产业与乡村其他产业协调配套，拓展农业的广度和深度，从农业供给侧结构性改革入手促进农业结构不断优化升级，以土地多功能产品为载体发挥农业多种功能，并提升农业价值链。

农业现代化是发展农村生产力的过程，我国的农业现代化要通过培养新型农民发展农业。新型农民的培养过程是农民职业化过程，主要针对的是农民转型分化后留在农业的群体，这也是农民职业化的主要对象。农民职业化作为“三农化一农”的重心和主线，不仅要推动农民的转型分化，还要不断提升职业农民的科技应用与文化程度、经营管理能力和组织化程度、收入水平与全职务农程度、信息化程度等职业化水平。劳动者是农业生产力的最活跃要素，农民职业化整体水平提高了，才能不断提升农业现代化水平。

（三）国外农业产业转型升级路径介绍

发达国家在进行农业产业转型升级时，特别重视产业一体化及中间组织作用的发挥。

在美国，家庭农场是主要的农业产业一体化组织形式，大约99%的农场都可以归结为家庭农场。而伴随家庭农场规模的不断扩大，农业生产力不断提升，家庭农场主无法兼顾到产前、产中和产后各环节的所有工作。因此，大批为农业服务的中间组织和公司应运而生，将美国农业的物质生产与农产品供应紧密联系在一起，农产品从收储到加工、包装延伸、销售与消费等每一个环节，构成了一个有机的整体。直接从事农业生产的单位和人员越来越少，而从事农用物资等供应的产前部门，以及从事农产品运销加工等业务的产后部门与人员则越来越多，从而形成一种“倒金字塔”结构。同时，随着现代农业机械进一步普及，现代管理技术、通信和信息技术，特别是计算机技术得到普遍采用，现代生物（包括遗传育种）技术也已广泛应用于农业，自动化技术、精准农业技术开始走进大农场，对农业进行渗透型融合，使农业生产效率进一步提高。①

法国采取以牧为主、农牧并重的农业发展方针，加上行之有效的农业政策，使其农业发展程度在全世界居于领先水平。截至2017年年底，法国是欧洲第一农业生产大国，其农业产值占欧盟农业总产值的22%，在全球农产品出口仅次于美国。法国农业实现了高度的现代化，其实现路径主要包括现代农业科技化、现代农业机械化和现代农业专业化三个方面②。这三方面不仅使法国的农业产业取得了规模效

---

① 布罗克．美国产业结构[M]．12版．罗宇，等译．北京：中国人民大学出版社，2011：6-10.

② 宾芹，向琳．法国现代农业发展及其启示[J]．上海农村经济，2019(6)：40-42.

益、降低了生产成本，而且还控制了法国农业市场价格，确保了农产品质量，维护了法国农场主的利益。农户参与合作社与否，完全自愿，真正让合作社成为农民维护自身利益的重要保证，成为法国农业产业化的生力军。法国的农业合作社涉及的领域非常广泛，不仅供应生产资料、共享大中型农业机器，而且涉及从农产品收购、加工到储藏与销售中的各种技术服务以及信贷等业务。①

日本农业是典型的东亚小农制模式。日本在第二次世界大战后，积极改变农业发展战略，用较短的时间实现了农业的复苏，提高了农业现代化水平。进入 21 世纪后，日本农民收入大幅度减少，2008 年农户收入的绝对值（294 万日元）下降到 1995 年农户收入（689 万日元）的不到一半②，加上农村出现了老龄化和农业“过疏化”现象，放弃耕作的耕地面积也在逐年增加，农产品自给率逐年降低，日本农业进入艰难时期。为摆脱困境，日本政府采取一系列措施，特别是推行了农业“六次产业化”，采取产业链整合的方式，逐渐形成集农业生产、农产品加工、农产品销售、农业服务于一体的完整农业产业链条，将过去外溢到城市、工业等农业农村外部领域的就业岗位、附加收益等农业产业红利内部化，为农业生产者能够获得更多农产品加工、流通、消费和农业旅游服务环节的附加值创造条件，借此增加农民收入、提升农业农村发展的活力。日本政府推行农业“六次产业化”不是凭空产生，而是针对日本国内农业产业的实际情况和困境，在真正意义上为解决日本的农业产业困局找到了突破口，为日本经济的增长找到了新的增长点。③

---

① 杜朝晖．发达国家传统产业转型升级的经验及启示[J]．宏观经济管理，2017(06)：87-92.

② 徐哲根．日本农户增收的产业路径及其启示[J]．现代日本经济，2011(3)：48-54.

③ 路征．第六产业：日本实践及其借鉴意义[J]．现代日本经济，2016(4)：16-25.

上述列举的美、法、日三国三种不同类型农业产业发展路径，都直接或者间接地通过促进农村一二三产业融合发展，使之实现农业产业一体化，实现农业产业转型升级。由于这三个农业发达国家的资源禀赋、社会经济发展的历史背景各有不同，三个国家根据各自特色选择了适合自身的农业产业一体化模式①。这些成功的经验对中国农业产业转型升级、实施农业生产经营一体化具有很大的借鉴意义。

第二节　乡村振兴战略下的农业现代化对策

一、乡村振兴战略下的农业现代化基本路径

农业产业处于乡村产业乃至整个国民经济的基础地位。产业兴旺居于乡村振兴战略总要求的第一位，推动农业产业发展、壮大、增强是实现产业兴旺的最重要内容。“三农化一农”把产业兴旺作为农民转型与职业化的先导，而提升农民职业化水平依赖于农业产业化发展、农业现代化水平的提升。2015 年 3 月习近平同志提出：在一些地区要率先实现农业现代化，突出抓好加快建设现代农业产业体系、现代农业生产体系、现代农业经营体系三个重点②。当年 7 月他在吉林考察时又进一步强调，农业现代化作为“四化”建设过程中的短板，更要以建设现代农业产业、生产、经营体系为抓手③。

---

① 谭明交．农村一二三产业融合发展:理论与实证研究[D]．武汉:华中农业大学,2016.

② 习近平李克强张德江刘云山分别参加全国人大会议一些代表团审议[N]．光明日报,2015-03-10(1).

③ 新华网．习近平在吉林调研时强调　保持战略定力增强发展自信[EB/OL]．(2015-07-18)[2021-08-04]．http://www.xinhuanet.com/politics/2015-07/18/c_1115967338.htm.

（一）构建现代农业产业体系

现代农业产业的发展及其体系的构建与生产方式与技术、营销与服务等密不可分，并且农业生产体系与经营体系构建已经融入农业产业体系的构建之中，所以在很大程度上可以认为，农业产业体系是农业生产体系、农业经营体系两个方面的集成，也就是说，农业产业体系建设就是要把农业生产和农业经营结合起来，融入农业产业化进程，使农业产业走向规模化、集约化。我国现代农业产业体系应该是集农产品生产，二、三产业原料供给，农业及相关资源开发，生态与环境保护，文化传承与创意，市场营销与服务等产业的全方位、多层次、复合型的综合系统。

现代农业产业体系，是产业横向拓展和纵向延伸的有机统一，重点解决的是农业资源要素配置和农产品供给效率问题，是现代农业整体素质和竞争力的显著标志①。我国农业产业体系建设亟须解决的主要问题是：结构不合理，一二三产融合度低，产业链及价值链短。调整农业产业结构就是要把农业产业的横向拓展与纵向延伸结合在一起，让两者相互作用，形成新业态，提升农业综合效益。

1. 保障国家粮食安全

2012 年以来我国粮食总产量连续 5 年超过 1.2 万亿斤②，但与发达国家相比，人均粮食占有量较低。我国是一个拥有 14 亿人口的大国，如果粮食供给严重依赖国外进口，则严重威胁人民生存和国家战

① 韩长赋．构建三大体系　推进农业现代化：学习习近平总书记安徽小岗村重要讲话体会[EB/OL].(2016-05-18)[2021-08-04].http://theory.people.com.cn/n1/2016/0518/c40531-28358947.html.

② 人民网－财经频道．农业农村部：年年丰收 我国粮食产量连续五年稳定在1.3万亿斤以上[EB/OL].(2020-04-28)[2021-09-06].http://finance.people.com.cn/n1/2020/0428/c1004-31691683.html.

略安全。如果连基本的食物供应都不能保障，农业现代化就是失败的。国家之所以要确保 18 亿亩耕地红线，道理也在于此。习近平同志强调：确保重要农产品特别是粮食供给，是实施乡村振兴战略的首要任务①，我们的饭碗应该主要装中国粮②。为了既保障国家粮食安全，又提升农业效益，农业现代化就要构建更加合理的农业产业体系。

2. 促进 “三产” 融合发展

在保障粮食安全的基础上，主要解决的是农业产业如何拓展、延伸产业链，从而提升价值链、实现多次增值的问题。“三产”融合是拓展、延伸农业产业链的主要对策。促进农产品加工企业规模经营，在生态农业、绿色农业与人文农业理念下发展休闲农业、旅游农业等，并促进与之配套的乡村第三产业的发展，培育“三产”融合的新业态是主要的思路。

3. 优化产业产品结构

优化产业产品结构是推进农业供给侧改革的主要内容。当前我国农产品产量总体显著提高，但是生产结构性矛盾突出，一些产品种类较少，或者质量不高，无法满足多样化、多层次、更高质量的消费需要。例如，大豆、肉类等产品缺口大、供需矛盾突出，粮食生产量、进口量和库存量“三量”齐增代表粮食生产存在结构性隐患。这就需要以市场需求为导向，不断调整各类种植业、养殖业的产业布局比例，逐渐补齐大豆、牛羊肉、奶类生产供给不足的短板，并提高农产品生产质量，增加产品市场竞争力。

---

① 习近平在参加十三届全国人大二次会议河南代表团审议时的讲话[N]. 人民日报,2019-03-09(1).

② 中共中央文献研究室. 十八大以来重要文献选编(上)[M]. 北京:中央文献出版社,2014:660-661.

（二）构建现代农业生产体系

生产体系是发展现代农业的动力支撑，突出体现了对生产力的要求。现代农业是由先进、发达的生产装备与设施武装起来，通过先进、发达的生产方式与手段实施规模化、标准化生产的农业。我国农业生产体系建设亟须解决的主要问题是：物质装备水平相对不高，科技创新不足，基础设施相对薄弱，生产标准化程度较低。习近平同志提出要从“藏粮于仓，藏粮于民”转变为“藏粮于地，藏粮于技”的理念①，主要指的是走内涵式现代农业发展道路，不但向土地要粮食，还要向科技要粮食。粮食生产要坚持这个理念，其他农产品生产同样要坚持这个理念。

1. 以先进的装备设施武装农业

我国农业自然资源条件并不优厚，耕地少，且其中良田少，中低产田较多，农田水利等基础设施建设还有较多“欠账”，且使用效率低。因此，还需进一步改善农业生产条件，抓好农田改造与基础建设，加强水利设施的使用和管理；加强农机等技术装备，不断提高农业生产的机械化程度。面对未来信息革命形势与农业发展样式，还要努力发展智慧农业、设施农业，推进农业数字化、信息化与网络化建设等。

2. 推进农业标准化生产

农业生产安全关乎人民生命安全与健康，人们对农产品生产的绿色、健康、高质量要求越发强烈，因此必须加快完善统一、权威的监管体制和制度，处理好农产品的产量、质量、安全的关系，以科学合理的标准对农业生产进行管控，还要遏制对土地和水体等资源的污

---

① 人民网．藏粮于地、藏粮于技战略：习近平与“十三五”十四大战略[EB/OL].(2015-11-22)[2021-08-04]. http://politics. people. com. cn/n/2015/1122/c1001-27842000. html.

染、对农业生态与环境的破坏，修复生产的生态空间。不仅要建立严格的监管标准，还要建立相应的处罚标准与问责机制，并强化执行。

3. 推进农业科技创新与推广

科学技术是农业发展的第一生产力。科学技术的创新、发展与应用是传统农业向现代农业转变的重中之重，是实现农业现代化的关键。要把科技创新与推广应用摆在农业现代化建设中更加突出的位置，加大农业科技的投入与研发力度，加大新品种、新技术、新装备与新模式的推广力度，加快构建适应农业发展要求的技术体系，把握农业科学技术发展的趋势和规律，走中国特色农业现代化发展道路①，让农业插上科技的翅膀，促进农业大国向农业强国的转变。

（三）构建现代农业经营体系

对于农业经营，邓小平同志提出了“两个飞跃”的思想。第一个飞跃，是废除人民公社，实行家庭联产承包为主的责任制。这是一个很大的前进，要长期坚持不变。第二个飞跃，是适应科学种田和生产社会化的需要，发展适度规模经营，发展集体经济。这是又一个很大的前进，当然这是很长的过程。② 当前，分散粗放的传统农业经营方式已经严重滞后于现代化经济体系运行的现实需求，以农业内卷化、农民兼业化、农地细碎化、生产非粮化为特征的农业经营方式直接引致农业不断“被边缘化”，“弱者种地”“差地种粮”的现象广泛存在③。在农业经营中存在的这些现象主要反映的是农业生产关系方面存在的问题，破解这些问题的过程就是将土地经营方式、农业经营主

① 东秀萍，王倬倬．习近平总书记关于农业现代化的重要论述研究［J］．学习论坛，2020(4):11-17.

② 邓小平．邓小平文选:第三卷［M］．北京:人民出版社，1993:355.

③ “新型农业经营体系”研究小组．农业共营制:中国农业经营体系的新突破［J］．当代县域经济，2014(6):36-41.

体、组织方式与服务模式有机结合起来的过程，目的是形成立体式、复合型现代农业经营体系，提高农业产业化水平。

1. 深化农村土地制度改革

农村土地制度改革是关系到现代农业生产经营体系构建的关键环节。为了促进农业产业化发展，就必须深化农村土地制度改革，推进土地的规模化、集约化利用。要坚持农村土地集体所有的“底线”思维，在坚持土地农民集体所有的基础上，深化农地和宅基地“三权分置”改革，调整土地关系。

2. 培育新型农业经营主体

农业从传统走向现代不仅表现为农业生产力的提高，还表现为农业经营主体的转变。在很大意义上，正是因为农业经营主体的转变才推动了农业生产力的提高和农业生产关系的变革，因此推动传统农业经营主体转型，培育新型农业经营主体，进而对农业生产结构进行重组优化，对农业农村各类生产要素进行集成，是农业现代化的必然路径。

新型农业经营主体泛指在传统农业向现代农业转型过程中逐渐发展起来的农业生产经营组织。具体是指具有较大经营规模、较好物质装备条件和经营管理能力，具备较高的劳动生产率、资源利用率和土地产出率的，以商品化生产为主要目标的农业经营组织；新型农业经营主体一般以农户家庭为基本组织单位，通过租赁、转包等形式，受让农户流转出的土地，从事适度规模的农业生产、加工和销售；新型农业经营主体主要包括家庭农场、专业种养大户、农业专业化合作经济组织和以农业产业化龙头企业为代表的农业企业；特点是以市场化为导向，以专业化为手段，以规模化为基础，以集约化为标志①。我

① 任倩．自立之路：培育新型农业规模经营主体[M]．北京：中国民主法制出版社，2016：9-10.

国未来新型农业经营主体的构成形式将是以农业龙头企业、专业合作社、家庭农场、种养大户为主，其他农业经营组织为辅。

中央对培育新型农业经营主体高度重视。2013 年中央一号文件提出要加快新型经营主体发展的力度①。2015 年中央一号文件强调完善新型农村经营主体的金融服务②。2016 年中央一号文件强调在发展新型经营主体过程中创建新型服务主体的重要性③。2017 年党的十九大报告提出发展多种形式适度规模经营，培育新型农业经营主体，建设现代农业④。2018 年中央一号文件提出要注重发挥新型农业经营主体带动作用，统筹兼顾培育新型农业经营主体和扶持小农户⑤。农业农村部明确指出：在坚持农村基本经营制度基础上，大力培育发展新型农业经营主体和服务主体，不断增强其发展实力、经营活力和带动能力，是关系我国农业农村现代化的重大战略，对推进农业供给侧结构性改革、构建农业农村发展新动能、促进小农户和现代农业发展有机衔接、助力乡村全面振兴具有十分重要的意义⑥。

---

① 新华社．新华社受权发布 2013 年中央一号文件[EB/OL].(2013-01-31)[2021-08-04]. http://www.gov.cn/jrzg/2013-01/31/content_2324293.htm.

② 新华社．中共中央国务院关于加大改革创新力度加快农业现代化建设的若干意见[EB/OL].(2015-02-01)[2021-09-06]. http://www.gov.cn/zhengce/2015-02/01/content_2813034.htm.

③ 新华社．中共中央国务院关于落实发展新理念加快农业现代化实现全面小康目标的若干意见[EB/OL].(2016-01-27)[2021-09-06]. http://www.gov.cn/zhengce/2016-01/27/content_5036698.htm.

④ 新华社．习近平:决胜全面建成小康社会　夺取新时代中国特色社会主义伟大胜利——在中国共产党第十九次全国代表大会上的报告[EB/OL].(2017-10-27)[2021-08-04]. http://www.gov.cn/zhuanti/2017-10/27/content_5234876.htm.

⑤ 新华社．中共中央国务院关于实施乡村振兴战略的意见[EB/OL].(2018-02-04)[2021-08-04]. http://www.gov.cn/zhengce/2018-02/04/content_5263807.htm.

⑥ 农业农村部．农业农村部关于印发《新型农业经营主体和服务主体高质量发展规划(2020—2022 年)》的通知[EB/OL].(2020-04-23)[2021-08-04]. http://www.moa.gov.cn/nybgb/2020/202003/202004/t20200423_6342187.htm.

3. 促进农业经营主体的融合与组织化

新中国成立后，我国在一段时期内实行了农业合作化，对促进农业生产经营发挥了重要作用，但是在计划经济体制下问题不断凸显，农业合作化逐渐萎缩，甚至走向僵化。但是，在社会主义市场经济体制确立后，小农户分散式生产经营方式面对市场经济的发展越来越不适应，只有将农业经营主体联合起来、走组织化的市场化道路，才能在市场上占据有利位置。尤其是体量小的经营主体乃至分散的小农户抵御市场风险能力更差，更需要集合、联合起来，才能在不断发展变化的市场中立足。其中，尤为值得关注的是农民专业合作社①与供销合作社②的综合改革。

农民合作社集生产主体和服务主体为一身，融普通农户和新型主体于一体，具有联系农民、服务自我的独特功能③。迄今为止，还没有哪个制度能够像农民合作社那样，能够普遍引导普通农户走向富裕，广泛实现农业产业化，进而引导整个农村走向农业现代化；但是我国农民合作社的发展存在两个极端，一个是普通农户难以创办合作社，另一个是大量“合作社”变形，严重偏离农民合作社制度设置的要求；出现上述问题的原因有两个，一个是政府缺位，推广不力，另一个是政府监管不到位④。

深化供销合作社综合改革可以增强农业规模化经营能力，调动农民生产经营积极性，降低农产品进入市场的成本，提高农产品核心竞

---

① 农民专业合作社是在农村家庭承包经营基础上，同类农产品的生产经营者或者同类农业生产经营服务的提供者、利用者，自愿联合、民主管理的互助性经济组织。

② 全国供销合作社系统由中华全国供销合作总社、省级供销合作社、地级供销合作社、县级供销合作社、基层供销合作社五级组织机构组成。

③ 张红宇．牢牢把握农业供给侧结构性改革的方向［EB/OL］．(2016-12-29)［2021-08-04］. http://theory. people. com. cn/n1/2016/1229/c40531-28985776. html.

④ 光明网．我国农民合作社发展存在的问题［EB/OL］．(2016-02-02)［2021-08-04］. https://yp. gmw. cn/2016-02/02/content_18760450. htm.

争力，增加农民收益，同时供销合作社还可以为农民提供便捷的服务保障、农业生产技术指导、市场供求信息、资金政策支持。2019 年中央一号文件提出，继续深化供销合作社综合改革，制定供销合作社条例①。

二、乡村振兴战略下的农业现代化实践对策

习近平同志指出：要大力推进农业现代化，加快转变农业发展方式，走产出高效、产品安全、资源节约、环境友好的农业现代化道路②。他还指出：提高农业综合效益和竞争力，是当前和今后一段时期我国农业农村政策改革和完善的主要方向③。要坚持新发展理念，把推进农业供给侧结构性改革作为农业农村工作的主线④。乡村振兴战略坚持以“三农”问题为导向，即以解决“三农”问题为靶标，而“解决问题的宗旨，就是为人民服务”⑤。因此，我国农业现代化进程中必须坚持生态农业、绿色农业与人文农业三大理念，以提升农业综合效益和市场竞争力为主要方向，以深化农业供给侧结构性改革为主线，“重点是通过产品、技术、制度、组织和管理创新，提高良种化、机械化、科技化、信息化、标准化、制度化和组织化水平，推动农业、林业、牧业、渔业和农产品加工业转型升级。⑥”在实践中

---

① 新华社．中共中央国务院关于坚持农业农村优先发展做好“三农”工作的若干意见[EB/OL]．(2019-02-19)[2021-08-04]．http://www.moa.gov.cn/ztzl/jj2019zyyhwj/2019zyyhwj/201902/t20190220_6172154.htm.

② 中共十八届五中全会在京举行[N]．光明日报，2015-10-30(1).

③ 韩长赋．做好新时代“三农”工作的行动指南[N]．人民日报，2019-07-16(9).

④ 中央农村工作会议在京召开[N]．光明日报，2016-12-21(1).

⑤ 央视新闻客户端．习近平：解决问题的宗旨是为人民服务[EB/OL]．(2020-03-31)[2021-08-04]．https://www.chinanews.com/gn/2020/03-31/9142925.shtml.

⑥ 海外网．深入理解乡村振兴战略的总要求[EB/OL]．(2018-02-05)[2021-08-04]．http://m.haiwainet.cn/middle/3541083/2018/0205/content_31253949_1.html.

的主要对策如下：

（一）坚持绿色农业、生态农业与人文农业三大发展理念

党的十八大以来，习近平同志多次强调要在农业发展中，坚持以绿色生态农业为导向，正确处理生产发展与农业生态环境保护的关系，走生态环境友好、可持续发展的农业现代化道路。绿色农业、生态农业作为农业发展的宏观理念，应该贯穿在农业现代化进程之中，这已经形成了广泛的共识。此外，笔者认为还应该把人文农业的理念作为农业发展宏观理念之一。因为人类的一切生产活动都是由“人”来完成的，最终是为“人”服务的，所以农业现代化进程必须高度重视“人”——劳动者素质的发展，充分体现对“人”——劳动者、消费者的尊重，还要为“人”更好地服务。在实施乡村振兴战略的大背景下，坚持绿色农业、生态农业与人文农业发展理念的主要对策是：

1. 规划先行，加强生态与环境保护

树立城乡融合、一体设计、多规合一理念，将生态建设与环境保护纳入国土空间规划，融入各地经济社会发展规划、乡村振兴规划及各项专项规划（方案）。大规模实施农业节水工程，大力实施区域规模化高效节水灌溉行动，深入实施土壤污染防治行动计划，实施耕地、草原、河湖休养生息规划，集中治理农业环境突出问题，推进山水林田湖整体保护、系统修复、综合治理，推进农业可持续发展①。深入推进化肥农药“双减”和零增长行动，推行高效的循环农业模式。

---

① 冯海发．构建现代农业“三个体系”加快推进农业现代化[J]．农业经济与管理，2017(5):9-12.

2. 完善农业生产标准

农业标准化是指根据市场需求，运用标准化的“统一、简化、协调、选优”原理，针对农业生产的“产前、产中、产后”全过程制定并实施相关的系列标准，加速先进农业科技成果的推广应用，确保农产品的质量和安全①。要依靠科技进步，注重农业科技通用成果的集成创新和引进消化再创新，并紧跟国际发展脚步，借鉴国际绿色农业标准化的成功经验，通过立法手段，以法律法规的形式构建完善的绿色农业生产标准化体系。

3. 完善政策与法律体系，强化政府监管责任

要严格执法，建立长久有效的制度体系、保障体系，健全从田间地头到厨房餐桌的农产品质量安全全过程监管体系，制定市场准入与惩罚措施，按照生产标准加强对农业生产的管控，控制农业生产中的生态破坏行为。

4. 提高管理者、经营者、劳动者的意识

要不断加强对农民的宣传与教育，提升农民对于绿色农业、生态农业和人文农业的了解和认识，培养农民的生态、绿色发展意识。从根本上来说，还是要提高劳动者素质，加强职业农民培育，努力培养一大批有文化、懂技术、善经营、会管理并掌握生态农业、绿色农业知识和技术的职业农民。

（二）深化农业供给侧结构性改革

农业供给侧结构性改革的核心问题有两个：一是要提高农业的综

① 张洪程，高辉，严宏生，等．农业标准化原理与方法[M]．北京：中国农业出版社，2002：20.

合效益，二是要提高农产品的国际竞争力①。农业综合效益与农产品国际竞争力有一定因果关系，一般来说，农业综合效益高则农产品国际竞争力就强，所以提高农业的综合效益是这两个核心问题中的重点，那么就要把提高农业综合效益作为当前和今后一段时期内农业产业化的首要任务，在此基础上努力提升国内、国际“双循环”② 中的竞争优势。当然，农业供给侧改革无论如何改，都要以保障粮食安全为基础，这是农业现代化建设的大前提。习近平同志指出，推进农业供给侧结构性改革，首先要把农业结构调好调顺调优，要在确保国家粮食安全基础上，着力优化产业产品结构③。

在国内，农产品流通销售在很大程度上已经对接了市场，那么农业生产就要以满足消费者的习惯和需求为目标。消费者的习惯和需求在不同的经济发展阶段不断地变化，并且消费需求更加多元化、多样化，而当前生产供给方与市场对接程度较差，导致不能及时对接需求方的需求变化。所以，在农业生产领域要遵循市场规律，通过市场供求、价格、竞争的变化，及时调整生产方向与生产结构。

对外，我国农业面临的问题和挑战主要是主要粮食产品、畜产品价格高于国际价格，国际市场竞争力差。2004 年以来，我国粮价稳步提升，国际粮食到岸税后价（含运费、关税和保险等费用）普遍低于国内价格，特别是2013 年以来价差呈扩大趋势④，主要粮食品种净进口均呈常态化。2006—2010 年国内外畜产品价格开始逐渐倒挂，最

---

① 人民日报．陈锡文谈农业供给侧改革[EB/OL].(2017-03-05)[2021-08-04].http://bgimg.ce.cn/xwzx/gnsz/gdxw/201703/05/t20170305_20727504.shtml.

② “双循环”是指以国内大循环为主体，充分发挥我国超大规模市场优势和内需潜力，构建国内、国际“双循环”相互促进的新发展格局。

③ 中央农村工作会议在京召开[N]．光明日报，2016-12-21(1).

④ 李雪，郝晓燕．近年来国内外粮食价格比较及原因分析[J]．农业展望，2016(2):19-22.

先开始价格倒挂的品种是猪肉，随后是禽肉和牛羊肉①。一直到2020年，我国主要粮食产品与畜产品国内价格依旧高于国际价格，并且这种价格倒挂的情形未来还将持续。之所以如此，主要是因为：①粮食生产劳动力和土地成本较高；②畜产品生产成本高，同时收购、屠宰、销售等中间环节的利润较高。

针对以上问题和挑战，主要对策有：

一是推进农村土地制度改革，促进土地的规模化、集约化生产经营，优化农业产业的区域布局。

二是把培育农业龙头企业作为核心，同时大力吸引社会资本下乡，引导小农户对接现代农业产业，提升农业产业化水平。

三是不断提高农民素质和农民职业化率。要持续加大对农民的教化，让农民明白生产由需求和市场来决定，要根据市场和需求来提升农业生产安全指数、农产品质量。

四是推进科技创新与推广，促进农业生产方式与模式的转变，满足消费者对产品安全、质量的要求。

五是大力发展高附加值、高品质农产品生产，通过品牌建设促进农业产业化发展。品牌建设有利于农业转型升级，要结合各地乡土文化的底蕴，利用优质农业生产基地，因地制宜，整合现有品牌，培育有国际影响力的名牌，提高农产品在国内外市场的竞争力。

（三）持续加强农田、水电路网建设与信息基础设施建设

农业用地是农业生产的基础，农田是粮食生产的保障，农业水电是农业发展的命脉，农村与农田道路是农产品物流与机械化作业的条件，光纤网络与通信基站等是发展数字农业、智慧农业、精准农业与

---

① 张帅,朱增勇．中国畜产品贸易及国内外市场价格比较分析[J]．中国畜牧业，2015(1):38-40.

物联网的支撑。主要对策是：

1. **加强农田与水利建设**

持续推进中低产田改造、农田水利建设，同时集中建设高标准农田，三者协调推进。我国18.26亿亩耕地中，中低产田约占70%，大量劣质土地效益低[①]，耕地退化超4成[②]。在中低产田改造与农田水利建设中，各地政府应该承担主要职责，将其作为改善农业生产条件、提高农业生产能力、抵御自然灾害和风险能力的重点，组织专家进行研究论证与规划，制订科学的技术方案与实施计划，加大财政投入的同时建立适合本地的吸引社会资本介入的机制，并教育农民、组织农民有步骤地逐步推进。

2. **加强水电路网等基础设施建设**

对于发展数字农业、农产品物流网及村庄信息化管理所必需的光纤、网络、基站等现代信息技术硬件设施，要做好规划与前期铺垫。当前全国具备条件的建制村全部通硬化路，行政村通光纤、通4G网络比例均超过98%[③]，可以在此基础上整体规划、整修网格化管理的农田通道，将村庄光纤网络、通信基站建设向农业产业园区、农产品初加工园区乃至农田布点、延伸。

3. **加强政府投入，引入社会资本**

要把政府投入作为农业生产基础建设投资的主要渠道，强化资金使用监管，保障资金高效合理使用；发挥政府财政投入的引导作用，吸引信贷资金、社会力量参与，充分调动各类农业经营主体的积极性。

---

① 经济日报．中国中低产田占70%以上　耕地质量下降不容忽视[EB/OL]．(2013-05-21)[2021-08-04]．https://www.chinanews.com/gn/2013/05-21/4839034.shtml.

② 人民网－人民日报．我国耕地退化面积超四成[EB/OL]．(2014-12-18)[2021-08-04]．http://cpc.people.com.cn/n/2014/1218/c83083-26230970.html? ol4f.

③ 经济日报．行政村通光纤通4G比例均超98%[EB/OL]．(2019-08-02)[2021-08-04]．https://tech.gmw.cn/2019-08/02/content_33049278.htm? s=gmwreco2.

可以采取投资参股经营、贷款贴息、补贴等方式引导社会资本介入农村农业基础建设与农业综合开发。让工商资本下乡，注入新的资源，重新配置整个农业生产资源，可以将生产效率至少提高10%到15%。①

（四）以农业科技创新与推广为重点提升生产水平

现代农业是一种先进、发达、高效、生态的新型农业生产方式，是以现代科学与技术进步和科技创新为主要特征、标志和核心驱动力的新兴多功能产业体系②。2015年8月农业部颁发了《关于深化农业科技体制机制改革　加快实施创新驱动发展战略的意见》，为农业科技创新与推广明确了方向，同时提出了全局性的宏观对策及举措。笔者再提四点看法：

1. 处理好农业科技创新成果知识产权保护与其保密性相对较差的关系

2015年3月颁布的《中共中央　国务院关于深化体制机制改革　加快实施创新驱动发展战略的若干意见》首次明确了知识产权制度是激励创新的基本保障，提出要实行更加严格的知识产权保护等要求③，但是农业科技的研究周期长，技术性成果保密性弱，而农业不仅是基础产业，还是一个效益低的特殊产业，所以该文件提出准确把握农业科技的公共性、基础性和社会性特征。鉴于此，在农业科技的创新与推广中政府应该作为行为主体，尤其是基础性研究、公共性较

---

① 经济参考报. 2020三农投资：钱从哪里来　投向哪里去[EB/OL]. (2020-02-11) [2021-08-04]. http://js.people.com.cn/n2/2020/0211/c360301-33785750.html.

② 杨曙辉，宋天庆，陈怀军，等. 现代农业生产方式与技术体系对生态环境的影响[J]. 农业环境与发展，2010，27(1)：1-7.

③ 新华社. 中共中央　国务院关于深化体制机制改革加快实施创新驱动发展战略的若干意见[EB/OL]. (2015-03-23) [2021-08-04]. http://www.gov.cn/xinwen/2015-03/23/content_2837629.htm.

强的技术创新更依赖政府发挥主体作用。

2. 高度重视生物技术与生命科学等新兴学科与农业科技创新的深度融合

现代生物工程、生命科学等新兴交叉学科对农业科技创新的作用愈发凸显，尤其在关系到未来农业发展的基础性与全局性的关键领域，如品种繁育、环境友好型农药、生态型肥料、高效生态型饲料、动植物检疫与保护、土壤与水体改良等，在追求农业应用型科研成果的同时决不能放松基础研究，必须促进现代生物技术、生命科学及基因工程等学科的理论与技术在农业科技创新中的应用，并与之深度融合。

3. 在全局上推进农业机械化自动化过程中不能忽视局部

农作物全程机械化生产技术体系是实现现代农业的重要特征之一。在生产体系上，现代农业已经呈现出在机械化基础上向自动化、智能化以及机械化、自动化、智能化相结合的生产方式发展的基本态势①，尤其在设施农业中，现代农业的机械化、自动化、智能化特征更加明显。在整体上来看，这“三化”充分体现了农业现代化的特征，代表了农业现代化的水平，应该全局推进。但是在局部上，一些山地丘陵地区暂时还不适合机械化作业，一些林果、特种种植养殖产业也不适合机械化作业，一些传统生产方式出产的农产品具有独特价值和一定的市场需求，因此少数地方农业机械化、自动化要因地制宜，一些传统生产方式需要适当保留。

4. 以现代信息技术为主要手段革新农业生产经营模式

习近平同志指出：世界经济加速向以网络信息技术产业为重要内容的经济活动转变。我们要把握这一历史契机，以信息化培育新动

① 冯海发．构建现代农业“三个体系”加快推进农业现代化[J]．农业经济与管理，2017(5):9-12.

能，用新动能推动新发展。① 现代信息技术是推动农业生产经营模式革新的重要、必要手段，智慧农业、数字农业、农业物联网及农产品电商等都以现代信息技术为支撑。农业信息化就要将大数据、互联网、物联网等数字信息技术应用到农业产前、产中、产后三大领域。在农业生产、加工、仓储、物流、销售过程中，实行农产品溯源技术、病虫害监控技术可以实现远程监控，保证生产标准的落实。在农产品经营上，以大数据作为支撑，可以借助互联网构建便捷、高速的信息平台，使国内外的市场信息实现互联互通共享，实现产销直接对接。

（五）推进农业经营主体组织化，经营服务一体化

农业产业经营一体化是关系我国城乡一体化建设的重要组成部分，是一种经济共同体，是农产品进行市场化运作的现代农业模式②，与经营方式相配套的是农业社会化服务体系构建，而农业社会化服务体系的构建又依赖于农业经营体系的完善，所以农业经营体系与其社会服务体系应该一体化构建。推进农业经营服务一体化，要以政府为主导、农业产业化龙头企业为核心、农民专业合作社为骨干、家庭农场为重点、高素质的种养大户为基础，各类社会资源共同参与开发，逐步从传统小农户生产方式向农产品生产、精深加工、商品流通与销售、农业社会化服务等一体化的产业链条转变③。主要对策有：

1. 培育新型农业经营主体与其组织化同时发力

一方面要促进农业经营主体的转变，另一方面要推动新型农业经

① 盛玉雷．数字经济，迈向经济发展“新蓝海”[N]．人民日报，2016-10-11(5).

② 韩俊．中国农村土地制度建设三题[J]．管理世界，1999(3)：184-195.

③ 雷云云．供给侧改革视角下新型农业经营主体发展的思考[J]．农业经济，2018(6)：22-23.

营主体走向联合经营。农业经营主体的转变包括：①传统的小农户被规模经营主体替代[①②]；②小农户自身实现了现代转型[③④]。当前和今后较长时期内的主要任务是积极促进传统农业经营主体的转变，倡导并鼓励专业大户、家庭农场、农民合作社、农业企业等经营主体将经营活动延伸到农业生产前的良种选育、化肥农药、畜禽饲料等产业，以及生产后的加工、流通、销售等非农商业环节，带动分散小农户合作经营，进而再将相关性比较强的经营主体组织在一起，联合起来组团发展，渐次推进新型农业经营主体走规模化、产业化之路。其中，要高度重视农业职业经理人的培育。

2. 培育与引进优质农业社会化服务组织

在农业产业发展过程中，通过农业社会化服务组织，才能为多种农业经营主体提供更好的产前、产中、产后的科研、技术、营销、金融信贷等专业化、综合化服务，保证产品来源、产品加工、产品销售、产品入市整个链条形成优势的竞争地位，壮大农业产业[⑤]。在农业社会化服务组织的建设中，要十分重视农民合作社与供销合作社的综合改革。

在农民合作社综合改革中，应坚持合作制的基本价值与原则，以广大社员的利益为核心，实行合作制民主管理；应建立明晰的产权制度并完

---

① 贺雪峰，印子．“小农经济”与农业现代化的路径选择：兼评农业现代化激进主义[J]．政治经济学评论，2015(2)：45-65.

② 陈靖．新型农业经营主体如何“嵌入”乡土社会：关联营造的视角[J]．西北农林科技大学学报(社会科学版)，2018(5)：18-24.

③ 赵晓峰，赵祥云．新型农业经营主体社会化服务能力建设与小农经济的发展前景[J]．农业经济问题，2018(4)：99-107.

④ 曾红萍．托管经营：小农经营现代化的新走向[J]．西北农林科技大学学报(社会科学版)，2018(5)：40-45.

⑤ 农业农村部农村合作经济指导司．全国农业社会化服务典型案例[M]．北京：中国农业出版社，2019：74-77.

善内部治理结构；应不断改革创新以适应市场经济的发展，深化产权社会化，适时调整分配制度；应依据自身资源构建合作模式，走符合自身特点的发展道路；应重视合作教育，提升合作意识和合作能力①。

对供销合作社的改革，2015 年颁布的《中共中央　国务院关于深化供销合作社综合改革的决定》提出：拓展供销合作社经营服务领域，更好履行为农服务职责；推进供销合作社基层社改造，密切与农民的利益联结；创新供销合作社联合社治理机制，增强服务“三农”的综合实力；加强对供销合作社综合改革的领导②。这些对策需要在实践中探索具体路径与举措。

3. **培育新型农业合作化组织体系**

培育形成公益性服务和经营性服务相结合、专项服务和综合服务相协调的新型农业合作化组织体系。构建农业合作化组织体系的关键是建立合理的利益联结机制，要用市场经济思维，构建合理的企业、农户、政府利益市场化分配机制，可以推广合同制、合作制、股份制、产业联合体等多种形式的利益联结关系和组织化方式，促进新型经营主体和普通农户共享收益③。其中要特别关注的是：努力破解小农户对接现代农业的问题。

习近平同志指出：“大国小农”是我们的基本国情农情④。作为农业生产经营基本单元的小农户在我国将大量长期存在，但是我国小农户在内涵上已经发生了变化，其经营的兼业化特征比较明显。这个

① 李思林．国外政府在新一代农业合作社中的作用及借鉴[J]．农业经济，2020(03)：23-24.

② 新华社．中共中央　国务院关于深化供销合作社综合改革的决定[EB/OL]．(2015-04-02)[2021-08-04]．http://www.gov.cn/zhengce/2015-04/02/content_2842180.htm.

③ 张红宇．牢牢把握农业供给侧结构性改革的方向[N]．学习时报，2016-12-29(1).

④ 韩长赋．用习近平总书记“三农”思想指导乡村振兴[EB/OL]．(2018-03-28)[2021-08-04]．http://theory.people.com.cn/n1/2018/0328/c40531-29892998.html.

内涵的变化与资源节约型、环境友好型的发展方向相适应，是具有中国特色的现代农业的内涵①。2019 年中央颁发了《关于促进小农户和现代农业发展有机衔接的意见》，目的就是破解小农户和现代农业发展衔接难的问题。笔者认为，解决小农户与现代农业有机衔接的关键问题是利益分配机制。

从长远来讲，要在市场化的运作机制协调下，支持劳动生产者、产品加工者、商品销售者、服务提供商等部门，通过劳动服务、订单农业、共享农业、土地流转、村集体经济分红等形式，建立新型农业经营主体与小农户之间的利益分享机制，将从事农村一二三产业的各种劳动者联结在一起，实现利益分配的市场化②。

（六）不断提升农民技能和素质，推进农民职业化

现代农业的主体是职业农民，但是不是个体的职业农民，而是有组织的职业农民，即在各类生产经营企业或组织中的职业农民。现代农业的构建必须有相应的职业农民来支撑，其进一步发展必须提高农民职业化水平。职业农民主要是由传统农民伴随现代农业的发展转化、蜕变而来，少数是由非农产业人员转行、转型而来。传统农民转化、蜕变过程的本质是农民技能与素质的提升过程，没有农民技能与素质的提升，农民职业化就难以深化。面向未来，没有农民职业化水平的提升，农业产业就难以不断升级，发展就没有后劲，即便农业现代化取得一定进展，也不能持续。因此，农民的职业化及农民职业化水平的提升始终是农业现代化的核心要素，“三农化一农”亦将农民职业化作为主线。

---

① 人民日报海外版．推进农业现代化　确保小农户不掉队[EB/OL].（2019-02-25）[2021-09-06]. http://www.gov.cn/zhengce/2019-02/25/content_5368177.htm.

② 金碚．全球化新时代的中国产业转型升级[J]．中国工业经济，2017(6):41-46.

我国农业现代化的路径选择必定与西方发达国家不同，主要是因为我国地域广、各地差异大、农民数量多、人均耕地少的基本国情，因此必须走中国特色的农业现代化道路。我国幅员辽阔，不同地区自然禀赋、经济社会条件不同，那么农业现代化推进策略与速度不可能一样；农业现代化任务包括诸多方面，各个方面也不可能齐头并进。但是，我国有社会主义制度的巨大优势，能够统筹国家资源配置，协调区域发展及区域产业布局，调控经济社会发展节奏，所以必定能够在总体上稳步加快农业现代化进程。

推进中国特色农业现代化，要始终把改革作为根本动力①。改革是推动我国经济社会发展和化解矛盾危机的内生动力，没有40多年来的农村改革，就没有农业生产力的显著提高，就没有农村面貌的巨大变化。实施乡村振兴战略在很大意义上是深化农村改革的过程，中国特色的农业现代化之路也依赖农村改革的不断深化。

乡村振兴战略是为实现国家现代化总目标而制定的总体性、全局性国家战略，就是要综合运用国家各方面力量、协调各方去化解我国发展最大的不平衡——城乡发展不平衡，最大的不充分——农村发展不充分。实施乡村振兴战略坚持以“三农”问题为导向，而农业现代化是解决农业问题的根本途径，所以乡村振兴战略的实施为中国特色农业现代化创造了更好的环境、更有利的条件与更充分的保障。

随着乡村振兴战略的全面实施与农村改革的逐步深化，我国的农业农村现代化建设必将实现既定的宏伟目标。

① 深化农村改革　加快推进农业现代化[N]. 人民日报,2014-12-24(1).

撰写说明

本书在许皞指导下分工撰写完成，各章节的具体分工是：第一章乡村振兴与“三农化一农”，由张瑞强撰稿；第二章农民问题与农民职业化，由李逸波撰稿；第三章土地关系调整，由周亚鹏、弓运泽撰稿；第四章乡村土地多功能利用，由王树涛、陈召亚、尹海魁撰稿；第五章村庄整理整治升级，由弓运泽撰稿；第六章农业现代化与乡村振兴，由孔春梅、弓运泽撰稿。全书由张瑞强统稿修订，最终由许皞审阅定稿。

本书作者为大学教师、党政干部或在读博士研究生，虽然作者进行了深入调研，广泛搜集并吸收相关研究成果，但由于水平有限，难免错漏，恳请读者朋友批评指正。

全体作者

2021 年 5 月 15 日

作者简介

许皞：1963 年 3 月生于河北定兴，九三学社社员，博士学位，教授，博士生导师，自然资源部科技领军人才。从事土壤与土地资源持续利用、乡村振兴研究，主持完成科研课题 30 余项，发表论文 120 余篇，出版著作 6 部，编写教材 5 部，获省部级科技奖励 8 项。曾任全国政协第十、十一、十二届委员，保定市政协副主席；现任九三学社中央委员、河北省委副主委，河北省人大常委会委员，河北农业大学国土资源学院、资源与环境科学学院、保定生态文明研究院院长。

张瑞强：1971 年 4 月生于河北玉田，中共党员，硕士学位，副研究员。从事社会学、乡村振兴研究，主持完成省级课题 1 项，出版著作 3 部，发表论文 15 篇，编写教材 1 部；获社会科学优秀成果河北省二等奖、保定市一等奖各 1 项，吉林省高等教育教材二等奖、河北省教学成果三等奖各 1 项。现任河北农业大学人文社会科学学院党委书记，保定市人大常委会社会建设研究中心副主任。

周亚鹏：1980 年 11 月出生于河北邢台，中共党员，博士学位，副研究员，硕士生导师。从事乡村振兴理论及规划、土地政策与制度、土地多功能利用研究，主持或主研国家社科基金、自然资源部公益行业专项、省社科基金等科研项目 6 项，发表论文 28 篇，获河北省科技进步二等奖 2 项、三等奖 2 项，发明专利 3 项。现为河北农业大学国土资源学院教师。

弓运泽：1980 年 12 月生于河北安平，九三学社社员，硕士学位，助理研究员，九三学社中央思想建设研究中心研究员。从事植物营养学、乡村振兴研究，主持厅级课题 2 项，主编著作 1 部，发表论文 19 篇，获保定市资政建言三等奖 1 项、社会科学优秀成果三等奖 1 项。现任九三学社河北省人口资源环境专委会委员、保定市青年工作委员会秘书长，河北农业大学人文社会科学学院教学与科研管理办公室主任。

李逸波：1981 年 6 月生于河北石家庄，中共党员，博士学位，教授，硕士生导师，河北省青年拔尖人才、“三三三”人才、社会科学优秀青年专家、高等学校百名优秀创新人才。从事“三农”问题研究，主持省部级课题 10 余项，主持国家社科基金项目 1 项，出版专著、教材 7 部，发表论文 40 余篇，获河北省社会科学优秀成果一等奖等省级科研奖励 6 项。现任河北省新型职业农民培育咨询组专家，为河北农业大学经济管理学院教师。

王树涛：1978 年 8 月生于河北威县，中共党员，博士学位，教授，硕士生导师，河北省“三三三”人才。从事土壤与土地资源持续利用、土地多功能调查评价与规划研究，主持或参与国家、省部级课题 10 余项，发表论文 60 余篇，出版著作 4 部，获省级科技奖励 6 项，发明专利 4 项。现为河北农业大学国土资源学院教师。

孔春梅：1980 年 4 月生于河北河间，九三学社社员，硕士学位，副教授。从事畜牧兽医行业现代化养殖、乡村振兴研究，主持完成省级课题 1 项，发表论文 20 篇，获河北省教学成果三等奖 1 项，保定市思想政治工作研究成果二、三等奖各 1 项。现任河北省与保定市政协委员，河北省畜牧兽医学会副秘书长，保定职业技术学院畜牧兽医系教师。

陈召亚：1990 年 8 月生于河北顺平，中共党员，河北农业大学在读博士研究生。从事土地资源利用、土地功能理论与实践研究，主持省级课题 1 项，参加省级课题 3 项，参编著作 1 部，发表论文 20 余篇。

尹海魁：1989 年 8 月生于河北武安，中共党员，讲师，河北农业大学在读博士研究生。从事农业资源与环境、土壤与土地资源持续利用研究，参与省部级科研项目 5 项，发表论文 10 余篇。现就职于河北工程大学。